WISSEN KOMPAKT

VOLKSWIRTSCHAFT
verständlich – anschaulich – kompakt

Grundphänomene und ökonomische Strukturanalyse

2., überarb. u. erw. Auflage

von

Joachim Güntzel

Duale Hochschule Baden-Württemberg
(Baden-Württemberg Cooperative State University)

Verlag Wissenschaft & Praxis

Bibliografische Information der Deutschen Bibliothek

Die Deutsche Bibliothek verzeichnet diese Publikation in der Deutschen Nationalbibliografie; detaillierte bibliografische Daten sind im Internet über http://dnb.d-nb.de abrufbar.

ISBN 978-3-89673-625-3

© Verlag Wissenschaft & Praxis
Dr. Brauner GmbH 2012
D-75447 Sternenfels, Nußbaumweg 6
Tel. +49 7045 93 00 93   Fax +49 7045 93 00 94
verlagwp@t-online.de   www.verlagwp.de

Druck und Bindung: Esser Druck GmbH, Bretten

Alle Rechte vorbehalten

Das Werk einschließlich aller seiner Teile ist urheberrechtlich geschützt. Jede Verwertung außerhalb der engen Grenzen des Urheberrechtsgesetzes ist ohne Zustimmung des Verlages unzulässig und strafbar. Das gilt insbesondere für Vervielfältigungen, Übersetzungen, Mikroverfilmungen und die Einspeicherung und Verarbeitung in elektronischen Systemen.

Vorwort

Die vorliegende zweite Auflage der „ökonomischen Strukturanalyse" enthält wesentliche Verbesserungen und Erweiterungen. Der gesamte Text wurde überarbeitet und an manchen Stellen präzisiert. Ergänzungen betreffen vor allem die folgenden Themen: Empirische Wirtschaftsforschung; marktwirtschaftliche Selbststeuerung und Konkurrenzgleichgewicht; Lagrange-Multiplikatoren; Dualität von Nutzen- und Ausgabenfunktion; Nachfrageinterdependenzen; langfristige Kostenfunktionen; natürliche Monopole. Neu hinzugekommen ist ein Kapitel, das einen Einblick in einige Fragestellungen jenseits des mikroökonomischen Standardmodells vermittelt.

Nach wie vor gilt jedoch: Die Mikroökonomik ist ein spannendes und hochaktuelles Teilgebiet der Volkswirtschaftslehre. Viele der aktuellen wirtschaftspolitischen Kontroversen – etwa die Diskussionen um die Öffnung der Energiemärkte, die gesetzliche Begrenzung von Preissteigerungen auf dem Mietwohnungsmarkt oder die Frage, welche Güter heutzutage noch von der öffentlichen Hand bereitgestellt werden sollen – lassen sich nur mit Hilfe des Instrumentariums der mikroökonomischen Analyse fundiert beantworten.

Das Buch richtet sich weiterhin an Studierende der Wirtschaftswissenschaften im Grundstudium, insbesondere an Fachhochschulen und an der Dualen Hochschule Baden-Württemberg. Aber auch Studierende anderer Institutionen sowie anderer Studiengänge, die einen kompakten und verständlichen Zugang zu Kerngebieten volkswirtschaftlichen Denkens suchen, dürften das Buch als hilfreich empfinden.

Ravensburg, im Juni 2012

Joachim Güntzel

www.joachimguentzel.de

Inhaltsverzeichnis

Vorwort 5

Verzeichnis der Abbildungen 11

Verzeichnis der Tabellen 12

Teil I: Grundphänomene des Wirtschaftsprozesses 13

1. Zur wissenschaftlichen Methodik der Volkswirtschaftslehre 13
- a. Über volkswirtschaftliches Wissen und dessen Nutzen 13
- b. Volkswirtschaft und Gesellschaft: Der Mensch in der ökonomischen Analyse 17
- c. Theorie und Praxis der Volkswirtschaftslehre 19
- d. Mikro- und makroökonomische Analyse der Volkswirtschaft 24
- e. Modelle als Hilfsmittel der theoretischen Analyse 25
- f. Empirische Wirtschaftsforschung, Ökonometrie und das Adäquationsproblem 31
- g. Gefahren einer „Papageien-Ökonomik" 33
- h. Zusammenfassung und Literatur 34

2. Triebkräfte des Wirtschaftsprozesses 35
- a. Die volkswirtschaftlichen Produktionsfaktoren 35
- b. Die volkswirtschaftlichen Produktionsmöglichkeiten 36
- c. Menschliche Bedürfnisse als Ausgangspunkt 40
- d. Bedürfnisbefriedigung und Konsum 42

3. Grundlegendes zum volkswirtschaftlichen Systemzusammenhang 45
- a. Angebot, Nachfrage und Knappheit 45
- b. Der volkswirtschaftliche Umgang mit Knappheit 52
- c. Optimale Allokation volkswirtschaftlicher Ressourcen 54
- d. Grundformen von Wirtschaftssystemen und Soziale Marktwirtschaft ... 57
- e. Zum Prinzip der marktwirtschaftlichen Selbststeuerung 60
  - i. Grundgedanken 60
  - ii. Totales Konkurrenzgleichgewicht 61
- f. Wirtschaftspolitik als Ergänzung und Korrektur der Marktwirtschaft ... 64
- g. Zusammenfassung und Literatur zu Kapitel 2 und 3 65

Teil II:
Mikroökonomische Theorie als volkswirtschaftliche Strukturanalyse 67

4. Nutzen und Nachfrage: Die mikroökonomische Theorie des Haushalts 67
- a. Zielsetzungen und Prämissen 67
- b. Grenznutzen und optimaler Konsumplan 69
- c. Indifferenzkurven, Budgetlinie und Haushaltsgleichgewicht 72
  - i. Das ordinale Nutzenkonzept 72
  - ii. Nutzenmaximierung und optimaler Konsumplan 77
  - iii. Lagrange-Multiplikatoren 82
- d. Vertiefende Überlegungen zum Haushaltsgleichgewicht 85
  - i. Einkommens- und Substitutionseffekt; Konsumentenrente 85
  - ii. Dualität von Nutzen- und Ausgabenfunktion 87
- e. Herleitung der Nachfragefunktion 89
  - i. Typischer Verlauf der Nachfragekurve 89
  - ii Atypischer Nachfrageverlauf 92
  - iii. Nachfrageinterdependenzen 94
- f. Präferenzrelationen 95
- g. Zusammenfassung und Literatur 98

5. Produktion, Kosten und Angebot: Die mikroökonomische Theorie der Unternehmung 99
- a. Zielsetzungen und Prämissen 99
- b. Die Produktionsfunktion 100
- c. Die Minimalkostenkombination 107
- d. Herleitung der Kostenfunktion 113
  - i. Von der Produktions- zur Kostenfunktion 113
  - ii. Verläufe von Kostenfunktionen 116
  - iii. Langfristige Kostenfunktionen 119
- e. Optimaler Produktionsplan und Angebotsfunktion 121
  - i. Grenzgewinn und optimaler Produktionsplan 121
  - ii. Herleitung der Angebotsfunktion 123
  - iii. Langfristiges Gewinnmaximum und optimale Betriebsgröße 127
- f. Das Konzept der Elastizitäten 127
- g. Zusammenfassung und Literatur 130

6. Elementare Marktformen und Marktergebnisse 131
- a. Das Marktformenschema 131
- b. Vollkommenes Konkurrenzgleichgewicht 133

c. Andere Marktformen und Marktergebnisse 139
   i. Die Nachteilhaftigkeit des Monopols 139
   ii. Die Problematik natürlicher Monopole 144
   iii. Einige strategische Aspekte des Oligopols 145
   iv. Heterogenität der Produkte und monopolistische Konkurrenz 148
d. Die Evolution der Marktformen 153

7. Markteingriffe, Marktstörungen und Marktversagen 157
a. Öffentliche Güter und externe Effekte 158
   i. Eigenschaften öffentlicher Güter 158
   ii. Externe Effekte als Ursache von Marktversagen 160
b. Asymmetrische Information und adverse Selektion 160
c. Eingriffe in die freie Marktpreisbildung 162
   i. Mietwohnungsmarkt 162
   ii. Agrarmarkt 164
d. Die Dynamik des Wettbewerbs 165
e. Zusammenfassung und Literatur 168

8. Jenseits des mikroökonomischen Standardmodells 171
a. Wandel in den Modellstrukturen und Evolutorische Ökonomik 171
b. Behavioral Economics und die Rolle von Emotionen 172
   i. Homo irrationalis anstatt homo oeconomicus? 172
   ii. Emotionen und ökonomisches Verhalten 174
c. Zusammenfassung, Literatur und Schlusswort 174

Literaturverzeichnis 175

Verzeichnis der Abbildungen

Abb. 1.1:	Einordnung der Wirtschaftswissenschaften	20
Abb. 1.2:	Wirtschaftspolitischer Beratungsprozess	22
Abb. 1.3:	Arten von Gleichungen	28
Abb. 2.1:	Produktion als technische Transformation	35
Abb. 2.2:	Partielle Produktionsfunktionen	38
Abb. 2.3:	Transformationskurve	39
Abb. 2.4:	Vom Bedürfnis zum Konsum	41
Abb. 2.5:	Differenzierung der Bedürfnisse	42
Abb. 3.1:	Knappheit als Spannungsverhältnis	46
Abb. 3.2:	Typischer Verlauf einer Angebotsfunktion	47
Abb. 3.3:	Verlauf einer Nachfragefunktion	48
Abb. 3.4:	Marktgleichgewicht	49
Abb. 3.5:	Änderungen des Gleichgewichts	50
Abb. 3.6:	Bewegung auf Funktion und Funktionsverschiebung	51
Abb. 3.7:	Umgang mit Knappheit	52
Abb. 3.8:	Möglichkeiten einer Mehrproduktion	53
Abb. 3.9:	Unterschiede in den Knappheitsgraden	55
Abb. 3.10:	Re-Allokation der Ressourcen	56
Abb. 4.1:	Indifferenzkurve	73
Abb. 4.2:	Nutzenvergleich	74
Abb. 4.3:	Grenzrate der Substitution	75
Abb. 4.4:	Schneidende Indifferenzkurven	77
Abb. 4.5:	Budgetgerade	78
Abb. 4.6:	Haushaltsgleichgewicht	79
Abb. 4.7:	Einkommens- und Substitutionseffekt	86
Abb. 4.8:	Konsumentenrente	87
Abb. 4.9:	Herleitung der Nachfragefunktion	91
Abb. 4.10:	Atypischer Verlauf der Nachfragefunktion	93
Abb. 4.11:	Einkommens- und Substitutionseffekt beim Giffen-Paradox	94
Abb. 5.1:	Partielle Produktionsfunktion	105
Abb. 5.2:	Ertragsgesetzliche Produktionsfunktion	106
Abb. 5.3:	Isokostengerade	108
Abb. 5.4:	Isoquante	109
Abb. 5.5:	Minimalkostenkombination	110
Abb. 5.6:	Grenzrate der technischen Substitution	111
Abb. 5.7:	Zusammenhang Produktionsfunktion und Kostenfunktion	115
Abb. 5.8:	Verschiedene Kostenverläufe	117
Abb. 5.9:	Ertragsgesetzlicher Kostenverlauf	118
Abb. 5.10:	Verlauf von Grenzkosten und Stückkosten	119
Abb. 5.11:	Die langfristige Kostenkurve	120
Abb. 5.12:	Bestimmung des Gewinnmaximums	122

Abb. 5.13: Preis und gewinnmaximale Menge 123
Abb. 5.14: Herleitung der Angebotsfunktion 124
Abb. 5.15: Linearer Kostenverlauf und Angebotsfunktion 125
Abb. 5.16: Linearer Kostenverlauf und Marktangebot 126
Abb. 6.1: Quantitatives Marktformenschema 132
Abb. 6.2: Angebots- und Nachfragemengenüberschuss 134
Abb. 6.3: Stabiles Gleichgewicht 135
Abb. 6.4: Instabiles Gleichgewicht 137
Abb. 6.5: Produzenten- und Konsumentenrente 138
Abb. 6.6: Preis-Absatzfunktion und Grenzerlösfunktion im Monopol 139
Abb. 6.7: Gewinnmaximum im Monopol 142
Abb. 6.8: Vergleich der Marktergebnisse 143
Abb. 6.9: Preis-Absatzfunktion im Oligopol 147
Abb. 6.10: Preis-Absatz-Funktion im heterogenen Polypol 149
Abb. 6.11: Grenzerlösfunktion im heterogenen Polypol 150
Abb. 6.12: Gewinnmaximierung im heterogenen Polypol 152
Abb. 7.1: Einteilung der Marktstörungen 158
Abb. 7.2: Wirkung einer Höchstpreisregelung 162
Abb. 7.3: Wirkung einer Mindestpreisregelung 164

Verzeichnis der Tabellen

Tab. 4.1: Beispiel zu Nutzen und Grenznutzen 70
Tab. 5.1: Produktionsfunktion und proportionale Faktorvariation 101
Tab. 5.2: Produktionsfunktion und substitutionale Faktorvariation 103
Tab. 5.3: Produktionsfunktion und partielle Faktorvariation 104
Tab. 5.4: Zusammenhang Produktionsfunktion und Kostenfunktion 113
Tab. 5.5: Kostenfunktion und Skaleneigenschaften 116
Tab. 6.1: Oligopolistische Interdependenz und Nash-Gleichgewicht 145

Teil I: Grundphänomene des Wirtschaftsprozesses

1. Zur wissenschaftlichen Methodik der Volkswirtschaftslehre

a. Über volkswirtschaftliches Wissen und dessen Nutzen

Volkswirtschaftliches Denken ist **Systemdenken**. Volkswirtschaften werden seit jeher als komplexe Systeme mit vielfältigen und manchmal unvorhersehbaren Interdependenzen und Rückkopplungsmechanismen aufgefasst, deren innere Wirkungsstrukturen es zu entziffern gilt. Das ist die vorrangige Aufgabe einer Fachdisziplin namens Volkswirtschaftslehre.

Volkswirte fragen daher naturgemäß immer nach dem „großen Ganzen". Sie begnügen sich nicht damit, festzustellen, was etwa für „die Unternehmen" oder gar für „ein Unternehmen" gut ist. Sie sind sich – ausgesprochen oder unausgesprochen – immer darüber bewusst, dass das Erfahrungswissen eines einzelnen Menschen nie ausreichen kann, um mit Sicherheit zu wissen, was für die Volkswirtschaft als Ganzes richtig und nutzbringend sein wird.

Mit Skepsis werden Volkswirte folglich auch auf das gelegentlich aufflackernde Bedürfnis der Menschen nach einem „starken Macher" reagieren; am besten nach einem, der ein erfahrener, erfolgreicher (und deshalb häufig reicher) Unternehmenslenker ist. Solch einem, so die Erwartungshaltung, müsse es doch am ehesten gelingen, die Volkswirtschaft in bessere Gefilde zu lenken. Gelingt es ihm dann doch nicht (wie in der Vergangenheit des Öfteren zu beobachten war), dann ist die Enttäuschung groß. Sie war jedoch vorhersehbar, denn ein Unternehmen ist keine Volkswirtschaft, und eine Volkswirtschaft kann nicht wie ein Unternehmen geführt werden. Dies wird schon an der simplen Feststellung deutlich, dass ein Unternehmen Kosten einsparen kann, indem es Mitarbeiter entlässt. Eine Volkswirtschaft kann dies nicht. Steigt die Arbeitslosigkeit in einer Volkswirtschaft an, so steigen auch die Kosten der Arbeitslosigkeit. Und geht ein Unternehmen Pleite, dann kann es sich auflösen und damit aufhören zu existieren. Geht eine Volkswirtschaft (bzw. ein Land) jedoch dem finanziellen Ruin entgegen, dann kann es sich nicht auflösen. Es existiert weiter, und seine Bürger mit ihm.

Doch nicht nur gegen „starke Macher", sondern auch gegen „allwissende Politiker" hegen Volkswirte ein latentes Misstrauen. Sie fühlen sich dazu berufen, den Politikern die Grenzen ihrer Steuerungs- und Gestaltungsmöglichkeiten aufzuzeigen und sie auf mögliche Fehleinschätzungen beim Einsatz wirtschaftspolitischer Instrumente hinzuweisen. Manchmal tun sie Derartiges auf Wunsch und im Auftrag der Politik, dann handelt es sich um **wissenschaftliche Politikberatung**, wie sie in einer Reihe von Wirtschaftsforschungsinstituten und in Gremien wie etwa dem Sachverständigenrat zur Begutachtung der gesamtwirtschaftlichen Entwicklung durchgeführt wird (siehe hierzu weiter unten). Des Öfteren mischen sich Volkswirte auch ungefragt in politische Diskussionen ein. Das macht sie bei Manchen nicht unbedingt beliebter, jedoch fühlen sich Volkswirte immer auch als „Anwälte der Gesellschaft" und wollen rechtzeitig auf volkswirtschaftliche Folgeschäden falscher Entscheidungen und auf die positiven Auswirkungen richtiger Entscheidungen hinweisen. Zumindest jedoch wollen sie – da sich nicht alles in die Kategorien von „richtig" und „falsch" einordnen lässt und weil Volkswirte sich überdies beileibe nicht immer einig sind – wenigstens auf die Bandbreite der Möglichkeiten und gangbaren Wege sowie auf deren wahrscheinliche Konsequenzen hinweisen. Volkswirte erarbeiten somit **Szenarien**, die es wiederum der Gesellschaft ermöglichen sollen, eine begründete Wahl zwischen verfügbaren Alternativen zu treffen.

Warum sollte man sich mit den Grundprinzipen und wesentlichen Aussagen der Volkswirtschaftslehre befassen? Darauf gibt es eine generelle und drei detaillierte Antworten. Die generelle Antwort lautet, dass Verständnis für volkswirtschaftliche Zusammenhänge Nutzen stiftet. Stellen wir uns ein Boot vor, das auf dem Meer ohne Motor und ohne Segel dahin treibt. Will die Mannschaft wissen, wo sie sich am nächsten Tag bei Tagesanbruch wieder finden wird, so braucht sie dazu Wissen über die Meeresströmungen, die Windrichtungen und -geschwindigkeiten und alle sonstigen Kräfte, die auf das Boot einwirken. Sie braucht, um es etwas gewählter auszudrücken, umfassendes Systemwissen über das komplexe System „Meer" und sein Zusammenwirken mit dem Boot.

Nicht anders ergeht es uns, wenn wir etwas über das System „Wirtschaft" erfahren möchten, wenn wir seine innere Dynamik und sein Zusammenwirken mit anderen gesellschaftlichen Teilsystemen verstehen wollen. Auch hierfür benötigen wir ein detailliertes Systemwissen, das uns eben die Volkswirtschaftslehre (englisch: Economics) zur Verfügung stellt. Dabei ist im Besonderen an drei Adressatengruppen zu denken:

> *1. Wirtschaftspolitische Entscheider:* Alle Institutionen, die im engeren oder weiteren Sinn mit wirtschaftspolitischen Aufgaben befasst sind, sind auf volkswirtschaftliches Systemwissen unmittelbar angewiesen. Es leuchtet ein, dass beispielsweise eine Arbeitsmarktreform oder die Entscheidung für ein bestimmtes Wechselkurssystem nur dann fundiert und zielgerichtet sein kann, wenn sie auf einer soliden ökonomischen –

das heißt volkswirtschaftlichen – Grundlage beruht. Die wirtschaftliche Entwicklung wird in modernen Industriegesellschaften in vielfältiger Weise durch Tätigkeiten des Staates beeinflusst. Schon durch seine bloße Existenz greift der Staat bereits in den Wirtschaftskreislauf ein, denn er erhebt von den Bürgern und Unternehmen Steuern, um seine Haupttätigkeit – die Bereitstellung so genannter öffentlicher Güter, über die wir noch reden werden – zu finanzieren. Er greift auch gestaltend in den Wirtschaftskreislauf ein, indem er ordnungs- und wirtschaftspolitische Rahmenbedingungen setzt, Subventionen und Transferzahlungen gewährt, die gesamtwirtschaftliche Nachfrage beeinflusst, soziale Sicherungssysteme errichtet und vieles mehr.

Für fundiertes staatliches Handeln ist es notwendig, über die Folgen solchen Tuns einigermaßen zuverlässig Bescheid zu wissen. Das hierfür notwendige Wissen muss von der Volkswirtschaftslehre erarbeitet werden. Sie stellt damit **Entscheidungswissen** für alle Institutionen bereit, die auf die eine oder andere Art in wirtschaftspolitische Abläufe involviert sind. Dies sind nicht nur Wirtschaftspolitiker und -referenten (auf Bundes-, Landes- und kommunaler Ebene sowie in Verbänden); auch die Tarifpartner und die Sozialversicherungsträger zählen dazu und selbstverständlich auch die Zentralbanken, um nur einige wichtige Institutionen zu nennen.

In diesem Kontext sollte auch betont werden, dass die Volkswirtschaftslehre nicht nur den Anspruch erhebt, die beobachtbare wirtschaftliche Realität zu beschreiben und zu erklären (deskriptive und explikative Funktion). Sie verfolgt auch das Ziel, den handelnden Akteuren einen Maßstab für die Beeinflussung dieser Wirklichkeit an die Hand zu geben (normative Funktion). Insbesondere im Bereich der Mikroökonomik wird durch diesen zusätzlichen Blickwinkel das Verständnis erleichtert. Anwendbares Wissen besteht eben nicht nur darin, zu wissen, wie etwas „in der Praxis gemacht wird", sondern auch darin, Konzepte zu erarbeiten, wie etwas besser funktionieren könnte. Insbesondere die mikroökonomische Theorie (siehe weiter unten) hat über weite Strecken eine solche normative Funktion, die ein besseres Funktionieren des Wirtschaftssystems als Ganzes ermöglichen soll.

2. Betriebswirtschaftliche Funktionsträger: Der langjährige Tübinger (zuvor Marburger, später Leipziger) Ökonom Adolf Wagner hat Volkswirtschaftslehre einmal als „Führungswissen für Betriebswirte" bezeichnet. Er meinte damit sicherlich, dass die Steuerung eines Unternehmens in einer komplexen ökonomischen Umwelt letztlich nur dann Erfolg versprechend sein kann, wenn gewisse Kenntnisse über die Funktionsweise des Systems Volkswirtschaft vorliegen. Denken wir etwa an die allgemeine gesamtwirtschaftliche Entwicklung oder an die außenwirtschaftlichen Beziehungen mit ihren vielfältigen Folgewirkungen (z.b. Wechselkursabhängigkeit). Die erfolgreiche Führung eines Unternehmens in einem solch komplexen Umfeld erfordert auch ein grundlegendes Verständnis dieses Umfeldes selbst. Die Haltung: „Das kenne ich nicht, davon verstehe ich nichts und darüber will ich auch gar nichts wissen" kennzeichnet nicht die Einstellung, die von einer zukünftigen Führungskraft erwartet wird.

Allgemeiner ausgedrückt: Um Führungskompetenz zu erlangen, muss zum engen und oft sehr speziellen Fachwissen des Betriebswirts auch die Fähigkeit hinzutreten, über die Rahmenbedingungen unternehmerischen Handelns, zu denen nun einmal die Volkswirtschaft als Ganzes (einschließlich der staatlichen Wirtschaftspolitik) gehört, nachzudenken und reden zu können. Stichworte wie lebenslanges Lernen und vernetztes Denken sind in aller Munde. Speziell für Letzteres stellt die Volkswirtschaftslehre ein Exerzierfeld par excellence dar. Sie trägt durch den Zwang zum klaren und analytischen Denken zur Ausbildung dieser Schlüsselqualifikation bei, und stellt in diesem Sinne betriebswirtschaftliches **Führungswissen** bereit.

3. Mündige Bürger: Mündige Bürger benötigen beispielsweise für Wahlentscheidungen Urteilsvermögen darüber, was vernünftige wirtschaftspolitische Argumente sind und was schlicht Nonsens darstellt. Falsche Versprechungen, die auf einer unsoliden wirtschaftlichen Grundlage stehen, können letztlich mehr Schaden anrichten als Nutzen stiften. Oder denken wir an einen privaten Bereich: Für souveräne Geldanlageentscheidungen sind elementare Kenntnisse über Zins- und Konjunkturzyklen sowie die dahinter stehenden geldpolitischen Zusammenhänge unentbehrlich. Für beide angesprochenen Problemfelder stellt die Volkswirtschaftslehre **Orientierungswissen** bereit.

Fasst man alle angeführten Argumente zusammen (und es gibt sicher noch mehr), so lohnt sich der Aufwand einer Beschäftigung mit der Volkswirtschaftslehre allemal. Von der schlichten intellektuellen Neugierde, dem Wissen wollen, „wie das alles zusammenhängt", wurde noch nicht einmal geredet. Während die betriebswirtschaftlichen Fächer einen direkten, kurzfristig verwertbaren Nutzen stiften, ist der Gewinn aus der Volkswirtschaftslehre mehr indirekter und langfristiger Natur und dadurch natürlich dem Studenten schwieriger zu vermitteln. Aber er ist mindestens ebenso reizvoll.

Warum müssen Menschen überhaupt wirtschaften? Was geschieht auf Märkten? Können wir behaupten, dass das Ergebnis, das uns Märkte liefern, immer das Bestmögliche darstellt? Worum geht es bei diesem Vorgang, den wir als

„Wirtschaftsprozess" bezeichnen? Welche Organisationsformen kennen wir, die diesem Prozess einen Rahmen geben, innerhalb dessen er sich entwickeln kann? Dies sind Fragen, die uns zu einigen zentralen Begriffen und Konzepten führen, die man zunächst kennen muss, um sich dann näher mit den Mechanismen einer Volkswirtschaft beschäftigen zu können. Viele dieser Begriffe sind schon lange zu einem festen Bestandteil unserer Alltagssprache geworden – nicht immer zum Vorteil der begrifflichen Präzision und des inhaltlichen Verständnisses. Doch zunächst werfen wir einen näheren Blick auf die Volkswirtschaftslehre als wissenschaftliche Disziplin.

b. Volkswirtschaft und Gesellschaft: Der Mensch in der ökonomischen Analyse

Wir sind umgeben von wirtschaftlichen Phänomenen. Entsprechend betrachtet die Volkswirtschaftslehre den Menschen als ein Wesen, das permanent wirtschaftliche Entscheidungen zu treffen hat, manchmal ohne dass es sich dessen bewusst ist. Denken wir etwa an einen Studenten, der vor dem Problem steht, ob er am heutigen Abend, nach Abschluss eines langen und hoffentlich erkenntnisreichen Studientages, ins Kino gehen will oder nicht doch lieber einige Stunden mit der Lektüre eines Fachbuches verbringen sollte. Wie können wir die Situation dieses Studenten beschreiben?

Nun, zunächst stellen wir fest, dass er zwischen verschiedenen möglichen Alternativen zu wählen hat. Er versucht, die Alternative zu realisieren, die seinen gegenwärtigen Bedürfnissen am ehesten entgegenkommt. Verhält er sich, wie die Ökonomen sagen, „rational", so geht er in etwa so vor: Er überlegt, dass alles was er tut, Kosten verursacht. So muss er für beide zur Auswahl stehenden Alternativen zumindest Zeit aufwenden. Er hat außerdem im Falle des Kinobesuchs die Kosten der Eintrittskarte und eventuelle Fahrtkosten zu berücksichtigen. Es ist ihm außerdem klar, dass seine Kosten auch in den Kosten der „entgangenen Gelegenheit" (den so genannten **Opportunitätskosten**) bestehen. Es entgeht ihm ja, sollte er zu Hause bleiben und etwa mit seinem VWL-Buch arbeiten, ein Besuch im Kino. Weiter ist sich der Student bewusst, dass eine rationale Entscheidung verlangt, sich genau zu überlegen, wie die zusätzlichen Kosten, die etwa der Kino-Besuch verursachen würde (in Form von Geld, Zeit und entgangener Lern-Gelegenheit) im Vergleich zu dem zusätzlich Nutzen des Kino-Besuches ausfallen. Er denkt, wie man sagt, in „Grenzbegriffen" (hier: **Grenzkosten** und **Grenznutzen**). Schließlich wird unser Student sich für diejenige Alternative entscheiden, bei der Grenznutzen die Grenzkosten überwiegt bzw. stärker überwiegt. Auf diese Weise gelingt es dem Studenten, bei allen seinen Entscheidungen seinen Gesamtnutzen zu maximieren.

Der Mensch erscheint also in der ökonomischen Analyse als ein mit **Alternativen** konfrontiertes, in **Grenzbegriffen** denkendes, seinen **Nutzen** maximierendes und auf **Anreize** reagierendes Wesen. Entspricht dieses Bild eines „homo oeconomicus" der Wahrheit? Sicher müssen wir zugestehen, dass es Lücken hat. Gefühle, Mitmenschlichkeit, scheinbar irrationales und unökonomisches Verhalten haben in diesem Bild vom Menschen offenbar keinen Platz. Doch lassen sich heute auch manche menschlichen Verhaltensweisen, die man früher als außerhalb des ökonomischen Erklärungsrahmens liegend betrachtete, durchaus einer ökonomischen Analyse unterziehen. Es gibt eine ökonomische Theorie der Familie, der Partnerwahl, ja sogar des Altruismus. Nicht alles, was auf den ersten Blick völlig frei von ökonomischen Motiven zu sein scheint, ist es auch. Und schließlich ist zu bedenken, dass die ökonomische Theorie in erster Linie ökonomische Phänomene erklären möchte und deshalb verständlicherweise ein Modell des Menschen verwendet, das sich auf wirtschaftliche Aspekte konzentriert. Darin spiegelt sich letztlich eine Form der wissenschaftlichen Arbeitsteilung. Eine Wissenschaft „von Allem" gibt es nicht und wird es wohl in absehbarer Zeit auch nicht geben.

Das folgende Zitat bringt dies prägnant zum Ausdruck: „Notwendigkeit und Möglichkeit ökonomischer Menschenmodelle werden nicht immer verstanden. Man lächelt bisweilen über `den´ homo oeconomicus, seinen jüngeren Kollegen Remm (resourceful, evaluating, maximizing man) oder andere Mitglieder der Modellfamilie – zumeist frei und selbständig entscheidende, eigennützige Individuen. (…) Es genügt die problemrelevante Erweiterung des Menschenmodells um Wissen anderer Disziplinen. Abwegig wäre es, ein ökonomisches Menschenmodell pauschal als unpsychologisch, unsoziologisch, vielleicht auch als unsportlich oder unmusikalisch zu kritisieren." (*Wagner 2009*, S. 14).

Gleichwohl wird man an anderer (und geeigneterer) Stelle die Frage wieder aufgreifen müssen, ob es sich die ökonomische Theorie mit ihrer gängigen Praxis der Menschenmodellierung – zumindest soweit es das im Weiteren zu behandelnde Standardmodell der Mikroökonomik betrifft – nicht doch gelegentlich zu einfach macht. Neuere Ansätze der Behavioral Economics und Emotional Economics werden hierzu noch einiges zu sagen haben (siehe Kapitel 8).

c. Theorie und Praxis der Volkswirtschaftslehre

Die Volkswirtschaftslehre gehört neben der Betriebswirtschaftslehre zu den Kerndisziplinen der Wirtschaftswissenschaften. Volkswirtschaftslehre wird oft definiert als die „Wissenschaft vom Einsatz knapper Ressourcen zur Produktion von wertvollen Wirtschaftsgütern und von der Verteilung dieser Güter" (So Samuelson in seinem bekannten Lehrbuch). Sie unterteilt sich traditioneller Weise in Wirtschaftstheorie, Wirtschaftspolitik und Finanzwissenschaft. Dazu kommt noch die in der jüngeren Vergangenheit immer wichtiger gewordene Empirische Wirtschaftsforschung und Ökonometrie. Schließlich kann man auch noch die Wirtschafts- und Sozialgeschichte zu den Wirtschaftswissenschaften im weiteren Sinne zählen.

Die Wirtschaftswissenschaften zählen zu den Sozialwissenschaften. Gleichwohl haben sie sich bereits früh in ihrer Entwicklungsgeschichte von den anderen Sozialwissenschaften etwas abgekoppelt, hauptsächlich wegen ihres intensiven Gebrauchs der mathematischen Methode. Diese war in den meisten anderen Sozialwissenschaften lange Zeit nicht so gebräuchlich wie etwa in der Volkswirtschaftslehre, die innerhalb der Wirtschaftswissenschaften in dieser Hinsicht eine Vorreiterrolle spielt. In der Vergangenheit sind jedoch vielfältige Annäherungsprozesse zwischen den Wirtschaftswissenschaften und den anderen Sozialwissenschaften festzustellen. Exemplarisch sei auf einen der beiden Nobelpreisträger für Wirtschaftswissenschaften des Jahres 2002 verwiesen, Daniel Kahnemann, der eigentlich aus der Psychologie kommt und der Ökonomie durch die Untersuchung und theoretische Erklärung von gewissen ökonomischen Verhaltensanomalien im Rahmen der so genannten Prospect Theory neue Dimensionen eröffnet hat. Auch ist in anderen Sozialwissenschaften mittlerweile eine reger Gebrauch der mathematischen Methode festzustellen, so dass auch von dieser Seite her gewisse frühere gegenseitige Berührungsängste abgebaut werden dürften.

Die **Wirtschaftstheorie** versucht, das Funktionieren des Gesamtsystems Wirtschaft auf theoretischer Ebene zu erklären. Sie verwendet dazu Hilfsmittel wie mathematisch ausformulierte Hypothesen und Modelle und graphische Veranschaulichungen. Unterteilt wird die Wirtschaftstheorie in die beiden Hauptgebiete der **Mikroökonomik** und der **Makroökonomik** (die man auch als ökonomische Strukturanalyse und Niveauanalyse bezeichnen kann, wie im folgenden Abschnitt erläutert). Im Rahmen der Empirischen Wirtschaftsforschung und **Ökonometrie** wird versucht, diese Theorien und Modelle mit Beobachtungen der Realität zu konfrontieren und auf ihre Aussagekraft hin zu überprüfen. Außerdem wird hier ein umfangreiches Instrumentarium zu Erstellung von Prognosen über die weitere wirtschaftliche Entwicklung bereitgestellt.

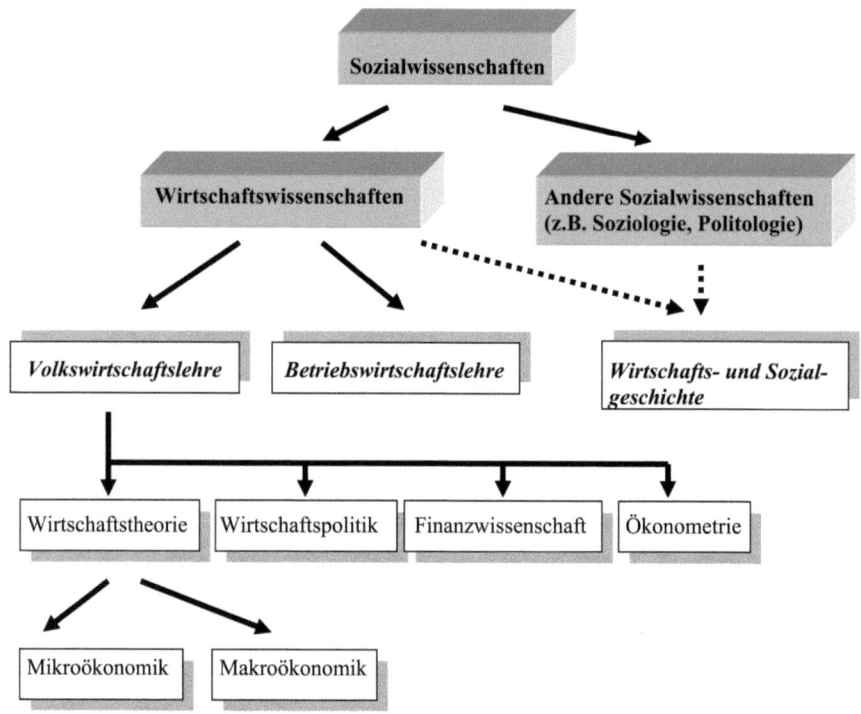

Abb. 1.1: Einordnung der Wirtschaftswissenschaften

Die **Wirtschaftspolitik** (als Teilgebiet der VWL) untersucht die Möglichkeiten, den Wirtschaftsprozess zu beeinflussen und zu gestalten. Sie arbeitet entsprechende Strategien und Handlungsempfehlungen aus und untersucht auch die institutionelle und instrumentelle Ausgestaltung der praktischen Wirtschaftspolitik. Die **Finanzwissenschaft** widmet sich den staatlichen Finanzen (Staatseinnahmen und -ausgaben) und allen Fragen, die damit zusammenhängen. Schließlich vermittelt die **Wirtschafts- und Sozialgeschichte** ein Bild von der historischen Entwicklung verschiedener Volkswirtschaften und wichtigen Einzelaspekten. Auch von ihr können Impulse zur Weiterentwicklung der ökonomischen Theorie ausgehen, deshalb wird sie häufig zu den Wirtschaftswissenschaften gezählt. Sie kann aber sicher als Teildisziplin der Geschichtswissenschaft ebenso zu den Sozialwissenschaften gerechnet werden.

Fragt man nach praktischen Arbeitsbereichen der Volkswirtschaftslehre, dann muss man daran denken, dass die Hauptadressaten volkswirtschaftlichen

Wissens die Wirtschaftspolitik sowie alle Institutionen sind, die in irgendeiner Weise direkt oder indirekt mit wirtschaftspolitischen Themen in Berührung kommen. Insofern ist die **Beratung** der praktischen Wirtschaftspolitik ein wesentlicher Arbeitsbereich von Volkswirten.

Der folgende Textausschnitt verdeutlicht das reizvolle Spannungsfeld, in dem sich viele praktisch arbeitende Volkswirte befinden:

„Kaum eine Wissenschaft ist so sehr auf die praktische Gestaltung des Lebens ausgerichtet wie die Ökonomie: Die Wirtschaftstheorie mündet ein in die Politikberatung. Bei der Erfüllung dieser Aufgabe tragen die Ökonomen gesellschaftliche Verantwortung. Der Anspruch der analytischen Redlichkeit stellt sich in besonderer Unerbittlichkeit an die Wissenschaftler in der Doppelrolle als Forscher und Berater. Vom Theoretiker wird verlangt, seine Analyse von politischen Prämissen unbeeinträchtigt zu halten; der Berater hingegen soll seine wissenschaftliche Erkenntnis auf politische Fragen anwenden ...
Doch zur Politikberatung gehört noch mehr, als zu ahnen, was gut ist und wie man es erreichen könnte: Taktisches Geschick ist nötig, wenn die Ökonomen ein offenes Gehör finden wollen ... Berater brauchen Gespür für die Dynamik der gesellschaftlichen Prozesse und für die Befindlichkeiten der Bürger. Ökonomen sollen der Ökonomie verpflichtet bleiben – das gebietet die Arbeitsteilung politischer Beratung. Für die Akzeptanz darf aber auch die Psychologie nicht zu kurz kommen ... Berater müssen sich in das Denken und in die Bedenken derer hineinversetzen, die sie beraten. Mit Anpassung an eine Politik, die gegen die Ratio der Ökonomie anrennen möchte, hat das nichts zu tun. Es liegt durchaus auch in der Macht der Ökonomen, dafür Sorge zu tragen, dass ihre Worte auf fruchtbaren Boden fallen, anstatt ungehört zu verhallen." (*Karen Horn*: Die Welt ein wenig bessern – Ökonomen in der Politik-Beratung, FAZ vom 15.11.1995, S. 17).

Die folgende Übersicht soll diesen Beratungsprozess schematisch und vereinfacht darstellen.

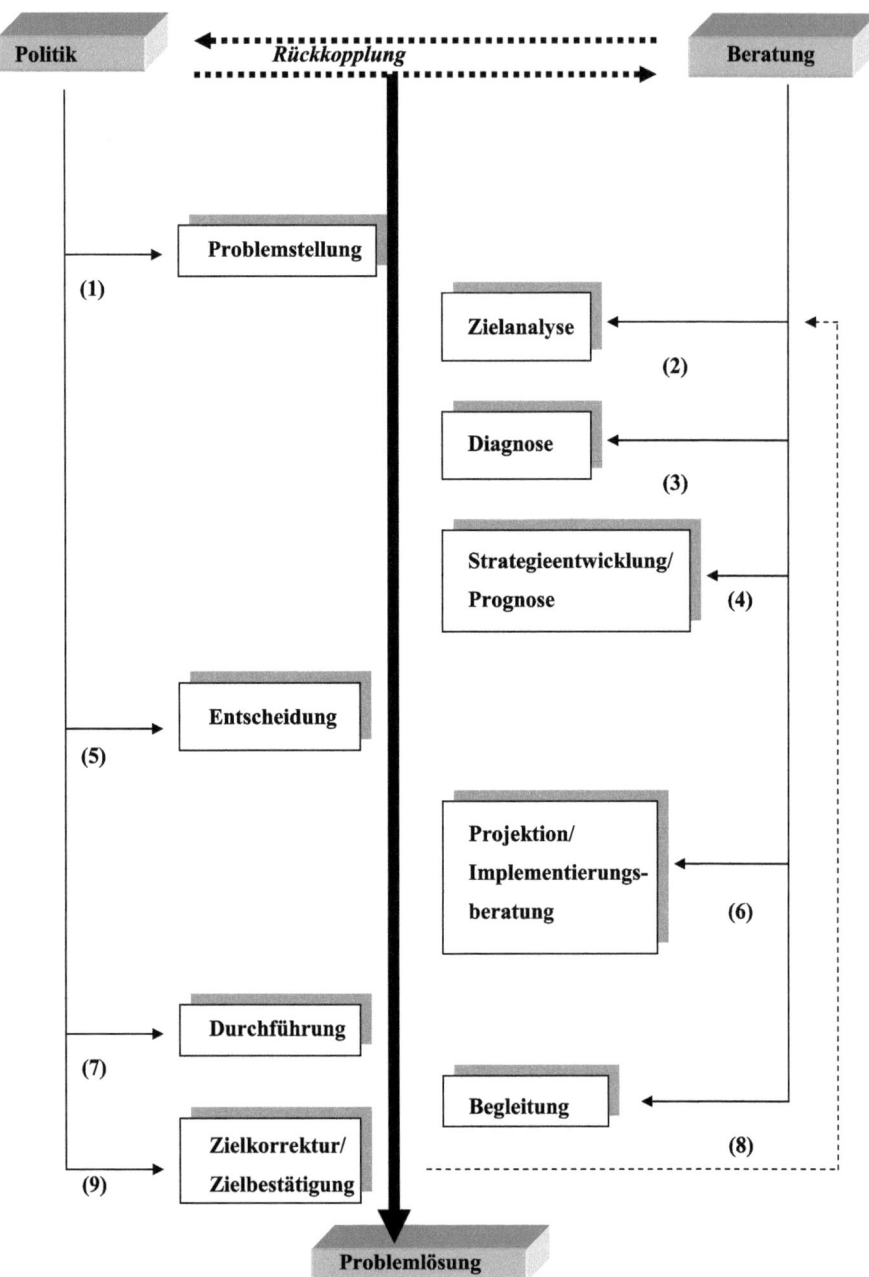

Abb. 1.2: Wirtschaftspolitischer Beratungsprozess

Fragt man danach, wer nun in diesen Beratungsprozess konkret involviert ist, so ist natürlich zuallererst der bekannte Sachverständigenrat zur Begutachtung der gesamtwirtschaftlichen Entwicklung zu nennen, die so genannten „Fünf Weisen". Es handelt sich um ein Gremium von Universitätsprofessoren, die zusammen mit einem Mitarbeiterstab ein Gutachten erstellen, das immer gegen Ende eines Jahres medienwirksam präsentiert wird. Es soll der praktischen Politik als Richtschnur und Orientierungsrahmen für eine ökonomisch sinnvolle Gestaltung ihrer Politik dienen. Es wäre natürlich naiv zu glauben, dass die Politik nun einfach ein solches Gutachten eins zu eins umsetzen würde. Es verschwindet jedoch auch nicht in der Schublade, sondern wird innerhalb der Ministerialbürokratie in thematisch zuordenbare Pakete aufgeteilt und an die zuständigen Fachreferate (in denen häufig auch Volkswirte arbeiten) verteilt. Diese nehmen dann zu den Vorschlägen der Sachverständigen ausführlich Stellung und bereiten eine Positionierung der Politik in Bezug auf diese Vorschläge vor. Auf diese Weise entfalten die Gutachten des Sachverständigenrates durchaus ihre Wirkung, wenn auch manchmal indirekt und mit zeitlicher Verzögerung.

Auch die Wirtschaftsforschungsinstitute leisten Beratungsarbeit. Hier sollen nur zwei große Institute stellvertretend genannt werden, das Deutsche Institut für Wirtschaftsforschung (DIW) in Berlin und das Ifo-Institut in München. Letzteres ist insbesondere durch seine Unternehmerbefragungen und den hieraus abgeleiteten Ifo-Geschäftsklimaindex einer breiteren Öffentlichkeit bekannt geworden. Der Schwerpunkt der Arbeit der Institute liegt auf empirischem Gebiet und dem Bereich der Prognose wirtschaftlicher Entwicklungen. So legen die sechs großen deutschen Institute jeweils im Frühjahr und im Herbst eines Jahres Konjunkturprognosen vor.

Einige größere Ministerien (so das Wirtschafts- und das Finanzministerium) verfügen auch über einen so genannten wissenschaftlichen Beirat. Hierbei handelt es sich um Experten, die fallweise und für häufig sehr spezifische Fragestellungen zu Rate gezogen werden. Ihre Stellungnahmen sind ebenfalls eine wertvolle Grundlage für die grundlegende Orientierung der Tagespolitik. Schließlich darf auch nicht übersehen werden, dass in den Ministerien selbst volkswirtschaftlicher Sachverstand präsent ist, in Gestalt der Mitarbeiter in den unterschiedlichen Fachreferaten. Und auch die Verbände der großen gesellschaftlichen Gruppen (z.B. Wirtschaftsverbände, Gewerkschaften) sowie die volkswirtschaftlichen Stabsabteilungen von Großbanken und Großunternehmen bewirken durch ihre Stellungnahmen zu aktuellen volkswirtschaftlichen Fragen einen Meinungs- und Willensbildungsprozess, der auf politischer Ebene letztlich in konkrete Politik mündet.

d. Mikro- und makroökonomische Analyse der Volkswirtschaft

Im Zentrum des volkswirtschaftlichen Erkenntnisinteresses steht das letztendliche Ergebnis des Wirtschaftsprozesses, die gesamtwirtschaftliche Güterproduktion. Die Erklärung der Mechanismen, die etwa Produktion, Konsum, Einkommensentstehung, -verteilung und -verwendung bestimmen, bildet einen ganz zentralen Inhalt des volkswirtschaftlichen Theoriegebäudes. Dabei gibt es zwei grundsätzliche Wege, sich diesem Thema anzunähern. Man kann zum einen danach fragen, wie es zu einer bestimmten Struktur der volkswirtschaftlichen Güterproduktion kommt, wie eine Volkswirtschaft organisiert sein muss, um eine bestmögliche Anpassung der Güterproduktion an die Nachfrage und an Änderungen der Nachfrage zu gewährleisten. Fragen dieser Art bilden den Inhalt der so genannten mikroökonomischen Theorie, die deshalb auch als **ökonomische Strukturanalyse** bezeichnet werden kann (vgl. *Herdzina (2005)*, S. 26, zitiert nach der 6. Aufl. 1999). Sie steht im Mittelpunkt des vorliegenden Buches. Die **Mikroökonomik** hat dazu eine eigene Methodik entwickelt, ihre Analyse setzt bei einem einzelnen Wirtschaftssubjekt an und bildet dessen ökonomisches Verhalten gleichsam idealtypisch ab. Als Wirtschaftssubjekte bezeichnet man die handelnden Einheiten des Wirtschaftsprozesses, also Haushalte, Unternehmen, aber auch den Staat. Vom Angebots- und Nachfrageverhalten des einzelnen Wirtschaftssubjektes versucht man dann Rückschlüsse auf das Geschehen auf einem ganzen Markt zu ziehen und die Zusammenhänge zwischen einzelnen Märkten aufzuklären. Das Augenmerk gilt hierbei auch etwaigen Problemen und Störungen, die einen reibungslosen Ablauf der Marktprozesse behindern sowie den Möglichkeiten der Wirtschaftspolitik, solche Störungen zu beseitigen. Zur Vereinfachung werden jedoch der Einfluss des Staates und die außenwirtschaftlichen Verflechtungen zunächst häufig ausgeklammert, bei komplexeren Fragestellungen müssen sie jedoch berücksichtigt werden.

Anders geht die **Makroökonomik** vor. Sie verzichtet weitgehend auf Strukturfragen und richtet ihren Blick auf die Bestimmungsfaktoren, welche die Höhe der gesamtwirtschaftlichen Güterproduktion, ihre Schwankungen (Konjunktur) und ihre langfristige Entwicklung (Wachstum) bestimmen. Sie lässt sich daher als **ökonomische Niveauanalyse** bezeichnen (vgl. *Herdzina, (2005)*, S. 26, zitiert nach der 6. Aufl. 1999). Dabei werden alle Güter in einer Volkswirtschaft, egal ob Autos, Fotoapparate, Jeanshosen oder Dienstleistungen, als Teil eines zusammengefassten (aggregierten) Gütermarktes betrachtet, auf dem ein makroökonomisches Gesamtangebot und eine Gesamtnachfrage aufeinander treffen. Entsprechend ist ihre Analyseebene ebenfalls hoch aggregiert, alle gleichartigen Wirtschaftssubjekte – also etwa alle Haushalte – werden zu einem Sektor zusammengefasst und ein ökonomisch plausibel erscheinendes Durchschnittsverhalten zugrunde gelegt. Der Einfluss des Staates und die außenwirtschaftlichen Verflechtungen der Volkswirtschaft werden bereits frühzeitig in die Analyse mit einbezogen.

Es ist klar, dass eine solche Vorgehensweise Vorteile bietet, aber auch Risiken birgt. Der größte Vorteil ist sicher in der Kompaktheit der Analyse zu sehen. Mit makroökonomischen Modellen gelingt es, eine Volkswirtschaft auf relativ wenige, übersichtliche Zusammenhänge zu reduzieren und entsprechend abzubilden. Das Risiko besteht natürlich darin, dass durch die sehr verdichtete Betrachtungsweise wichtige Einflüsse auf niedrigeren Ebenen vernachlässigt werden. Das kann zwar manchmal gewünscht und von Vorteil sein, manchmal aber möglicherweise auch zu Fehlschlüssen führen. Andererseits unterliegt die Mikroökonomik dem ständigen Risiko, aus Erkenntnissen, die auf der Mikroebene gewonnen wurden, voreilige Schlüsse für die Gesamtwirtschaft zu ziehen. Mikro- und Makroökonomik sind somit nicht als Gegensätze zu sehen, sondern sie müssen sich ergänzen und in sinnvoller Weise zur Erklärung des Gesamtsystems Wirtschaft genutzt werden.

e. Modelle als Hilfsmittel der theoretischen Analyse

Die meisten Haushalte verfügen heute über Bücher mit Titeln wie „Medizin für jedermann" oder etwas in dieser Art. Die Funktionen der inneren Organe sind bekannter als das Funktionieren des Preismechanismus in einer marktwirtschaftlichen organisierten Volkswirtschaft. Woran liegt das? Viele Gründe dürften eine Rolle spielen. Zunächst gibt es eine eigene wirtschaftliche und wirtschaftswissenschaftliche Fachsprache. Sie ist gewöhnungsbedürftig, aber man kann sie lernen. Wenn Sie im Bus Gesprächen zwischen (häufig älteren) Menschen lauschen, meinen Sie manchmal, Zeuge einer medizinischen Fachdiskussion zu sein. Noch nie hingegen habe ich ein Gespräch über Vor- und Nachteile flexibler oder fester Wechselkurse für die deutsche Volkswirtschaft belauscht. Zweitens gilt die Wirtschaftswissenschaft – vor allem die Volkswirtschaftslehre (auch Nationalökonomie genannt; im englischen: Economics), mit der wir uns hier beschäftigen wollen – als abstrakt. Das trifft auch durchaus zu. Aber auch dies ist eher eine Frage der Übung und des richtigen Fingerspitzengefühls für die angemessene Relation zwischen Realität (ablesbar an Fakten, Daten) und Modellanalyse (in Form von Aussagen über Wirkungszusammenhänge, so genannten „Theorien"). Zahlen alleine sagen uns gar nichts. Erst wenn wir sie befragen, d.h. wenn wir sie im Lichte von **Hypothesen** und **Theorien** betrachten, beginnen sie zu sprechen. Es geht folglich nicht nur darum, viel über Zahlen, Fakten und Institutionen der Volkswirtschaft zu lernen, es geht auch und vielleicht zuallererst darum, die richtigen Fragen zu stellen. Vor allem dazu sind Theorien nütze.

Hypothesen können wir hierbei als begründete Vermutungen über bestimmte Wirkungszusammenhänge bezeichnen (im Gegensatz zu bloßen Spekulationen).Theorien hingegen sind Aussagensysteme, die bestimmten Qualitätsmerkmalen genügen müssen. Zu diesen Qualitätsmerkmalen zählen vor allem die Widerspruchsfreiheit der Aussagen, die Prüfbarkeit und die Operationalität der zugrunde liegenden Begriffe, der empirische Gehalt und die empirische Gültigkeit, sowie die Bewährung und die Allgemeinheit ihrer Inhalte (vgl. *Wagner 2009*, S.4).

Was ist ein **Modell**? Man versteht darunter ein vereinfachtes Abbild der Realität. Daraus wird dreierlei deutlich: Erstens, jedes Modell stellt eine Vereinfachung dar. Es macht keinen Sinn, Modelle zu entwickeln, in denen jedes denkbare Detail der wirklichen Welt enthalten ist, denn daran würde man letztlich nichts erkennen. Zweitens, ein Modell stellt ein Abbild dar. Genauso wie ein Maler Werkzeuge braucht, um ein Abbild zu erschaffen (Farben, Pinsel, Leinwand), so benötigt auch der Ökonom Instrumente, um ein Modell zu entwickeln. Wir gehen darauf im folgenden Abschnitt näher ein. Und schließlich drittens, ein Modell versucht etwas über die Realität auszusagen. Modelle sind also keine Fantasiegebilde, sondern sollen uns Erkenntnisse darüber geben, welche Wirkungsmechanismen die Strukturen der realen Welt bestimmen. Daran müssen sich alle Modelle letztlich messen lassen.

Im volkswirtschaftlichen Kontext lässt sich über Modelle sagen: „Ein Modell ersetzt im Forschungsprozess das Originalobjekt. Volkswirtschaftliche Modelle müssen also geeignete Abbildungen der volkswirtschaftlichen Realität sein, so dass man durch das Studium des Modells brauchbare Einsichten über die Realität gewinnen kann." (*Wagner 2009*, S. 3) Damit ist freilich nicht nur zum Ausdruck gebracht, was volkswirtschaftliche Modelle charakterisiert. Es wird auch angedeutet, wozu solche Modelle benötigt bzw. genutzt werden. Ausgangspunkt der volkswirtschaftlichen Modellbildung hat stets die Realität zu sein, die im jeweiligen Kontext einer Fragestellung oder eines konkreten Problems vorgefunden wird. Sodann muss das Modell alle wesentlichen Bestandteile der Realität erfassen und in einen strukturellen Zusammenhang von Ursache- und Wirkungsbeziehungen bringen. Dieses Wirkungsgefüge macht die **Modellstruktur** aus, die dem Forscher Antworten auf die von ihm gestellten Fragen liefert. Zur Struktur von volkswirtschaftlichen Modellen lässt sich freilich noch Vieles sagen, was an dieser Stelle ausgespart bleibt, an späterer Stelle jedoch unbedingt erwähnt werden muss (siehe dazu Kapitel 8.1).

Schließlich – und dies ist letztlich der entscheidende Schritt im Sinne einer Beeinflussung und Gestaltung der Wirklichkeit – müssen die Erkenntnisse, die man aus dem Studium des Modells gewonnen hat, wieder auf die Realität übertragen werden. Dieser Schritt beinhaltet Risiken und Stolpersteine. Denn zum Einen ist das Modell nur ein vereinfachtes Abbild der Realität, was eine

Übertragung auf eine komplexere und nur unvollständig zu durchschauende Realität erschweren kann. Zum Anderen wird man in der wirtschaftspolitischen Praxis (und um diese geht es ja letztlich, wenn volkswirtschaftliche Modellerkenntnisse auf die Realität übertragen werden sollen) mit diversen Widerständen und manchmal auch Uneinsichtigkeiten zu rechnen haben. Wirtschaftspolitiker sind als Akteure eben in erster Linie Politiker. Das bedeutet, dass sie wirtschaftspolitische Zielesetzungen in einen breiteren Kontext allgemeinpolitischer Kalküle einbetten. Zu diesen Kalkülen zählt ganz selbstverständlich auch die Frage, ob und wie sich wirtschaftspolitische Konzepte in einer pluralistischen Demokratie überhaupt durchsetzen lassen und wie sich die Durchsetzung eines bestimmten wirtschaftspolitischen Programms mit den Bestrebungen eines Erfolges bei den nächsten Wahlterminen vereinbaren lässt. Politische und ökonomische Rationalität können sich von daher gelegentlich widersprechen.

Welches sind nun die Instrumente, die für die Entwicklung eines volkswirtschaftlichen Modells verwendet werden? Wir kennen verbale, graphische und mathematische Formen der Modellbildung. Bei der verbalen Methode wird versucht, volkswirtschaftliche Wirkungszusammenhänge allein mit Worten zu beschreiben und darzustellen. Diese Methode ist naturgemäß in ihrer Wirksamkeit begrenzt, da die Möglichkeiten der Sprache nicht ausreichen, um der Komplexität des ökonomischen Geschehens gerecht zu werden. Außerdem neigt die Verwendung der Sprache häufig zur Ungenauigkeit und unterschiedliche Menschen können dieselbe Aussage manchmal völlig verschieden auffassen.

Aussichtsreicher ist die graphische Methode. Hier wird mit Diagrammen gearbeitet, aus denen in der Regel die Reaktion einer als abhängig betrachteten Variablen auf Änderungen einer als unabhängig vorgegebenen Variablen ersichtlich ist. Diese Methode wird uns sehr häufig begegnen, und wir werden noch ausführlich Gelegenheit haben, uns in der Interpretation ökonomischer Diagramme zu üben.

Schließlich bleibt die mathematische Methode der Modellbildung zu erwähnen. Sie gilt als die genaueste und universell einsetzbare Methode und wird deshalb in der modernen Volkswirtschaftslehre sehr geschätzt. Gleichwohl sollte man sich davor hüten, eine Aussage schon allein deshalb für wahr zu halten, weil sie in einer mathematischen Formulierung daher kommt. Mathematik als Methode kann auch eine Art von Scheingenauigkeit erzeugen, aber sie bietet andererseits unschätzbare Vorteile: Sie zwingt zur Genauigkeit und vermeidet dadurch sprachliche Missverständnisse der verbalen Methode und sie ist nicht auf zwei oder drei Dimensionen begrenzt wie die graphische Methode.

Die wichtigsten Hilfsmittel der mathematischen Methode stellen **Gleichungen** dar. Nun sagt eine Gleichung zwar immer aus, dass auf der linken und der rechten Seite des Gleichheitszeichens derselbe Zahlenwert stehen muss, und doch gibt es gleich fünf verschiedene Arten von Gleichungen, die in volkswirtschaftlichen Modellen auftauchen und deren Aussagegehalt unterschiedlich ist. Um ökonomische Modelle zu verstehen und mit ihnen arbeiten zu können, muss man diese Arten von Gleichungen auseinander halten können:

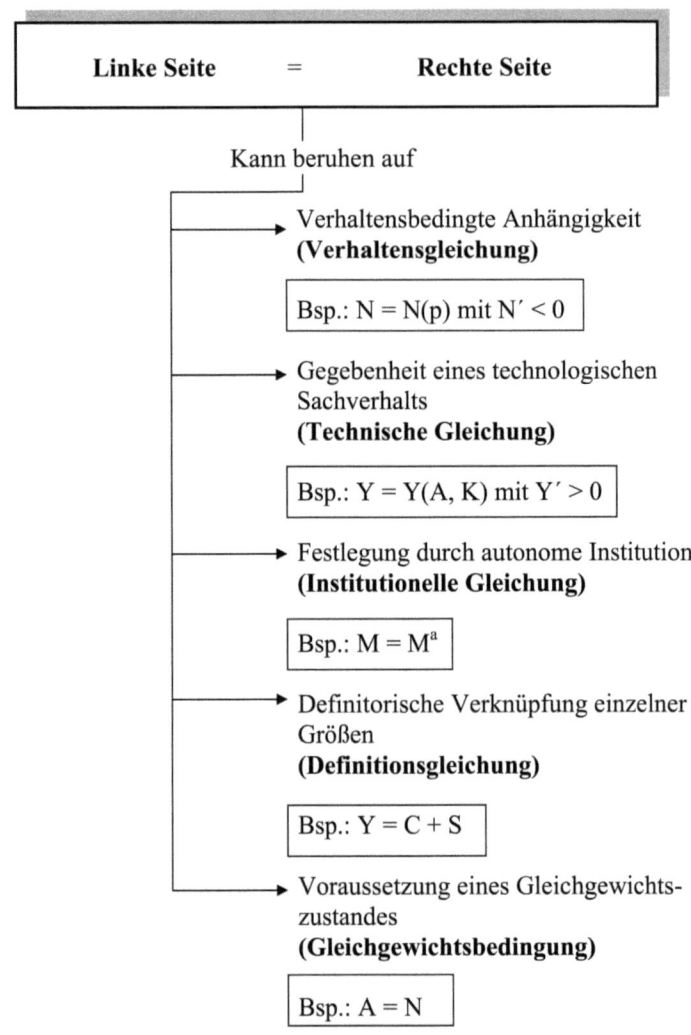

Abb. 1.3: Arten von Gleichungen

Es kann einem keineswegs gleichgültig sein, aus welchem Grund das Gleichheitszeichen in einer Gleichung steht. Im ersten Fall einer **Verhaltensgleichung** beruht unser Gleichheitszeichen auf einer Annahme über ökonomisches Verhalten. Eine solche Annahme könnte etwa lauten, dass die Nachfrage auf einem Markt mit steigendem Preis sinkt. Eine solche Annahme klingt plausibel und beruht sicher auf alltäglichen Erfahrungen. Aber sie könnte sich in manchen Fällen als falsch erweisen, d.h. wir können uns bei einer derartigen Gleichung auch irren. Deshalb ist es wichtig, dass Verhaltensgleichungen empirisch (also an Daten der Realität) überprüfbar sind und auf bewährten Aussagen der ökonomischen Theorie beruhen.

Das Gleichheitszeichen bei einer **technologischen Gleichung** besagt, dass die linke und die rechte Seite durch eine technische Gesetzmäßigkeit miteinander verknüpft sind. So wird etwa das Produktionsergebnis einer Volkswirtschaft gerne dargestellt als das Ergebnis eines bestimmten Einsatzes an Produktionsfaktoren. Hierzu brauchen wir keine besonderen Verhaltensannahmen einzuführen, sondern wir verlassen uns dabei auf die Tatsache, dass eine Volkswirtschaft stets über einen bestimmten Bestand an Produktionsfaktoren (vor allem Arbeit und Kapital) verfügt und ein effizienter Einsatz dieser Faktoren notwendigerweise zu einem bestimmten Produktionsvolumen führt. Steigerung des Faktoreinsatzes führt in aller Regel auch zu mehr Produktionsvolumen. Eine mögliche Fehlerquelle liegt hierbei in der mathematischen Gestalt, die wir dieser Funktion geben sowie darin, dass sich Produktionsgegebenheiten in der Volkswirtschaft auch ändern, nämlich durch technischen Fortschritt.

Manchmal kommt es vor, dass wir eine Größe in ein ökonomisches Modell einführen, über deren Zustandekommen wir nichts Näheres aussagen können oder wollen. Häufig wird dann diese Größe einer autonomen unabhängigen (also außerhalb unseres Modellrahmens liegenden) Institution zugeschrieben und dafür eine **institutionelle Gleichung** verwendet. So wird man häufig die umlaufende Geldmenge als eine von der Zentralbank eines Landes autonom festgesetzte Größe betrachten (M^a in unserer Beispielgleichung). Durch ein hochgestelltes a auf der rechten Seite der Gleichung deuten wir an, dass unser Modell zwar mit dieser Größe arbeitet (sie kann z.B. in einer anderen Gleichung als erklärende Variable auftauchen), jedoch keine weiteren Aussagen über die Bestimmungsfaktoren macht, die dahinter stehen. Eine solche Vorgehensweise ist durchaus legitim und kann die Arbeit wesentlich erleichtern. Allerdings wird ein Modell, das zu viele autonome Größen enthält, als unbefriedigend empfunden, denn der Erklärungsgehalt wäre entsprechend gering.

Definitorische Gleichungen geben – wie der Name sagt – Zusammenhänge wieder, die definitionsgemäß richtig sind. Wenn in einem Modell die einzigen zulässigen Verwendungsmöglichkeiten für das Einkommen Y aus Konsum und Sparen bestehen sollen, dann ist unsere obige Beispielgleichung eben immer erfüllt. Eine solche Gleichung „erklärt" zwar nichts, kann sich aber als nützlich erweisen, etwa um ein Modell auf Vollständigkeit zu überprüfen.

Die letzte Kategorie von Gleichungen schließlich, die **Gleichgewichtsbedingung**, verdient besondere Aufmerksamkeit. Hier erfüllt das Gleichheitszeichen die Funktion einer Bedingung. Es gilt nur dann, wenn sich das System in einem so genannten Gleichgewichtszustand befindet, und die entsprechende Gleichung gibt genau die Bedingung an, unter der dieses Gleichgewicht erfüllt ist. Deswegen ergänzt man eine solche Gleichung häufig durch den Zusatz, dass die dabei auftauchenden Größen „geplante" (von den Entscheidungsträgern im Modell freiwillig durchgeführte) Größen seien. Im Falle eines Ungleichgewichtes gilt das Gleichheitszeichen also nicht.

Noch einige Bemerkungen zum Arbeiten mit Modellen: Die Modelle, mit denen wir uns befassen werden, haben in aller Regel eine „Lösung" in Form eines Gleichgewichtszustandes, den sie beschreiben. Beschränkt man sich darauf, einen solchen Zustand zu untersuchen, so spricht man von einer **statischen Analyse**. Vergleicht man hingegen zwei unterschiedliche Gleichgewichtszustände miteinander (nachdem man z.B. eine Größe im Modell verändert hat), liegt eine **komparativ-statische Analyse** vor. Eine **dynamische Analyse** ist schließlich gegeben, wenn man auch die Prozesse abbildet, die beim Übergang von einem Gleichgewichtszustand zu einem anderen ablaufen.

Um dies leisten zu können müssen dynamische Modelle in der Lage sein, die Veränderungen, die sich zwischen zwei Gleichgewichtszuständen in einem Modell abspielen, Schritt für Schritt nachzuvollziehen. Da sich Veränderungsprozesse immer in der Zeit abspielen, muss ein dynamisches Modell zwangsläufig Variablen verwenden, die irgendeine Form von zeitlicher Indexierung aufweisen. Man kann Dynamik in der volkswirtschaftlichen Theorie folglich wie folgt definieren: „Eine dynamische Betrachtungsweise (Dynamik) liegt vor, wenn das betrachtete ökonomische System mindestens eine Größe enthält, die entweder auf zwei verschiedene Zeitpunkte oder Zeitperioden bezogen ist oder von der außerdem eine ihrer Ableitungen nach der Zeit vorkommt." (*Ott 1970*, S. 21). Dynamische Modelle sind natürlich wesentlich aufwändiger.

Volkswirtschaftliche Modelle können Teilbereiche einer Volkswirtschaft abbilden, etwa einen einzelnen Markt, oder den Versuch unternehmen, die gesamte Volkswirtschaft in ihren relevanten Teilen zu erfassen. Letzteres ist anspruchsvoller, aber auch riskanter, denn Dinge die man im ersten Fall – bei einem so genannten **Partialmodell** – getrost als gegeben und konstant betrachten kann, müssen im zweiten Fall (einem **Totalmodell**) im Modell berücksichtigt werden. Außerdem gilt es hier, gegenseitige Abhängigkeiten und etwaige Rückkopplungen zu beachten.

Beide Arten von volkswirtschaftlichen Modellen können mikroökonomisch oder makroökonomisch konstruiert sein. Bei **mikroökonomischen Modellen** ist das einzelne Wirtschaftssubjekt Ausgangspunkt der Analyse; von seinem (häufig idealtypisch zugespitzt formulierten) Verhalten wird auf die Interaktion auf Märkten geschlossen. Der Strukturaspekt (siehe oben) steht bei dieser Art von Modellen im Vordergrund. **Makroökonomische Modelle** fassen gleichartige Wirtschaftssubjekte (etwa alle Haushalte, alle Unternehmen) zu Aggregaten zusammen und unterstellen ihnen ein Durchschnittsverhalten. Es wird untersucht, wie diese Aggregate agieren und zentrale volkswirtschaftliche Größen wie Produktion, Beschäftigung oder Inflation bestimmen. Hier steht der Niveauaspekt im Mittelpunkt. Man muss wohl nicht betonen, dass beide Herangehensweisen sich gegenseitig ergänzen.

f. Empirische Wirtschaftsforschung, Ökonometrie und das Adäquationsproblem

Die theoretisch fundierten Aussagen der Volkswirtschaftslehre sollen, wo immer es möglich erscheint, einer empirischen Überprüfung unterzogen werden. Die Wissenschaftstheorie (zumindest insoweit man der Position des **Kritischen Rationalismus** im Sinne des einflussreichen Wissenschaftsphilosophen K. R. Popper folgt) legt nahe, dass Theorien nie endgültig „bewiesen" sein können. Stets muss eine Theorie sich aufs Neue bewähren, indem sie mit Daten der Realität konfrontiert wird. Dabei unterliegt sie immer der Gefahr, dass sie an der Wirklichkeit scheitern könnte. Theorien haben also stets nur als vorläufig bestätigt zu gelten, nie als endgültig bewiesen. Freilich wird man zugestehen müssen: Je häufiger eine Theorie trotz Konfrontation mit den Daten der Realität nicht widerlegt wurde, je öfter und länger sie sich also bewährt hat, umso vertrauenswürdiger erscheint sie.

Empirische Wirtschaftsforschung setzt Daten über die wirtschaftliche Realität voraus. Daten stammen aus verschiedenen Quellen, von denen die wichtigsten und zuverlässigsten sind: Die amtliche Statistik (Eurostat, Statistisches Bundesamt, Statistische Landesämter), internationale Organisationen (z.B. OECD, Weltbank, IWF), wirtschaftswissenschaftliche Forschungsinstitute (z.B. Deutsches Institut für Wirtschaftsforschung in Berlin (Sozioökonomisches Panel), ifo-Institut in München (Geschäftsklimaindex), aber auch kleinere Institute wie etwa das Institut für Angewandte Wirtschaftsforschung e.V. in Tübingen (Kompetenzzentrum Mikrodatenbasierte Politikberatung), Zentralbanken und Behörden (z.B. Prozessdaten der Bundesagentur für Arbeit), Expertengremien (wie der Sachverständigenrat zur Begutachtung der gesamtwirtschaftlichen Entwicklung) Verbände und Institutionen der Wirtschaft und weitere.
Mit der Gewinnung und Interpretation solcher Daten ist zunächst einmal das Gebiet der wirtschaftsstatistischen Methodenlehre befasst (vgl. hierzu etwa *Von der Lippe (1996)*). Weitergehende Analysen und Datenauswertungen samt fachwissenschaftlichen Bewertungen gehören danach zum Arbeitsgebiet der

Empirischen Wirtschaftsforschung (siehe *Moosmüller (2004)*). Hierzu zählen in erster Linie die Verfahren der Trend- und Saisonbereinigung ökonomischer Datenreihen, die Entwicklung und Erhebung ökonomischer Indikatoren (wie etwa Konjunkturindikatoren oder ökonomischer Klimaindikatoren, vgl. zum letzten Punkt *Güntzel (1994)*), die Input-Output-Analyse und nicht zuletzt die ökonometrische Modellbildung.

Das letztgenannte Gebiet – die **Ökonometrie** – stellt heute ein eigenständiges und methodisch hoch entwickeltes Fachgebiet dar, das mit ausgefeilten stochastischen (also wahrscheinlichkeitstheoretisch basierten) Methoden arbeitet. Im Zentrum stehen lineare und nichtlineare Einfach- und Mehrfachregressionsmodelle. Hier werden, einfach gesagt, Beziehungen zischen ökonomischen Variablen um einen stochastischen Term (eine Störvariable) erweitert und dadurch einer empirischen Schätzung zugänglich. Aus Daten der Realität sollen somit konkrete Zahlenwerte über die numerischen Parameter ökonomischer Zusammenhänge gewonnen werden. Dass hierbei eine Fülle methodischer Probleme gelöst werden müssen und dass die Verfahren zur Überwindung dieser Probleme einen nicht unerheblichen wissenschaftlichen Aufwand erfordern, versteht sich beinahe von selbst. Für weitere Informationen ziehe man die entsprechende Literatur zu Rate, z.B. *Schneeweiß (1990), Schaich/Brachinger (1999)*.

Ein Problem ganz eigener Prägung liegt für die Empirische Wirtschaftsforschung und Ökonometrie in der Frage nach der Sicherstellung einer angemessenen **Adäquation** dar. Dieses Grundproblem an der Schnittstelle zwischen theoretischer und empirischer Forschung resultiert aus der Feststellung, dass die Begriffe und Konzepte der Wirtschaftstheorie zunächst einmal rein theoretische Konstrukte sind. Mit anderen Worten: Der Theoretiker sagt beispielsweise „Arbeitslosigkeit" oder „Konjunktur" oder „Wettbewerb" und verknüpft dabei ganz bestimmte Assoziationen, hat ganz bestimmte Vorstellungen im Kopf, welche die genannten Begriffe konkretisieren und in seinen theoretischen Argumentationen mit einem spezifischen Sinngehalt belegen. Die empirische Forschung ist im Weiteren jedoch darauf angewiesen, diese theoretischen Konstrukte in empirisch fassbare (also mittels statistischer Methoden messbare) Daten zu überführen. Nur auf diese Weise ist letztlich der Anspruch, Theorien an den Erscheinungen der Realität zu überprüfen und gegebenenfalls zu revidieren, einlösbar. Daten werden jedoch selten für rein theoretische Zwecke erhoben. Und selbst wenn es so sein sollte, dann sind diese theoretischen Zielsetzungen in sich wiederum so vielfältig und divergierend, dass sie nur schwer mit ein und demselben Datensatz bedient werden können. Das Adäquationsproblem mündet also in die Schlüsselfrage: Messen die Daten, die ein Forscher verwendet, wirklich das, was mit den theoretischen Konstrukten sinnhaft verknüpft wurde oder gehen sie am „eigentlich Gemeinten" vorbei und liefern somit in letzter Konsequenz nur eine Scheingenauigkeit, die unter Umständen mehr schadet als sie nutzt (weil sie nämlich zu falschen Schlussfolgerungen und verfehlten Entscheidungen führt)? Die Frage wird sich nur höchst selten mit einem einfachen „ja" oder „nein" beantworten lassen. Die Frage nach der angemessenen Adäquation bleibt ein Dauerthema der empirischen Forschung. Für eine eingehendere Beschäftigung sei auf *Güntzel (1994)* sowie die dort zitierte umfangreiche und grundlegende Literatur verwiesen.

g. Gefahren einer „Papageien-Ökonomik"

Nachdenken ist unbequem, denn es ist mit Arbeit verbunden. Es zwingt zu eigener Stellungnahme, kritischem Abwägen konträrer Argumente und nicht zuletzt auch zur Distanz gegenüber sich selbst und gegenüber seinen eigenen Standpunkten. Wie viel leichter ist es doch, sich auf eine Handvoll scheinbar unumstößlicher Wahrheiten zu verlassen und sie bei jeder passenden oder auch unpassenden Gelegenheit vorzubringen. Solcherart unreflektiertes Nachplappern ökonomischer Leerhülsen nenne ich „Papageien-Ökonomik". Es ist meinem Eindruck nach verbreiteter als man denken mag. Nehmen wir einen Satz wie den folgenden: „Die veränderten Rahmenbedingungen im Zuge der Globalisierung und der weiterhin zunehmende Wettbewerb zwingen uns zu verstärkten strukturellen Anpassungen und tief greifenden Reformen." Faktisch wurde mit diesem Satz nichts ausgesagt, es wurde weder ein konkretes Problem benannt noch eine nachvollziehbare Lösung dieses Problems aufgezeigt. Trotzdem wird ein solcher Satz wahrscheinlich weithin auf Zustimmung treffen, einfach weil er überzeugend klingt und seinen Verfasser mit einer unangreifbaren Aura des Expertentums umgibt. Ein kritisches Hinterfragen, welcher Art denn die strukturellen Anpassungen sein sollen und auf welchem Weg genau sie zur Lösung welchen spezifischen Problems beitragen sollen, würde bei einem derartigen Grundsatzbekenntnis nur stören.

Es liegt auch eine gewisse perfide Logik in der Papageien-Ökonomik. „Mitmachen", nicht „Blockieren" ist das Credo ihrer Wortführer. Mitmachen wobei und zu welchem Zweck, bleibt allerdings häufig im Dunkeln und somit dem Gutdünken der Wortführer überlassen. Mit geschickt gewählten Folgeformulierungen („Hieraus ergibt sich zwingend, dass ...") kann der Willkür Tür und Tor geöffnet werden. Innehalten und Nachfragen wird gerne als „Reformwiderstand" interpretiert und gebrandmarkt.

Wir sollten uns vor derartiger „Papageien-Ökonomik" hüten und uns weder aktiv noch passiv ihrer verführerischen Anziehungskraft hingeben. Einziger, aber auch wirksamer Schutz davor ist das eigene, kritische und natürlich durch fachliche Schulung unterstützte Nachdenken. Die Volkswirtschaftslehre ist eben keine Ansammlung von gedankenlos nachzuplappernden Wahrheiten, die immer passen. Sie stellt uns ein Instrumentarium bereit, mit dem wir kraft unseres eigenen Denkens in die verwirrende Vielfalt und Komplexität der ökonomischen Wirklichkeit ein Stück weit eindringen können, nicht mehr, aber auch nicht weniger.

h. Zusammenfassung und Literatur

Vorausschauendes Gestalten von und korrigierendes Eingreifen in volkswirtschaftliche Prozesse setzt (möglichst zuverlässiges und stabiles) Wissen über den volkswirtschaftlichen Systemzusammenhang voraus. Die Volkswirtschaftslehre hat von ihren Begründern die Aufgabe auferlegt bekommen, solches Wissen zu erarbeiten, zu verbreiten und für die politische Praxis nutzbar zu machen. Spätestens an dieser Stelle sollten – stellvertretend für viele weitere – mit Adam Smith als Entdecker der „unsichtbaren Hand" und François Quesnay als Begründer der Kreislauftheorie wenigstens zwei dieser „Gründerväter" namentlich genannt werden. Theoriegeschichtlich Interessierte seien für eine eingehendere Lektüre zur geschichtlichen Entwicklung der Volkswirtschaftslehre auf die Literatur verwiesen (etwa *Ott/Winkel 1985*).

Zwecks Gewinnung tieferer und verwertbarer Einsichten über den volkswirtschaftlichen Systemzusammenhang arbeiten Volkswirte mit Modellen. Modelle sind vereinfachte Abbilder der Realität, die wesentliche Elemente der zu erklärenden Realität beinhalten und weniger wichtige Elemente in den äußeren Datenkranz eines Modells verweisen oder vollständig unberücksichtigt lassen. In jedem Fall müssen Modelle der volkwirtschaftlichen Realität Modelle des Menschen verwenden, die zwangsläufig begrenzt und manchmal „unrealistisch" erscheinen.

Empirisch abgesicherte Theorien sind wünschenswert. Daher ist die empirische Wirtschaftsforschung in Verbindung mit der Ökonometrie grundsätzlich beauftragt, Theorien der Volkswirtschaftslehre zu überprüfen und somit empirisch abgesichertes Wissen, das sich auch für wirtschaftspolitische und prognostische Zwecke nutzen lässt, zu liefern. Hierbei wird mit ausgefeilten Methoden gearbeitet, aber auch mit grundsätzlichen Problemen – wie etwa dem Adäquationsproblem – gekämpft.

Weitergehende Literaturhinweise: *Güntzel (1994); Von der Lippe (1996); Moosmüller (2004); Ott (1970); Ott (1986); Ott/Winkel (1985); Schneeweiß (1990); Wagner* (2009); *Schaich/Brachinger (1999)*.

2. Triebkräfte des Wirtschaftsprozesses

a. Die volkswirtschaftlichen Produktionsfaktoren

Wir hatten bei der Darstellung der Volkswirtschaftslehre als Wissenschaft festgestellt, dass die Produktion wertvoller Wirtschaftsgüter ein zentraler Erkenntnisgegenstand der Volkswirtschaftslehre ist. Wo kommen all die Güter her, denen wir täglich in Läden, Schaufenstern, Supermärkten usw. begegnen? Sie werden von Unternehmen produziert und an den Markt gebracht in der Hoffnung, dass sie auf Käufer treffen. Unternehmen transformieren Güter aus einem Urzustand, der sich in aller Regel nicht für den Konsum eignet (denken wir an Rohstoffe wie Holz, Eisenerze, Erdöl) und transformieren sie in konsumreife Güter, die vom Endverbraucher erworben und genutzt werden können. Produktion ist also ein technischer Transformationsprozess:

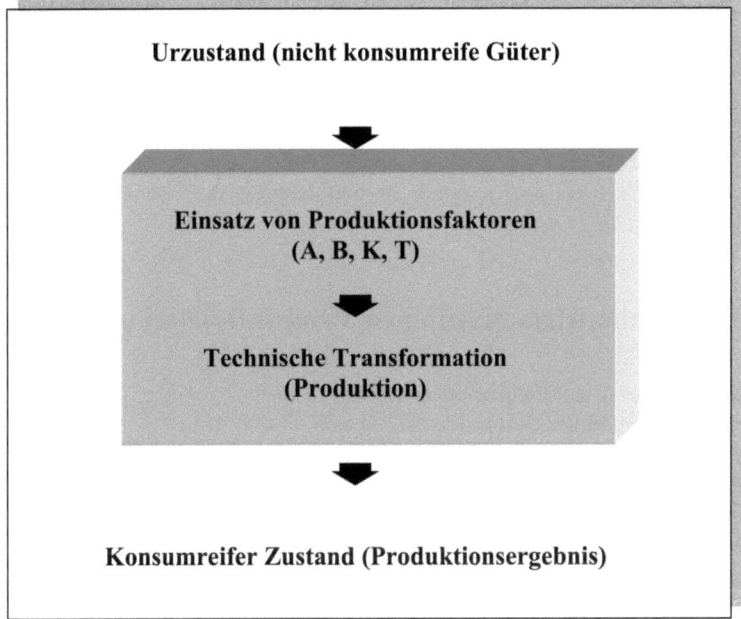

Abb. 2.1.: Produktion als technische Transformation

Das dunkel hervorgehobene Kästchen innerhalb des Rahmens deutet an, dass der eigentliche Produktionsprozess ökonomisch als „Black Box" behandelt wird. Die technischen Vorgänge, die hierin ablaufen, sind zwar wirtschaftlich durchaus interessant, insofern sie mit Geldgrößen bewertet werden und einem ökonomischen Kalkül unterworfen sind. Die Technik selbst jedoch, in ihrer reinen physikalischen Manifestation, steht außerhalb der ökonomischen Analyse, sie wird als gegeben betrachtet.

Dieser technische Produktionsprozess geschieht, wie gesagt, unter dem Einsatz der Produktionsfaktoren. Es sind dies bekanntermaßen

Arbeit: Jede Art menschlicher Tätigkeit, sei sie manueller oder geistiger Natur
Kapital: Bereits produzierte Produktionsmittel (Maschinen, Werkzeuge, Gebäude usw.)
Boden: Alle von der Natur bereitgestellten Produktionsmittel (natürliche Ressourcen) sowie der Boden, auf dem die Produktionsanlagen stehen

Zu diesen drei geläufigen Faktoren kommt noch das technische Wissen, dem auf Grund seiner Bedeutung ebenfalls der Rang eines Produktionsfaktors zugebilligt wird. Eine sinnvolle Kombination von A, K und B gelingt nur, wenn das Wissen um den effizienten Einsatz der Produktionstechnologie vorhanden ist. Technisches Wissen – im Sinne von Know-how bzw. Technologie und Qualität der Produktionsfaktoren – ist ein gebundener Faktor, d.h. er liegt in den anderen Produktionsfaktoren vor, nämlich in den Köpfen der Menschen und in den Produktionsanlagen selbst.

b. Die volkswirtschaftlichen Produktionsmöglichkeiten

Wenn wir einen effizienten Ressourceneinsatz voraussetzen und die Produktionstechnologie kurzfristig als gegeben betrachten, dann führt der Einsatz einer bestimmten Menge der Produktionsfaktoren zwangsläufig zu einer bestimmten Höhe des Produktionsertrages. Dieser Zusammenhang kommt in der so genannten Produktionsfunktion zum Ausdruck. Wir haben diese Beziehung im ersten Kapitel als wichtigstes Beispiel einer technologischen Gleichung kennen gelernt:

$Y = Y(A, B, K, T)$

Hierbei steht Y (engl.: Yield) für das Produktionsergebnis einer Volkswirtschaft. In anderem Zusammenhang bezeichnet Y auch das Volkseinkommen. In kurz- bis mittelfristiger Betrachtung kann man den Stand des technischen Wissens als fixiert betrachten, der Boden wird traditionell als feste Größe angesehen. Da nun das Kapital als Produktionsfaktor weniger leicht zu variieren ist als die Arbeit, betrachtet man häufig in dieser Beziehung das Kapital ebenfalls als Konstante. Die Funktion vereinfacht sich dann zu

$Y = Y(A, K_{const})$ mit B, T gegeben und K = const.

Stellen wir uns nun vor, dass Y, das Produktionsergebnis aus verschiedenen Gütern besteht; der Einfachheit halber nehmen wir zwei Güter an, x und y. Wir können dann zwei so genannte partielle Produktionsfunktionen formulieren, die jeweils die Beziehung zwischen Faktoreinsatz und produzierter Menge des jeweiligen Gutes angeben.

$Y^{part1} = Y^{part1}(A, K_{const}) = q_x$

$Y^{part2} = Y^{part2}(A, K_{const}) = q_y$

Durch die Beschränkung auf zwei Güter und die Berücksichtigung nur eines variablen Faktors (nur Arbeit geht als veränderliche Größe ein) lassen sich die Produktionsmöglichkeiten einer Volkswirtschaft sehr einfach darstellen. Stellen wir uns den einfachen Fall vor, dass ausschließlich zwei Arten von Gütern herstellt werden, sagen wir Fotoapparate (x) und Jeanshosen (y). Es sollen insgesamt 1000 Arbeitseinheiten zur Verfügung stehen. Dies kann als absolute Zahl an Arbeitskräften oder als Zahl an Arbeitsstunden verstanden werden. Der Kapitalbestand ist fixiert, ebenso der Boden und das technische Wissen. Mit dem gegebenen Bestand an Produktionsfaktoren kann nun jeweils eine bestimmte Menge q_x des Gutes x bzw q_y des Gutes y hergestellt werden.

Wenn wir nun die Produktionsmöglichkeiten der Volkswirtschaft aufzeigen wollen, stellen sich die Funktionen wie folgt dar. Die obere Funktion bildet den Faktoreinsatz A und die resultierende Produktionsmenge an Fotoapparaten ab, die untere Funktion zeigt uns die Menge an Jeanshosen in Abhängigkeit vom Faktoreinsatz A. Wir machen außerdem zwei geläufige Annahmen über deren Verlauf: Erstens, die Produktionsfunktion beginnt im Ursprung des Koordinatensystems, d.h. es liegt partielle Substituierbarkeit der Produktionsfaktoren vor (ein Faktor kann nicht vollständig durch den anderen ersetzt werden). Zweitens, der Produktionsertrag (der Output) nimmt mit steigendem Faktorertrag zwar zu, die Ertragszuwächse werden jedoch immer geringer, je mehr von dem Produktionsfaktor Arbeit bereits eingesetzt wird. Man spricht hier von abnehmenden Grenzerträgen.

In der folgenden Abbildung sehen wir die beiden partiellen Produktionsfunktionen Y^{part1} und Y^{part2}. Y^{part1} wurde in üblicher Weise gezeichnet, d.h. die abhängige Variable (der Faktoreinsatz A) ist auf der waagrechten Achse abgetragen, die Outputmenge q_x auf der senkrechten. Y^{part2} hingegen ist auf dem Kopf stehend gezeichnet, die q_y-Werte sind also nicht als negative, sondern als positive Werte zu verstehen. Beide partiellen Produktionsfunktionen zeigen uns, wie der jeweilige Output des Gutes in Abhängigkeit vom Faktoreinsatz an Arbeit (den wir uns als Zahl der geleisteten Arbeitsstunden vorstellen können), variiert.

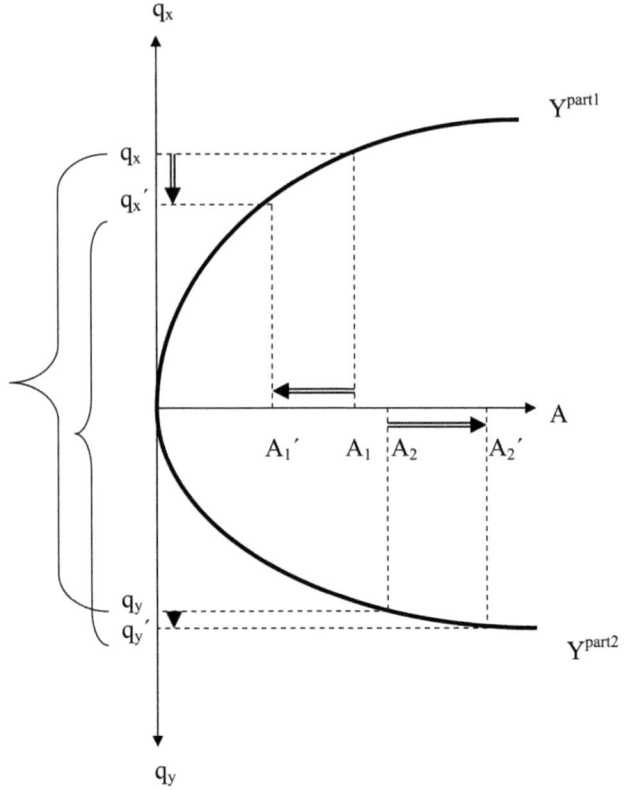

Abb. 2.2: Partielle Produktionsfunktionen

Die maximal verfügbaren 1000 Arbeitsstunden können nun in unterschiedlicher Weise auf die beiden Produktionsarten Fotoapparate und Jeanshosen aufgeteilt werden. Beispielsweise soll $A_1 = 450$ und $A_2 = 550$ gelten. Wir erhalten dann die beiden Produktionspunkte q_x (z.b. 100 Fotoapparate) und q_y (50 Jeanshosen). Die Werte sind natürlich willkürlich gewählt, es handelt sich lediglich um ein Beispiel.

Die Kombination $(q_x; q_y) = (100; 50)$ ist somit ein möglicher Produktionspunkt P_1, also eine mögliche Gütermengenkombination, die in dieser Volkswirtschaft mit dem verfügbaren Bestand an Produktionsfaktoren herstellbar ist. Ein anderer

Produktionspunkt ergibt sich, wenn wir die Aufteilung der Produktionsfaktoren auf die beiden Güterarten ändern. So könnte man mehr Arbeitskräfte für die Produktion von Jeanshosen einsetzen ($A_2' = 700$) und entsprechend weniger in der Fotoapparate-Herstellung ($A_1' = 300$). Wie viele Fotoapparate und Jeanshosen produziert unsere kleine Modell-Volkswirtschaft dann?

Nun, offensichtlich brauchen wir für 100 Fotoapparate 450 Arbeitsstunden, also 4,5 Arbeitsstunden für einen. Der Kehrwert – also 1 / 4,5 – besagt, wie viele Fotoapparate wir in einer Stunde fertigen können. 300 Arbeitsstunden ergeben somit 300 multipliziert mit dem Kehrwert von 4,5, also (nach oben gerundet) 67 Fotoapparate. Ebenso können wir ausrechnen, wie viele Jeanshosen in 700 Arbeitsstunden produziert werden können, nämlich 63 (nach unten gerundet). Ein zweiter möglicher Produktionspunkt P_2 ist also die Gütermengenkombination (q_x'; q_y') = (67; 63).

Würden wir nach diesem Muster alle möglichen Produktionspunkte ausrechnen und in ein geeignetes Diagramm einzeichnen, dann erhielten wir eine solche Kurve:

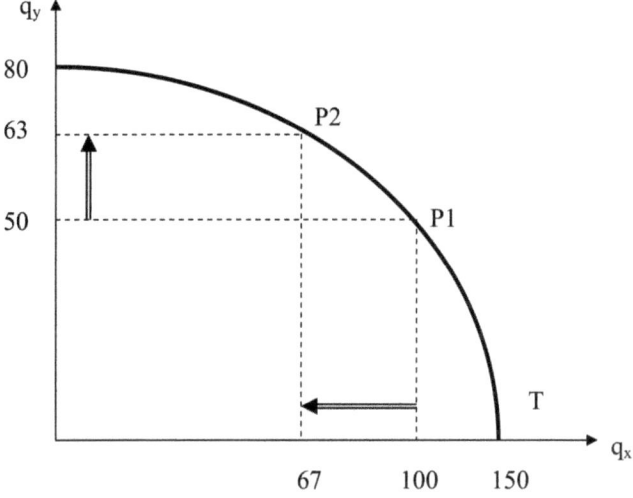

Abb. 2.3: Transformationskurve

Man spricht von der Transformationskurve (T) oder auch von der Produktionsmöglichkeitenkurve. Die Kurve krümmt sich zu den beiden Endpunkten hin immer stärker. Dies liegt an der Voraussetzung, die wir zu Beginn gemacht hatten: Die partiellen Produktionsfunktionen haben abnehmende Grenzerträge. Deswegen sind die maximal produzierbaren Mengen – wenn alle 1000

Arbeitsstunden für die Produktion eines Gutes verwendet werden – nicht 222 (Gut x) bzw. 90 (Gut y), sondern wesentlich geringer. Im mittleren Bereich der Kurve ist dieser Effekt nicht so stark ausgeprägt. Wir haben ihn hier dadurch zu berücksichtigen versucht, dass wir bei der Erhöhung des Faktoreinsatzes bei q_y die Mengenänderung nach unten gerundet haben, bei der Verringerung des Einsatzes bei q_x hingegen nach oben.

Was sagt uns diese Kurve? Zunächst etwas ganz Elementares: Die Produktionsmöglichkeiten einer Volkswirtschaft sind begrenzt. Egal, wie groß unsere Volkswirtschaft ist, egal wie vollständig oder unvollständig wir unsere Produktionskapazitäten auslasten: Die Gesamtmenge aller produzierbaren Güter ist begrenzt, einfach deshalb, weil die verfügbare Menge an Produktionsfaktoren begrenzt ist.

Noch etwas Zweites verdeutlicht diese Kurve: Eine Volkswirtschaft – sagen wir besser: eine Gesellschaft – muss sich entscheiden. Der Übergang von P_1 nach P_2 ist mit Opportunitätskosten verbunden; die Mehrproduktion an q_y ($q_y{'} - q_y = 13$ Einheiten) erfordert einen Verzicht an einer gewissen Menge q_x ($q_x - q_x{'} = 37$ Einheiten). Beides, mehr q_y und mehr q_x, ist nicht zu haben, zumindest so lange die Produktionsmöglichkeiten sich nicht erhöhen.

c. Menschliche Bedürfnisse als Ausgangspunkt

Wir haben in den vorherigen Abschnitten über die Produktionsmöglichkeiten gesprochen, die einer Volkswirtschaft zur Verfügung stehen. Der Grund, warum überhaupt Güter produziert werden, liegt darin, dass Menschen Bedürfnisse haben und diese Bedürfnisse durch den Gebrauch der verschiedensten Güter – die Ökonomen reden in diesem Zusammenhang von Konsum – stillen. Wir werden im Folgenden einen genaueren Blick auf diese Triebfeder ökonomischen Handelns werfen.

Was versteht man unter einem Bedürfnis? Kennzeichnend ist, dass der einzelne Mensch ein Gefühl des Mangels empfindet, dass ihm etwas fehlt. In aller Regel wird dieses Mangelgefühl begleitet durch den Wunsch, den Mangel zu beseitigen. Handelt es sich bei dem Bedürfnis um etwas, das für das physische Überleben den Menschen notwendig ist, so sprechen die Ökonomen von einem Grundbedürfnis (Beispiele: Essen, Kleidung usw.) Alles andere sind dementsprechend höhere Bedürfnisse. Allerdings kann im Zuge der gesellschaftlichen Entwicklung durchaus ein Bedürfnis, das früher als höheres Bedürfnis eingeordnet wurde, mittlerweile als Grundbedürfnis gelten.

Während ein Bedürfnis einen eher abstrakten Wunsch darstellt (zum Beispiel nach etwas essbarem), verstehen wir unter einem Bedarf ein konkretisiertes Bedürfnis, einen Wunsch also, der sich auf etwas Konkretes richtet. So führt ein anfängliches Hungergefühl beispielsweise dazu, dass sich der Wunsch nach einem Schnitzel mit Pommes Frites ausprägt. Wird dieser Bedarf anschließend im Restaurant in eine Bestellung umgesetzt, so reden wir von einer Nachfrage. Bedarf und Nachfrage können also voneinander abweichen, da ein Bedarf mit Kaufkraft ausgestattet sein muss, um zu Nachfrage zu werden. Schließlich führt der Verzehr des Schnitzels – der Konsum – dazu, dass das ursprüngliche Bedürfnis gestillt wird.

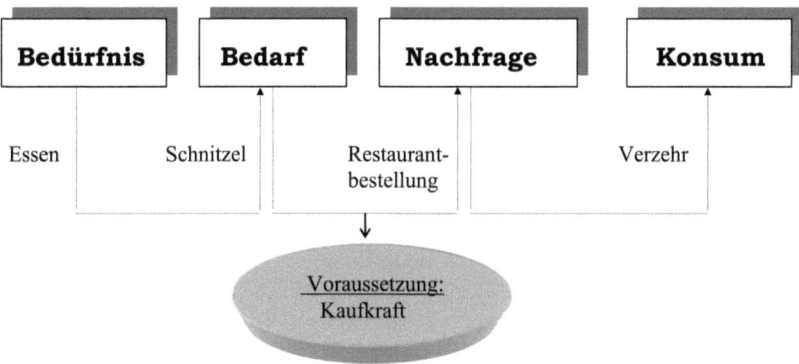

Abb. 2.4: Vom Bedürfnis zum Konsum

Wir haben die Unterteilung der Bedürfnisse in Grundbedürfnisse und höhere Bedürfnisse bereits angesprochen. Dies sind unterschiedliche Ebenen, auf denen Bedürfnisse sich artikulieren. Man kann Bedürfnisse noch weiter klassifizieren. So spricht man von offenen bzw. versteckten (latenten) Bedürfnissen je nachdem, ob das Bedürfnis offen im Bewusstsein des Individuums verankert ist oder dort quasi latent schlummert und erst geweckt werden muss (v.a. durch Werbung).Und schließlich gibt es Bedürfnisse, die bereits in der Gegenwart als dringend empfunden werden und solche, die sich erst in Zukunft bemerkbar machen werden. Als Beispiel für letztere wird häufig die Altersvorsorge genannt, die aufgrund einer Minderschätzung künftiger Bedürfnisse gerne auf die lange Bank geschoben wird.

Wenn ein Bedürfnis gestillt wird, so reden wir davon, dass das betreffende Gut einen Nutzen gestiftet hat. Wir werden auf den Begriff des Nutzens später noch ausführlicher zu sprechen kommen. Es soll allerdings bereits hier betont werden, dass das Nutzenempfinden eine höchst subjektive Angelegenheit darstellt. Man kann also nicht sagen, dass ein Gut einen bestimmten Nutzen hat, sondern nur, dass es einen solchen Nutzen für eine konkrete Person zu einem bestimmten Zeitpunkt und an einem bestimmten Ort – oder in einer bestimmten Situation – stiftet. Die Frage, ob und wie Nutzen messbar und vergleichbar sein kann, ist darum eine spannende und grundsätzliche Frage, der wir noch unsere Aufmerksamkeit widmen werden.

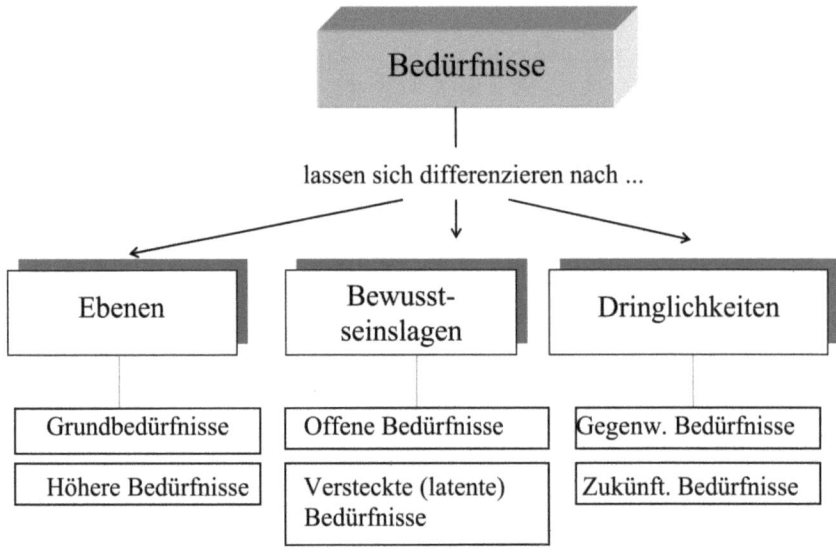

Abb. 2.5: *Differenzierung der Bedürfnisse*

d. Bedürfnisbefriedigung und Konsum

Da ökonomische Bedürfnisse letztlich immer durch den Konsum von Gütern befriedigt werden, sind Güter in ökonomischer Sicht charakterisiert als Mittel zur Befriedigung von Bedürfnissen. Entsprechend umfassend ist der ökonomische Güterbegriff gefasst. Wir unterscheiden im Wesentlichen:
- materielle und immaterielle Güter
- private und öffentliche Güter
- Konsumgüter und Investitionsgüter
- Verbrauchsgüter und Gebrauchsgüter
- freie und knappe Güter

Die erste Unterscheidung ist intuitiv klar: **Materielle** Güter bestehen aus Materie, man kann sie also anfassen. **Immaterielle** Güter hingegen sind etwa Dienstleistungen. Die Volkswirtschaftslehre beschäftigt sich mit beiden Arten von Gütern; wenn nichts Näheres gesagt wird, umfasst der Güterbegriff immer sowohl materielle als auch immaterielle Güter. Von **privaten** Gütern spricht man, wenn ihre Bereitstellung auf Märkten durch private Unternehmen geschieht. **Öffentliche** Güter werden aus bestimmten Gründen – auf die wir beim Thema Marktversagen noch näher eingehen müssen – von der öffentlichen Hand bereitgestellt und in aller Regel über Steuern oder Abgaben finanziert. **Konsumgüter** dienen den Endverbrauchern, also den privaten Haushalten, zur Befriedigung ihrer Bedürfnisse, während **Investitionsgüter** von Unternehmen eingesetzt werden, um mit ihrer Hilfe andere Güter (etwa Konsumgüter) herzustellen. Ein Beispiel für ein Investitionsgut ist etwa eine Abfüllanlage für Bierflaschen. **Verbrauchsgüter** sind Konsumgüter, die mit ihrer Nutzung auch physisch vernichtet werden. Denken wir etwa an das obige Schnitzel, das seinen Nutzen nicht abgeben kann, ohne dass es physisch aufhört zu existieren. Ein **Gebrauchsgut** hingegen kann über längere Zeiträume hinweg immer wieder genutzt werden. Hier wäre beispielsweise an die Pfanne, in der das Schnitzel zubereitet wird, oder an den Kühlschrank, in dem es aufbewahrt wird, zu denken.

Schließlich reden wir von **freien** Gütern, wenn sie im Vergleich zur gewünschten oder benötigten Menge praktisch unbegrenzt zur Verfügung stehen. Klassische Beispiele hierfür sind Sand in der Wüste oder Eis am Nordpol (obwohl man angesichts des Klimawandels mit diesem Beispiel mittlerweile vorsichtig sein muss). Wirklich freie Güter gibt es nicht mehr sehr häufig, denn viele ehemals freie Güter sind inzwischen knapp geworden – denken wir etwa an sauberes Trinkwasser. **Knappe** Güter stehen also nur in begrenzter Menge zur Verfügung und müssen in aller Regel durch einen Produktionsprozess bereitgestellt werden. Ökonomisch sind es diese knappen Güter, die von Interesse sind, denn für ihre Bereitstellung müssen die volkswirtschaftlichen Produktionsressourcen – die ihrerseits knapp sind – verwendet werden. Diese Feststellung führt uns zur Frage nach der grundsätzlichen Bedeutung des Problems der Knappheit und nach dem Umgang mit diesem Problem.

Zuvor soll allerdings noch erwähnt werden, dass zwei oder mehrere Güter auch in einer speziellen Beziehung zueinander stehen können: So spricht man von Substitutionsgütern, wenn das eine Gut das andere ersetzen kann, beide Güter also letztlich den gleichen Zweck erfüllen können. Denken wir etwa an Kaffee und Tee, die sich gegenseitig als morgendliches Getränk ersetzen können. Komplementärgüter hingegen liegen vor, wenn beide Güter nur zusammen genutzt werden können und dazu in einem bestimmten mengenmäßigen Verhältnis eingesetzt werden müssen. Dies gilt etwa für ein Paar Schuhe: Nur ein linker und ein rechter Schuh zusammen können angezogen werden, um auf der Straße zu gehen. Zwei linke, zwei rechte Schuhe oder ein Schuh alleine würden wohl keinerlei Nutzen stiften.

3. Grundlegendes zum volkswirtschaftlichen Systemzusammenhang

Volkswirte begnügen sich nicht damit, das Verhalten von einzelnen Wirtschaftssubjekten, von Anbietern und Nachfragern, zu beschreiben. Sie versuchen stets, das Wirtschaften der Individuen als Teil eines umfassenderen Systemzusammenhanges zu begreifen, es entsprechend zu beschreiben und zu erklären. Es ist insbesondere dieser charakteristische Blickwinkel, dieser spezifische Anspruch, der die Volkswirtschaftslehre kennzeichnet und sie gegenüber ihrer Schwesterdisziplin, der Betriebswirtschaftslehre, abgrenzt. In diesem Abschnitt werfen wir einen Blick auf einige zentrale Fragestellungen, die beantwortet werden müssen, wenn man Wirtschaft nicht als Beschäftigung voneinander isolierter Individuen begreift, sondern als komplexen Vorgang innerhalb eines Systems, dessen bestmögliche Funktion gewährleistet werden soll.

a. Angebot, Nachfrage und Knappheit

Von knappen Gütern (im Gegensatz zu freien Gütern) haben wir bereits gesprochen. Wir haben festgestellt, dass die allermeisten Güter, mit denen wir es im täglichen Leben zu tun bekommen, knapp sind. Sie stehen nicht einfach in praktisch unbegrenzter Menge zur Verfügung, sondern zuerst unter dem Einsatz von Produktionsfaktoren hergestellt werden. Hier geht es nun zunächst darum, diesem ökonomischen Grundphänomen der Knappheit weiter nachzugehen und es im Zusammenhang des Gesamtsystems Wirtschaft zu beleuchten.

Zunächst: Knappheit ist immer ein relativer Begriff. Gemeint ist damit, dass die zur Verfügung stehende Menge eines Gutes kleiner ist als die (eigentlich) gewünschte Menge dieses Gutes. Nun wird man vielleicht einwenden, dass wir in vielen Läden, Supermärkten usw. volle Regale sehen. Offenbar sind von vielen Gütern doch größere Mengen vorhanden, als die Konsumenten es wünschen. Sind diese Güter trotzdem knapp? Sie sind es aus zwei Gründen. Zum einen werden dieses Güter, wie bereits betont wurde, mit Produktionsfaktoren hergestellt, die ihrerseits knapp sind. Die deutsche Volkswirtschaft hat zwar einen sehr hohen Bestand an Produktionsanlagen und verfügbaren Arbeitskräften, aber es ist gleichwohl ein begrenzter Bestand. Wenn wir alle Menschen in unserem Land befragen würden, welche Güter sie gerne – ohne Rücksicht auf den Preis – zur Verfügung hätten, so würden wir zweifellos eine Antwort bekommen, die weit jenseits dessen liegt, was unter Einsatz aller Produktionsfaktoren herstellbar wäre.

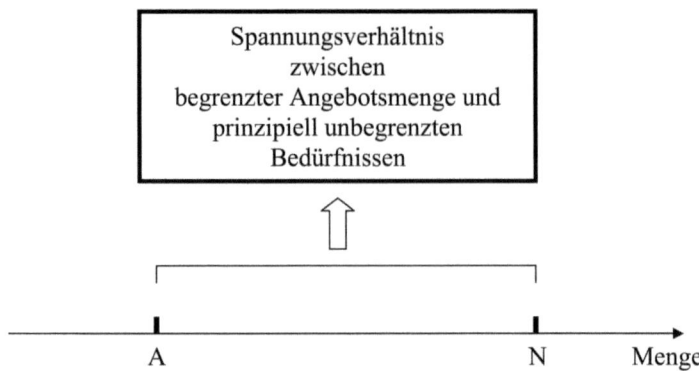

Abb. 3.1: Knappheit als Spannungsverhältnis

Der zweite Grund für die stete Präsenz der Knappheit liegt in dem gerade Gesagten. Wir wissen aus Erfahrung, dass Güter nicht umsonst zur Verfügung stehen, sondern einen Preis haben. Wäre der Preis gleich Null, so würde die Knappheit sich direkt in einer nahezu unbegrenzten Nachfrage Luft verschaffen. Wir würden die Knappheit dann in Form leergefegter Regale und unerfüllbarer Nachfragewünsche wahrnehmen. Diese prinzipiell nach oben unbegrenzte Nachfrage wird jedoch über Preise quasi „diszipliniert" und zurückgedrängt. Der Preis spielt dabei die Rolle eines Scharniers oder eines Regulators, der die begrenzten Produktionsmöglichkeiten und die prinzipiell unbegrenzten Nachfragewünsche zu einem vernünftigen Ausgleich bringen soll. Dies lässt sich einfach verdeutlichen:

Zunächst gehen wir von der Existenz einer Beziehung zwischen dem Preis p_x eines Gutes x und der von den Unternehmen angebotenen Menge q_x desselben Gutes aus. Aus Plausibilitätsargumenten (die wir im Rahmen der ökonomischen Strukturanalyse in Teil II genauer hinterfragen werden) erscheint es einleuchtend, dass die Unternehmen größere Mengen anbieten werden, je höher der Preis ist, den sie aus dem Verkauf des Gutes erzielen können. Es lässt sich einfach mehr mit dem Verkauf dieses Gutes verdienen, je höher der Preis ist. Wir nennen eine solche Beziehung Angebotsfunktion und unterstellen einen ansteigenden Verlauf dieser Funktion (was bekanntlich bedeutet, dass die erste Ableitung dieser Funktion positiv ist):

$$A = A(p_x) \qquad \text{mit } A'(p_x) > 0$$

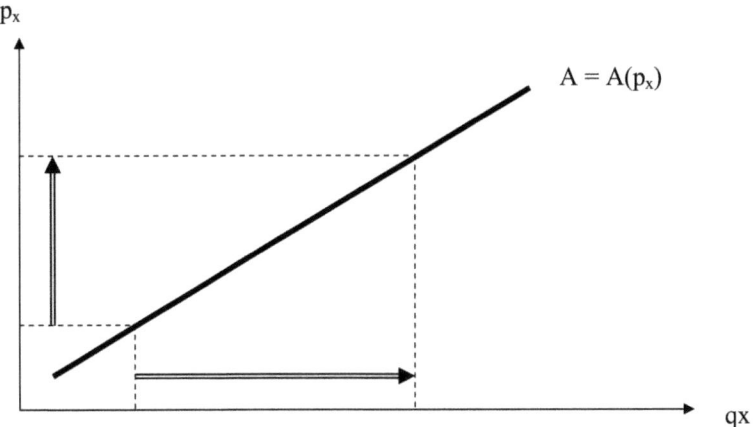

Abb. 3.2: Typischer Verlauf einer Angebotsfunktion

Es ist wichtig, die Logik einer solchen Darstellung richtig zu verstehen. Auf der senkrechten Achse ist der Preis als unabhängige Variable abgetragen (im Gegensatz zur mathematischen Konvention). Wir müssen uns darunter alternative, zunächst nur hypothetisch vorgegebene Preise vorstellen, zum Beispiel im Rahmen einer Befragung einzelner Unternehmen: „Welche Menge des Gutes würden Sie produzieren und anbieten, wenn der Preis so hoch wäre?" Gemäß dem oben angeführten Plausibilitätsargument würden wir einen derart typischen Verlauf der Angebotsfunktion erhalten. Je höher der Preis, umso höher die angebotene Menge des Gutes (verdeutlicht durch die beiden Pfeile).

Die Antworten der Nachfrage auf die analoge Frage würden wohl anders ausfallen. Auch hierfür können wir nahe liegende Argumente anführen. Je höher der Preis eines Gutes ist, umso weniger kann man sich (bei gegebenem Einkommen) davon leisten. Wenn es Alternativen – also Substitutionsgüter – gibt, ist zu erwarten, dass das teurere Gut durch ein preisgünstigeres ersetzt wird. Auch diese Plausibilitätsargumente werden wir in Teil II genauer zu untersuchen haben. Im Moment jedenfalls dürfen wir davon ausgehen, dass auch auf Seiten der Nachfrager eine Funktion besteht, die die nachgefragte Menge eines Gutes mit dem Preis in Verbindung bringt, nur eben mit fallendem Verlauf:

$$N = N(p_x) \qquad \text{mit } N'(p_x) < 0$$

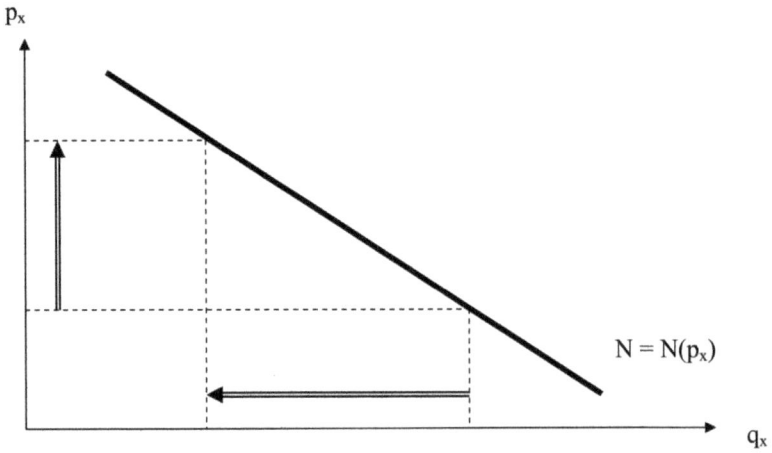

Abb. 3.3: Typischer Verlauf einer Nachfragefunktion

Auch hier verdeutlichen die beiden Pfeile die Richtung der Argumentation: Erhöht sich der Preis des Gutes, so geht die nachgefragte Menge zurück.

Wir haben den Preis des Gutes x bisher als hypothetisch vorgegeben betrachtet und konnten dementsprechend mit unterschiedlichen Preisvorgaben für ein und dasselbe Gut argumentieren. Doch welcher Preis von den vielen möglichen wird tatsächlich auf dem Preisschild stehen? Eine der wichtigsten Denkkategorien der Volkswirtschaftslehre stellt der Begriff des Gleichgewichts dar. Dies bedeutet, dass die beiden bisher separat betrachteten Marktseiten – Angebot und Nachfrage also – gleichzeitig am Markt präsent sind, miteinander konfrontiert werden und zu einem Kompromiss finden müssen, der die gegenläufigen Interessen beider Seiten so weit wie möglich ausgleicht. Dies geschieht beim so genannten Gleichgewichtspreis, der graphisch durch den Schnittpunkt zwischen Angebots- und Nachfragefunktion bestimmt wird:

Der Begriff des Gleichgewichts bedeutet hier, dass beim Gleichgewichtspreis p^G die angebotene mit der nachgefragten Menge übereinstimmt, der Markt also geräumt wird. Jeder der bei p^G verkaufen will, findet einen Käufer und jeder, der das Gut zum Preis p^G erwerben möchte, findet auch einen Anbieter. In diesem Sinne sind beide Marktseiten – soweit es möglich ist – zufrieden, weil ihre Kauf- bzw. Verkaufspläne nicht enttäuscht wurden und weder ein Überangebot noch eine Übernachfrage auf dem Markt zurück bleibt. Allerdings bedeutet das nicht, dass alle rundum zufrieden sind: Wer nur zu einem höheren Preis als dem Gleichgewichtspreis verkaufen wollte (aufsteigender Ast der Angebotsfunktion ab p^G) wird genauso enttäuscht wie diejenigen Nachfrager, die nur zu einem niedrigeren Preis kaufen wollten (fallender Ast der Nachfragefunktion ab p^G).

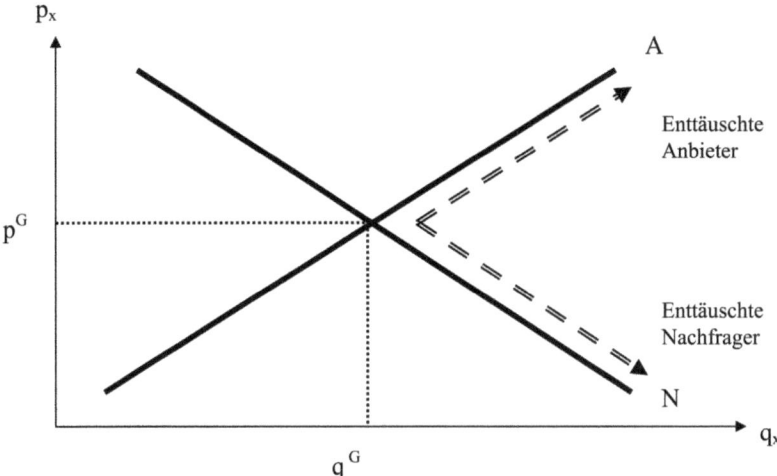

Abb. 3.4: Marktgleichgewicht

Der Gleichgewichtspreis ist es also, der die begrenzten Produktionsmöglichkeiten und die nahezu unbegrenzten Nachfragerwünsche zu einem Ausgleich bringt (**Ausgleichsfunktion** des Preises). Deswegen spiegelt sich im Preis auch die Knappheit selbst wider, und Änderungen im Knappheitsgrad haben Änderungen des Preises zur Folge.

Nimmt beispielsweise die Nachfrage aus irgendeinem Grund zu (etwa die Nachfrage nach Sommerkleidung bei sonnigem Wetter), so kennzeichnen wir das durch eine Rechtsverschiebung der Nachfragefunktion (von N nach N'). Als Ergebnis werden wir einen Gleichgewichtspreis erhalten, der höher liegt als zuvor (p^G steigt auf $p^{G'}$; siehe Abbildung unten).

Der höhere Preis signalisiert, dass die Knappheit des Gutes zugenommen hat; in diesem Fall lag der Grund in einer gestiegenen Nachfrage (**Informationsfunktion** des Preises).

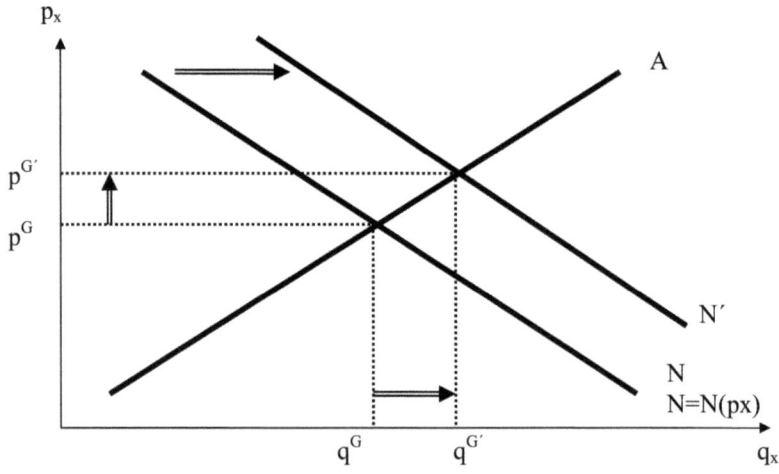

Abb. 3.5: Änderungen des Gleichgewichts

Wenn wir die obigen Überlegungen zum Zusammenhang zwischen Angebot, Nachfrage und Knappheit systematisieren, dann können wir nunmehr folgende Fälle unterscheiden:

Eine **Knappheitssteigerung** ergibt sich, wenn eine
- Erhöhung der Nachfrage bei gleich bleibendem Angebot oder eine
- Verringerung des Angebots bei gleich bleibender Nachfrage eintritt;

Eine **Knappheitsverringerung** hingegen tritt ein, wenn eine
- Verringerung der Nachfrage bei gleich bleibendem Angebot oder eine
- Erhöhung des Angebots bei gleich bleibender Nachfrage stattgefunden hat.

Wir erkennen noch etwas: Es ist streng zu unterscheiden zwischen einer gedanklichen Bewegung auf einer fixierten Nachfrage (oder Angebots-) Funktion und einer Verschiebung einer solchen Funktion. Wenn wir danach fragen, wie die Nachfrage reagiert, wenn der Preis des betrachteten Gutes sich ändert, dann bewegen wir und „im Geiste" auf einer gegebenen Nachfragefunktion und halten für den Moment alle anderen Faktoren, die sich auch noch auf die Nachfrage auswirken könnten, konstant. Der Volkswirt nennt dies die **ceteris-paribus-Klausel** („alles andere bleibt gleich"). Man kann diese Klausel als das „Reagenzglas" des Ökonomen bezeichnen. Während der Chemiker die Möglichkeit hat, die Wirkungen zweier Substanzen aufeinander im Reagenzglas zu studieren und dabei alle anderen Faktoren zu isolieren, kann der Ökonom dies nur im Geiste tun. In der Realität ändern sich immer sehr viele Faktoren gleichzeitig, Um die Wirkung eines einzelnen Faktors erkennen zu können, muss er gedanklich die Wirkungen aller anderen Einflussgrößen ausblenden.

Die Wirkung anderer Faktoren wird sich dagegen stets in einer Verschiebung gegebener Funktionen bemerkbar machen. Dies können (wie im Beispiel oben) saisonale Faktoren sein, aber auch Einkommensänderungen, Preisänderungen bei anderen Gütern, Modetrends, Werbeeinflüsse u.v.m. Es ist häufig nicht einfach, all diese Wirkungen zuverlässig abzuschätzen und den Gesamteffekt auf die Nachfrage (oder das Angebot) anzugeben. Sie gedanklich zu trennen ist jedoch unablässig, um Verwirrungen und Fehlinterpretationen zu vermeiden.

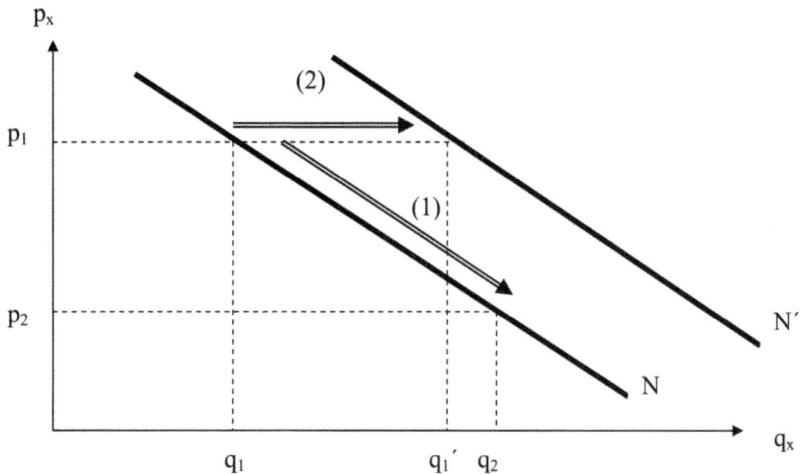

Abb. 3.6: Bewegung auf Funktion und Funktionsverschiebung

Wie wir in der Graphik sehen, bewirkt die Bewegung auf der Funktion gemäß Pfeil 1, dass die Nachfrage mit sinkendem Preis zunimmt (p_1 nach p_2; q_1 nach q_2), während die Verschiebung der Funktion gemäß Pfeil 2 zur Folge hat, dass beim gleichen Preis wie bisher die Nachfrage zunimmt (p_1 konstant; q_1 nach q_1'). Obwohl also in beiden Fällen ein Anstieg der Nachfrage zu beobachten ist, sind die dahinter stehenden Vorgänge grundverschieden.

b. Der volkswirtschaftliche Umgang mit Knappheit

Das generelle Ziel des Wirtschaftens besteht darin, Knappheit zu verringern. Volkswirte werden sogar so weit gehen zu sagen, dass ein Wirtschaftssystem umso besser funktioniert, je besser und effizienter es in der Lage ist, mit dem Problem der Knappheit umzugehen und je mehr Bedürfnisse in einer Wirtschaft befriedigt werden können. Wir fragen deshalb, welche prinzipiellen Möglichkeiten es für eine Volkswirtschaft gibt, das Problem der Knappheit zu lösen. Wir nutzen dabei das Instrument der Transformationskurve, das wir im zweiten Kapitel kennen gelernt haben.

Lässt man die Möglichkeit außer Acht, dass auch eine Reduzierung der Bedürfnisse in Frage käme (dies ist durchaus „erlaubt", kommt aber als generelle Strategie für eine Volkswirtschaft kaum in Frage), so lassen sich drei grundlegende Strategien identifizieren. Sie schließen sich nicht gegenseitig aus, können also alle drei angewendet werden:

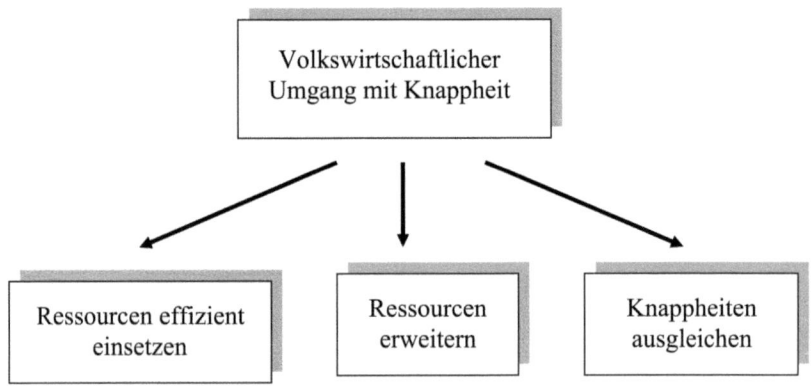

Abb.3.7: Umgang mit Knappheit

Die erste Strategie läuft ökonomisch interpretiert darauf hinaus, dass eine Volkswirtschaft zunächst einmal ihre Produktionsressourcen bestmöglich nutzen sollte. Technisch gesprochen bedeutet das, dass ein Produktionspunkt auf der Transformationskurve realisiert werden sollte (Bewegung von Punkt A nach B in der folgenden Abbildung). Die zweite Strategie zielt darauf, die Transformationskurve nach außen zu verschieben (Bewegung von B nach C), und die dritte Strategie schließlich beinhaltet die Realisation eines anderen Produktionspunktes, also eine Bewegung auf der Transformationskurve (Bewegung von Punkt C nach Punkt D).

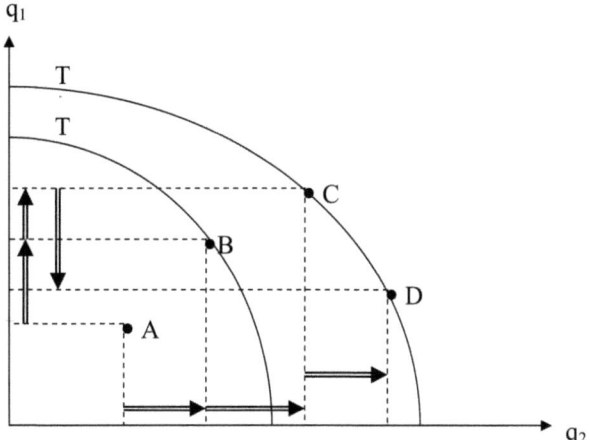

Abb. 3.8: Möglichkeiten einer Mehrproduktion

Man erkennt deutlich, dass die ersten beiden Strategien eine wichtige Gemeinsamkeit haben: Es wird von beiden Gütern mehr produziert, d.h. die Knappheitssituation in der Volkswirtschaft entspannt sich generell. Bewegt man sich von Punkt A nach Punkt B bzw. von Punkt B nach C und verfolgt die Mengenänderungen an den beiden Achsen, so sieht man, dass die q_1- Menge und die q_2-Menge jeweils zunehmen. Dies wird im ersten Fall dadurch ermöglicht, dass die Volkswirtschaft bisher offenbar ihre Produktionsressourcen noch gar nicht vollständig ausgeschöpft hatte, was nun nachgeholt wird. Zum Beispiel könnte bisher wegen einer schwachen Nachfrage ein Teil des Arbeitskräftereservoirs und des Kapitalstocks brach gelegen haben. Im zweiten Fall (Bewegung von B nach C) wird die Mehrproduktion beider Güter dadurch möglich, dass sich die Transformationskurve der Volkswirtschaft nach außen verschiebt. Dies geschieht, wenn Investitionen in den Kapitalstock getätigt werden, also den bereits vorhandenen Produktionsanlagen weitere hinzugefügt werden. In diesem Fall spricht man von Nettoinvestitionen, die den vorhandenen Kapitalstock erhöhen, während sogenannte Re-Investitionen lediglich den Verschleiß der Produktionsanlagen ausgleichen und so den Kapitalstock erhalten. Netto- und Re-Investitionen zusammen ergeben die Bruttoinvestitionen.

Eine zweite Ursache für die Verschiebung der Transformationskurve nach außen liegt im technischen Fortschritt, der es ermöglicht, mit dem gleichen Einsatz an Produktionsfaktoren wie bisher ein größeres Produktionsergebnis zu realisieren. Diese positive Wirkung des technischen Fortschritts (im Sinne eines materiell verstandenen Wohlstandssteigerungseffekts) hat jedoch eine Kehrseite: Technischer Fortschritt ermöglicht es auch, das gleiche Produktionsergebnis wie bisher mit geringerem Faktoreinsatz zu erstellen (Rationalisierungseffekt). Im Allgemeinen bedeutet dies weniger Einsatz des Produktionsfaktors Arbeit, also einen Anstieg der so genannten technologisch bedingten Arbeitslosigkeit.

Dagegen wird bei der dritten Strategie (Bewegung von C nach D) ein anderer Produktionspunkt auf einer gegebenen Transformationskurve realisiert. Dies ist dann ein sinnvoller Umgang mit dem Problem der Knappheit, wenn im Ausgangspunkt C die Knappheitsrelationen zwischen den beiden Gütern deutlich unterschiedlich sind. Ist das Gut 2 im Punkt C also spürbar knapper als das Gut 1, dann sollte eine andere Verwendung der volkswirtschaftlichen Produktionsressourcen angestrebt werden, eine andere **Allokation**. Während sich also in den ersten beiden Fällen die Knappheit an beiden Gütern reduziert hat, ist das im dritten Fall nicht so. Hier haben sich jedoch Knappheitsunterschiede ausgeglichen, die Knappheitsgrade haben sich aneinander angenähert. Der Einsatz der Produktionsmöglichkeiten würde nicht als befriedigend angesehen werden, wenn ein Gut in großen Mengen zur Verfügung steht, während ein anderes Gut als extrem knapp empfunden wird. Wenn es die Möglichkeit gibt, solche deutlichen Knappheitsunterschiede auszugleichen, dann sollte das auch getan werden. Wie dies geschieht, beschäftigt und im folgenden Abschnitt.

c. Optimale Allokation volkswirtschaftlicher Ressourcen

Im Zentrum des volkswirtschaftlichen Erkenntnisinteresses steht das Problem der Knappheit. Deshalb ist es von entscheidender Bedeutung, dass die Produktionsressourcen einer Volkswirtschaft so eingesetzt werden, dass sie einen größtmöglichen Beitrag zur Reduzierung der Knappheit leisten. Wir nennen dies eine effiziente Allokation der Ressourcen. Im obigen Beispiel haben wir gesehen, dass es sinnvoll sein kann, wenn eine Volkswirtschaft den Einsatz ihrer Ressourcen umstrukturiert. Wir wollen diesen Prozess, der die so genannte **Allokationsfunktion** des Preises verdeutlicht, noch etwas genauer betrachten.

Da das Ausmaß der Knappheit durch die Relation zwischen Angebot und Nachfrage bestimmt wird, können wir die Ausgangssituation (Gut 2 ist deutlich knapper als Gut 1) auch in einem Preis-Mengen-Diagramm darstellen:

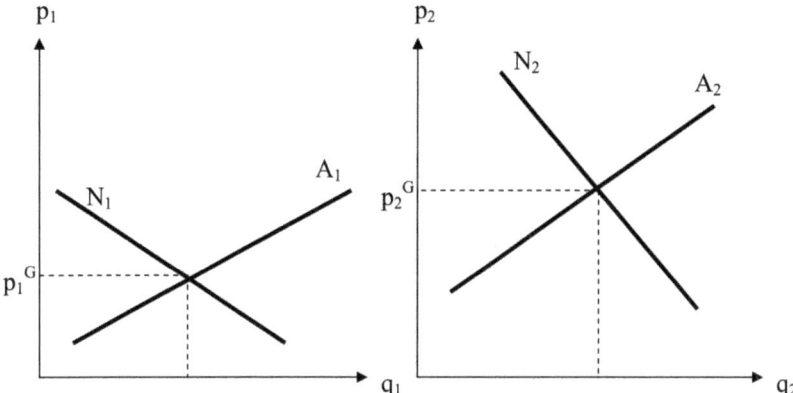

Abb. 3.9: Unterschiede in den Knappheitsgraden

In der obigen Abbildung ist p_2^G deutlich höher als p_1^G, worin die größere Knappheit des Gutes 2 zum Ausdruck kommt. In der Folge werden die Produktionsmittel umstrukturiert: Kapazitäten werden aus der Produktion des Gutes 1 abgezogen (z.B. durch Stilllegungen, unterlassene Re-Investitionen oder Umrüstungen) und in die Produktion des Gutes 2 umgelenkt. Was im Kontext der Transformationskurvenanalyse durch eine Bewegung von Punkt C nach Punkt D verdeutlicht wurde (siehe oben), entspricht hier nun einer Verschiebung von Angebotskurven: Wegen des Abzugs von Kapazitäten verschiebt sich A_1 nach links (wodurch der Preis dieses Gutes steigt), die Angebotskurve A_2 hingegen verschiebt sich nach rechts (und der Preis des Gutes 2 sinkt). Die Annäherung der beiden Preise $p_1^{G'}$ und $p_2^{G'}$ signalisiert, dass sich die Knappheitsrelationen ebenfalls angeglichen haben, wodurch die Knappheit zwar nicht generell reduziert, aber doch erträglicher wird.

Dass etwas volkswirtschaftlich Sinnvolles geschehen ist, zeigt uns auch ein Blick auf die Mengenachsen. Die Produktionsmenge q_1 hat abgenommen, während die Menge an q_2 zugenommen hat. Dies entspricht genau der Bewegung auf der Transformationskurve und bedeutet, dass die Volkswirtschaft nun mehr von dem begehrteren Gut produziert und nicht so viel von dem weniger begehrten Gut. Die Produktionsmittel werden also im Sinne der Milderung der Knappheit besser genutzt.

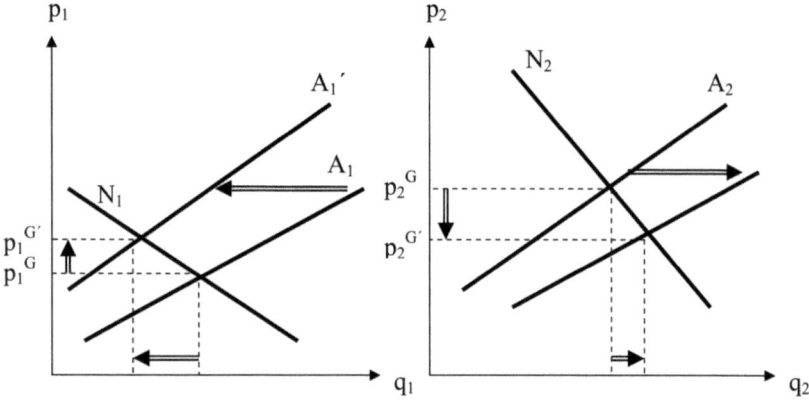

Abb. 3.10: Re-Allokation der Ressourcen

Eine solche Neustrukturierung der Produktionsressourcen, eine so genannte Re-Allokation, ist permanent erforderlich, wenn eine Volkswirtschaft die Bedürfnisse ihrer Mitglieder bestmöglich befriedigen will. Doch wie kommt sie in der Realität zustande? Es ist hier das Eigeninteresse der Unternehmen, sich so zu verhalten, wie wir es im Beispiel vorausgesetzt haben und wie es ökonomisch sinnvoll ist. Der höhere Preis des knapperen Gutes 2 ist es, der die Unternehmen veranlasst, die lukrative Gelegenheit wahrzunehmen und die sich bietenden Gewinnchancen durch eine Erhöhung ihres Angebots zu nutzen. Das Argument, dass die Preise ja wieder sinken werden, wenn das Angebot zunimmt und dass es sich für die Unternehmen deshalb nicht lohnen würde, ihr Angebot zu erhöhen, greift nicht. Denn zum einen kann es sich kein Unternehmen leisten, Gewinnchancen auszulassen, nur weil sie vorübergehend sind. Und zum anderen würden, wenn sich die etablierten Anbieter zögerlich verhalten, auf jeden Fall neue Anbieter am Markt auftreten. Sie würden sich die Chance nicht entgehen lassen, den anderen ihre Marktposition streitig zu machen.

Damit stellt sich die Frage, wie ein Wirtschaftssystem organisiert sein sollte, damit derartige Prozesse möglichst reibungslos ablaufen können. Wir werden uns deshalb im folgenden Abschnitt der Systemfrage zuwenden, d.h. dem Problem, welche Regeln und Steuerungsprinzipien die innere Struktur einer Volkswirtschaft festlegen.

d. Grundformen von Wirtschaftssystemen und Soziale Marktwirtschaft

Es gibt zwei grundverschiedene Wege, mit dem oben angesprochenen Organisationsproblem umzugehen. Machen wir uns zunächst klar, dass dieses Problem sich in mehrere Teilprobleme zerlegen lässt. Im Einzelnen geht es um folgende Fragen:

(1) **Koordinationssystem**: Wie werden die einzelnen Pläne der unzähligen Nachfrager und Anbieter, die es in einer Volkswirtschaft gibt, aufeinander abgestimmt? Wie kommt es zu einem tragfähigen Kompromiss oder Ausgleich zwischen den gegenläufigen Vorstellungen der beiden Marktseiten?
(2) **Entscheidungssystem**: Wer hat die Kompetenz, Pläne aufzustellen und mit welchem Inhalt? Bei wem liegt also die Planungs- und damit auch die Entscheidungskompetenz?
(3) **Informationssystem**: Wie gelangen Informationen über die Existenz und die Rangordnung von Bedürfnissen (Knappheitsgrade) und über die zur Verfügung stehenden Ressourcen an die Planungsträger?
(4) **Lenkungssystem**: Wie werden die Produktionsfaktoren in ihre jeweils effizienteste Verwendungsart gelenkt – wie kommt also eine optimale Allokation der Ressourcen zustande?
(5) **Eigentumsordnung**: Bei wem liegt die Verfügungsgewalt über den Einsatz der Produktionsfaktoren und wie wird der Ertrag des wirtschaftlichen Prozesses auf die Produktionsfaktoren verteilt?

Diese fünf Fragen lassen sich noch etwas verdichten und knapper zusammenfassen. Jede menschliche Gesellschaft steht zu allen Zeiten und an allen Orten vor den folgenden Grundfragen:

WAS wird produziert?
WIE wird produziert?
Für WEN wird produziert?

Die beiden prinzipiellen Antworten auf diese Fragen lauten nun: Man beauftragt mit der Entscheidung über diese Fragen eine zentrale staatliche Behörde oder man überträgt sie einem dezentral arbeitenden, anonymen Mechanismus. Im ersten Fall sprechen wird von einer Zentralverwaltungswirtschaft oder **Planwirtschaft** (in aller Regel in Verbindung mit staatlichem Eigentum an den Produktionsmitteln, also einem sozialistischen System); im zweiten Fall haben wir es mit einer **Marktwirtschaft** zu tun (die normalerweise einhergeht mit Privateigentum an Produktionsmitteln, also einem kapitalistischen System).

Warum gibt man heute nahezu überall auf der Welt marktwirtschaftlichen Systemen den Vorzug? Der wesentliche Grund liegt wohl in einer einfachen Überlegung: Marktwirtschaftliche Systeme versuchen immer das Eigeninteresse möglichst vieler Menschen und Unternehmen zu nutzen, um zu gesamtwirtschaftlich sinnvollen Lösungen der Grundfragen zu kommen. Insbesondere das Gewinninteresse der Unternehmen wird als „Köder" genutzt, um ein Verhalten im Sinne der optimalen Allokation der Ressourcen zu initiieren. Planwirtschaftliche Systeme hingegen beruhen immer auf irgendeiner Art von autoritärer Vorgabe und geforderter Planerfüllung. Ausweich- und Vermeidungsreaktionen (wie Motivationsverlust, Verschweigen verfügbarer Ressourcen – um höhere Planvorgaben zu vermeiden –, Schwarzmärkte und Horten „harter" Währungen usw.) sind damit praktisch vorprogrammiert.

Das bedeutet nun nicht, dass es in marktwirtschaftlichen Systemen keine Probleme gäbe. Wir werden im Schlusskapitel eine Reihe von Störungen des Marktprozesses eingehender betrachten. Auch gilt es zu bedenken, dass reine Formen der beiden Grundausprägungen von Wirtschaftssystemen praktisch nirgends zu finden sind. So begegnen einem auch in grundsätzlich marktwirtschaftlich organisierten Volkswirtschaften Elemente, die eher planwirtschaftlichen Charakter haben. Dazu gehört zunächst die Versorgung mit öffentlichen Gütern. Wir hatten bereits erwähnt, dass manche Güter (z.B. Straßen, Brücken, Krankenhäuser) überwiegend von der öffentlichen Hand bereitgestellt werden. Dies geschieht aus Gründen, die wir noch näher zu erörtern haben. Wir halten jedoch fest, dass eine solche öffentliche Bereitstellung von Gütern auf den ersten Blick nicht zum marktwirtschaftlichen Mechanismus zu passen scheint. Es liegt ja eindeutig ein planender Eingriff des Staates vor, der offensichtlich den Markt in diesem Bereich außer Kraft setzt.

Des Weiteren beobachtet man in einigen Fällen auch Eingriffe des Staates in die freie Marktpreisbildung durch so genannte Höchst- und Mindestpreisregelungen. Zwei wichtige Beispiele hierfür sind der Agrarmarkt (Mindestpreise) und der Mietwohnungsmarkt (Höchstpreise bzw. Begrenzungen von Preissteigerungen in bestehenden Mietverhältnissen). Derartige Eingriffe geschehen häufig aus sozialen Erwägungen heraus, sind jedoch ebenfalls ein eindeutiger Verstoß gegen die Selbstregulierung des Marktes.

Das gleichwohl wichtigste Beispiel für ein System, das die Idee der freien Marktwirtschaft mit anderen, sozialen Zielvorgaben in Einklang zu bringen sucht, ist jedoch unsere **Soziale Marktwirtschaft**. Sie versucht, die Idee der wirtschaftlichen Freiheit mit der Vorstellung von sozialer Gerechtigkeit oder – bescheidener – sozialem Ausgleich zu verbinden. Das Feld der wirtschaftlichen Freiheit ist vom Leistungsgedanken geprägt: Die individuelle Leistung als Voraussetzung für ökonomische und gesellschaftliche Wohlfahrt soll belohnt werden; Leistungsanreize dienen als zentrales Instrument für das Funktionieren der Marktwirtschaft. Dagegen steht beim Ziel sozialer Gerechtigkeit der Bedarfsgedanke im Vordergrund: Jedem Menschen muss die Möglichkeit gegeben werden, unabhängig von seiner wirtschaftlichen Leistungsfähigkeit ein gewisses Mindestmaß an materieller Bedürfnisbefriedigung zu realisieren.

Basierend auf konzeptionellen Vorarbeiten von Alfred Müller-Armack und der politischen Umsetzung unter dem Wirtschaftsminister im Kabinett Adenauer und späteren Bundeskanzler, *Ludwig Erhard*, wird die Soziale Marktwirtschaft von drei geistigen Fundamenten getragen:

Der **Ordoliberalismus** (verbunden v.a. mit den Namen W. Eucken und A. Rüstow) betont die Wichtigkeit einer grundsätzlich freiheitlich ausgestalteten, aber gleichzeitig auch sozial verpflichteten Wirtschafts- und Gesellschaftsordnung. Im Zentrum steht das einzelne Individuum und seine wirtschaftliche und politische Freiheit, die es zu schützen und zu verteidigen gilt. Freiheit ist im Ordoliberalismus nicht einfach nur ein mehr oder weniger realisiertes Kennzeichen eines Gesellschaftssystems, es ist ein zu allen Zeiten unumstößliches Grundrecht. Geeignete Ordnungspolitik (siehe unten) ist hierbei eine staatliche Hauptaufgabe; sie dient der Sicherung des Wettbewerbs als Garant für die Existenz wirtschaftliches Freiheit, aber auch der Gewährleistung einer sozialen Grundsicherung, wie sie in der Existenz der sozialen Sicherungssysteme (wir denken an Krankenversicherung, Arbeitslosenversicherung, Rentenversicherung) zum Ausdruck kommt.

Der **Keynesianismus** (basierend auf den Arbeiten des englischen Ökonomen *J.M. Keynes*) ergänzt und erweitert die staatliche Ordnungsaufgabe um die Forderung, konjunkturelle Schwankungen zu glätten und geeignete Maßnahmen zu ergreifen, um die Wirtschaft aus einer Depression herauszuführen. Kernziel ist dabei die Erhaltung eines möglichst hohen Beschäftigungsstandes.

Schließlich fordert die **Wohlfahrtsökonomik** (auf *A.C. Pigou* zurückgehend) ein Hinwirken des Staates auf ein „sozialökonomisches Optimum". Dies soll gewisse Unvollkommenheiten des Marktes, die auf so genannten externen Effekten beruhen, korrigieren (siehe Kapitel 7). Solche Denkansätze spielen heute im Bereich der Umweltpolitik eine zunehmend wichtige Rolle.

e. Zum Prinzip der marktwirtschaftlichen Selbststeuerung

i. Grundgedanken

Man muss es sicher zu den „großen Ideen" rechnen, was *Adam Smith* vor nicht ganz zweihundertfünfzig Jahren über die inneren Wirkungsmechanismen einer marktwirtschaftlich organisierten Wirtschaftsgesellschaft herausfand und in seinem bahnbrechenden Werk „Vom Wohlstand der Nationen" (so der allgemein verwendete Kurztitel) denen, die es hören wollten, vermittelte: Dass nämlich eine Marktwirtschaft, in der alle Beteiligten primär eigennützig handeln und ihre eigene Wohlfahrt maximieren (die Haushalte also Nutzenmaximierung betreiben, die Unternehmen hingegen Gewinnmaximierung) zu einem Gleichgewichtszustand tendiert, der wie durch eine „unsichtbare Hand" auf allen Märkten zu einer bestmöglichen Koordination aller Einzelpläne führt. Ein derartiger Zustand, so die Botschaft von Smith, erfordert kein Eingreifen eines irgendwie „allwissenden" Fürsten oder Landesherrn, kein noch so gut gemeintes Herumkurieren einer vorgeblich wohlwollenden und vorausschauenden Wirtschaftspolitik. Staat und Politik sollen sich darauf beschränken, günstige und wachstumsfreundliche Rahmenbedingungen zu schaffen, damit marktwirtschaftliche Dynamik sich entfalten kann. Diese wohlstandsmehrende marktwirtschaftliche Dynamik beruht nach Smiths Überzeugung (und nach der Überzeugung vieler anderer nach ihm) letztlich auf nichts anderem, als auf der Leistungsbereitschaft jedes einzelnen Mitglieds der Wirtschaftsgesellschaft. Diese Leistungsbereitschaft kann sich aber nur dann zu ihrem vollen Potenzial entfalten, wenn sie nicht durch staatliche Gängelei und Bevormundung behindert wird.

Will man die Mechanismen einer möglichen marktwirtschaftlichen Selbststeuerung präzisieren, so hat man nach der Interdependenz aller Märkte in einem solchen System zu fragen. Da die nachgefragten Mengen eines Gutes nicht nur vom Preis des jeweiligen Gutes, sondern auch von den Preisen anderer Güter abhängig sind, und da die Marktergebnisse auf dem Markt für ein Gut Auswirkungen auf die Ergebnisse auf anderen Gütermärkten haben (und im Umkehrschluss wiederum von diesen anderen Marktergebnissen beeinflusst werden), stellt sich die Frage nach der prinzipiellen Möglichkeit und den Eigenschaften eines allgemeinen Gleichgewichts. Während man bei der Analyse einzelner Märkte, wie wir sie in den kommenden Kapiteln näher betrachten werden, die Ceteris-Paribus-Bedingung anwendet, um solche allgemeinen Interdependenzen auszuklammern, muss man in einem umfassenden Modell der marktwirtschaftlichen Selbststeuerung diese gegenseitigen Abhängigkeiten berücksichtigen. Das Modell des **totalen Konkurrenzgleichgewichts** stellt sich dieser anspruchsvollen Aufgabe.

ii. Totales Konkurrenzgleichgewicht

Freilich gilt es, hierbei manches zu präzisieren und schärfer zu fassen. Zu diesem Zwecke haben Ökonomen es schon früh – wenn auch erst rund ein Jahrhundert nach Smith, da die formale Methodik Zeit zur Entwicklung brauchte – unternommen, die Smithschen Vorstellungen vom marktwirtschaftlichen Gleichgewichts- und Selbststeuerungsmechanismus in die Sprache eines **mikroökonomischen Totalmodells** zu übersetzen. Wir finden in einem solchen Modell Folgendes vor (vgl. *Schumann (1992)*, S. 241 ff.):

(1) Es gibt n Güter, die auf n Märkten angeboten bzw. nachgefragt werden (ein Markt für jedes Gut; ein Teil dieser Güter auch als Faktorleistungen):

n = Zahl der Güter, Zahl der Märkte

Auf allen Märkten herrscht vollkommene Konkurrenz (wir finden viele kleine Anbieter und Nachfrager vor und die gehandelten Güter sind gleichartig, d.h. homogen, es herrscht vollständige Transparenz))

(2) Es gibt m Haushalte und s (Einprodukt-)Unternehmen

m = Zahl der Haushalte
s = Zahl der Unternehmen

Haushalte verhalten sich als Nutzenmaximierer, Unternehmen verhalten sich als Gewinnmaximierer.

(3) Jeder Haushalt verfügt über eine Erstausstattung mit den n Gütern. Jeder Haushalt kann als Anbeter oder Nachfrager für jedes der n Güter auftreten. Es gibt mithin n · m Nachfrage- bzw. Angebotsfunktionen der Haushalte.

n · m = Zahl der Angebots- bzw. Nachfragefunktionen der Haushalte

(4) Jedes Unternehmen stellt jedes der n Güter her und bietet es auf dem jeweiligen Markt an. Es gibt mithin n · s Angebotsfunktionen der Unternehmen

n · s = Zahl der Angebotsfunktionen der Unternehmen

Darüber hinaus benötigt jeder der s Unternehmen jedes der n Güter in der Produktion. Es gibt mithin auf n Märkten jeweils n Nachfragefunktionen der Unternehmen.

$n^2 \cdot s$ = **Zahl der Nachfragefunktionen der Unternehmen**

(5) Auf jedem der n Märkte gilt die übliche Gleichgewichtsbedingung (Gesamtangebot = Gesamtnachfrage). Es gibt mithin n Gleichgewichtsbedingungen

n = **Zahl der Gleichgewichtsbedingungen**

Man hat somit die Aufgabe, in diesem Gleichungssystem die gleichgewichtigen Nachfrage- und Angebotsmengen sowie die Preisrelationen für sämtliche Güterpaare zu bestimmen. Man sucht also $n \cdot m$ Angebots- bzw. Nachfragemengen der Haushalte, $n \cdot s$ Angebotsmengen der Unternehmen, $n^2 \cdot s$ Nachfragemengen der Unternehmen und (n-1) Preisrelationen zwischen insgesamt n Gütern. Obwohl man damit genau eine Gleichung mehr hat, als das System Unbekannte aufweist, lässt sich zeigen, dass eine Lösung eines solchen Systems existieren kann. Der Gegenstand derartiger Existenzbeweise für ein mikroökonomisches Totalmodell ist jedoch mathematisch äußerst anspruchsvoll. Wir wollen daher an dieser Stelle darauf verzichten, näher auf dieses komplexe Gebiet der allgemeinen Gleichgewichtstheorie einzugehen. Das Licht am Ende des Tunnels dieses langen Forschungsweges mathematisch fundierter Volkswirtschaftstheorie lässt sich wie folgt beschreiben: „Existiert eine ökonomisch vernünftige Lösung, so beschreibt sie einen Gleichgewichtszustand der Gesamtwirtschaft, in dem die geplanten Handlungen der einzelnen Wirtschaftseinheiten konsistent sind. Über die Gleichgewichtspreise ist dann eine Koordination der Wirtschaftspläne sämtlicher Haushalte und Unternehmungen erreicht" (*Schumann (1992)*, S. 212; zitiert nach der 5. Aufl. 1987).

Mit anderen Worten: Die marktwirtschaftliche Selbststeuerung ist nicht nur in der Phantasie von Volkswirten vorstellbar, sie ist auch in streng mathematisch geführten Beweisen überlebensfähig. Das ist eine ganze Menge, und es ist gewiss nicht gering zu schätzen. Mehr noch: Ein solches totales Konkurrenzgleichgewicht, das sich in einem mikroökonomischen Totalmodell einstellt, verfügt über die Eigenschaft der **Pareto-Optimalität**, und zwar im doppelten Sinne. Zum einen lässt sich die Produktionsmenge keines Gutes mehr erhöhen, ohne dass die Produktionsmenge eines anderen Gutes vermindert würde; zum anderen lässt sich der Nutzen keines Haushalts mehr erhöhen, ohne dass der Nutzen eines anderen Haushalts vermindert würde. Pareto-Optimalität darf jedoch, dies muss ausdrücklich betont werden, nicht mit Gerechtigkeit verwechselt werden.

Dennoch: Auch wenn die Smithschen Gedanken über die selbststeuernden und wohlstandsmehrenden Kräfte des Marktes tiefschürfend sind, und auch wenn die mathematische Formulierung mikroökonomischer Totalmodelle samt ihren unverzichtbaren Existenzbeweisen eindrucksvoll ist, so müssen skeptische

Fragen in Sachen marktwirtschaftlicher Selbststeuerung erlaubt bleiben. Zunächst muss erwähnt werden, dass das totale Konkurrenzgleichgewicht zwar paretooptimal ist. Zugleich existieren jedoch als Lösung des Modells unendlich viele derartige paretooptimale Gleichgewichte, die alle ihrerseits jeweils von der zugrunde liegenden Erstausstattung aller Haushalte mit n Gütern abhängen. Umgekehrt lässt sich zu jeder paretooptimalen Gleichgewichtslösung des Modells eine Erstausstattung der Haushalte bestimmen, die unter den Bedingungen der totalen Konkurrenz zu eben diesem paretooptimalen Zustand führt. Welche dieser Erstausstattungen (und damit Verteilungen) der n Güter gesellschaftlich optimal sind, ließe sich nur unter Zuhilfenahme einer **gesamtgesellschaftlichen Wohlfahrtsfunktion** bestimmen, deren Existenz und Ermittelbarkeit jedoch zumindest als fraglich betrachtet werden muss.

Was hat man etwa davon zu halten, wenn die Bedingungen der realen Welt allzu sehr von den Voraussetzungen des mikroökonomischen Totalmodells abweichen? Kann man dann darauf beharren, dass die Realität sich den Bedingungen des Modells anpassen müsse, weil nur das Modell die Welt so wiedergibt, „wie sie sein sollte"? Wie geht die marktwirtschaftliche Selbststeuerung mit der Tatsache um, dass sich Strukturen und Verhaltensmuster mitunter rasch und unvorhersehbar ändern? Auch hierzu gibt es mathematisch fundierte Hilfestellung, die unter dem Begriff der **Katastrophentheorie** eine Zeitlang in der Volkswirtschaftslehre für Furore gesorgt hat: Dynamisch modellierte ökonomische Systeme, die zu chaotischen Umbrüchen, zum Zusammenbruch von Modellstrukturen und zur Unmöglichkeit jeder Art von Prognostizierbarkeit führen.

Aber auch der weniger spektakuläre Wandel innerhalb des volkswirtschaftlichen Gefüges ist bedenkenswert: „Für eine konkrete Volkswirtschaft mit tatsächlich gegebenen statischen Marktgleichgewichten ließe sich zeigen, dass die Wirtschaftswelt gleichgewichtstheoretisch in Ordnung wäre, solange weder präferenz- noch innovationsbedingter Strukturwandel eine ständige Verlagerung der denk- und realisierbaren Gleichgewichte bewirkten. (...) Der Alltag marktwirtschaftlicher Selbststeuerung findet naturgemäß abseits aller Gleichgewichte statt, was den Orientierungswert von Gleichgewichtsanalysen jedoch nicht vermindert" (*Wagner (2009)*, S. 155 f.).

Wie auch immer man die Aussagekraft und die formale Eleganz des totalen Konkurrenzgleichgewichts auch bewerten mag, eines bleibt gewiss: Auch wenn man dem marktwirtschaftlichen System die grundsätzliche Fähigkeit zur Selbststeuerung zugesteht, so bleibt in jedem Fall Raum für wirtschaftspolitische Gestaltung der marktwirtschaftlichen Realität.

f. Wirtschaftspolitik als Ergänzung und Korrektur der Marktwirtschaft

Auch ein System, das nach marktwirtschaftlichen Prinzipien organisiert ist, bedarf bei bestimmten Problemen korrigierender oder gestaltender Eingriffe durch die Wirtschaftspolitik. Man unterscheidet die drei grundsätzlichen Bereiche der Ordnungs-, Struktur- und Prozesspolitik.

Bei der **Ordnungspolitik** steht die Gestaltung der marktwirtschaftlichen Rahmenbedingungen im Vordergrund. Zentraler Bestandteil der Ordnungspolitik ist die Wettbewerbspolitik, die sich mit den Regeln fairen Wettbewerbs und der Bekämpfung von Wettbewerbsverzerrungen oder Beschränkungen des Wettbewerbs beschäftigt. Hierzu gehört etwa das grundsätzliche Kartellverbot des Gesetzes gegen Wettbewerbsbeschränkungen (GWB) oder die Kontrolle von Unternehmenszusammenschlüssen. Zum Bereich der Ordnungspolitik gehört aber auch die Ausgestaltung des Sozialsystems in Gestalt der Sozialversicherungssysteme oder die Festlegung von Regeln für den Außenhandel sowie weitere Ordnungsaufgaben.

Die **Prozesspolitik** erhebt im Vergleich zur Ordnungspolitik einen weitergehenden Anspruch. Hier wird versucht, durch geeignete Instrumente wie die Finanzpolitik oder die Geldpolitik den Ablauf des gesamtwirtschaftlichen Prozesses mit Blick auf seine zentralen Ergebnisse (hauptsächlich Arbeitslosigkeit oder Inflation) zu beeinflussen. Dies kann mit unterschiedlichen Strategien geschehen, so etwa mit einer auf Keynes zurückgehenden **antizyklischen** Verfahrensweise. Hier wird den Akteuren, also dem Staat und der Zentralbank empfohlen, sich entgegen dem allgemeinen Konjunkturverlauf zu verhalten. In der Rezession sollte die Politik sich expansiv verhalten (Erhöhung der Staatsausgaben, Senkung der Leitzinsen), in der Hochkonjunktur umgekehrt. Die Strategie der Prozesspolitik kann jedoch auch auf einer **Verstetigung** der Geld- und Finanzpolitik beruhen. Diese Strategie, die auf die neoklassischen und monetaristischen Ökonomen zurückgeht, empfiehlt der Prozesspolitik, sich an langfristigen Faktoren wie dem Wachstum des Produktionspotenzials zu orientieren.

Die **Strukturpolitik** schließlich will in einzelne wirtschaftliche Strukturen eingreifen, wie etwa die branchenmäßige Zusammensetzung der Industrie, die Entwicklung (vermuteter) Zukunftstechnologien oder die regionale Verteilung wirtschaftlicher Aktivitäten. Auch das höchst umstrittene Thema der Agrarsubventionen ist der Strukturpolitik zuzuordnen. Es ist unmittelbar einleuchtend, dass unter marktwirtschaftlichen Gesichtspunkten die Strukturpolitik der am meisten kritisch zu beurteilende Bereich der Wirtschaftspolitik ist, da hier sehr tiefgehend in die Struktur wirtschaftlicher Aktivitäten eingegriffen wird.

g. Zusammenfassung und Literatur zu Kapitel 2 und 3

Als Ausgangsbedürfnisse wirtschaftlicher Prozesse haben menschliche Bedürfnisse zu gelten. Zur Befriedigung dieser Bedürfnisse verfügt eine Gesellschaft über Produktionsfaktoren und technisches Know-how. Damit lassen sich Güter herstellen, die den Menschen Konsum und die Befriedigung ihrer Bedürfnisse ermöglichen. Aus der prinzipiellen Unbegrenztheit menschlicher Bedürfnisse und der begrenzten Verfügbarkeit von Produktionsfaktoren ergibt sich ein Spannungsverhältnis, das als Knappheit bezeichnet wird. Die Volkswirtschaftslehre untersucht dieses Spannungsverhältnis mittels der Kategorien Angebot (bzw. Angebotsfunktionen) und Nachfrage (bzw. Nachfragefunktionen).

Die Koordination individueller Konsum- und Produktionspläne erfolgt (in marktwirtschaftlichen Systemen) über Märkte. Funktionieren Märkte richtig, so stellen sie sicher, dass es zu einer optimalen Allokation der volkswirtschaftlichen Ressourcen kommt. Eine marktwirtschaftliche Selbststeuerung ist prinzipiell möglich. Neben einer optimalen Allokation der Ressourcen wird damit auch ein Zustand der Pareto-Optimalität erreicht. Über eine Situation, die von den Mitgliedern der Gesellschaft als gerecht empfunden würde, ist damit jedoch nichts ausgesagt. Die marktwirtschaftliche Selbststeuerung lässt Platz für wirtschaftspolitische Gestaltung.

Literaturhinweise zu den beiden Kapiteln: *Herdzina (2005); Ott (1986); Pindyck/Rubinfeld (2005), Schumann (1992); Wagner (2009).*

Teil II: Mikroökonomische Theorie als volkswirtschaftliche Strukturanalyse

4. Nutzen und Nachfrage: Die mikroökonomische Theorie des Haushalts

Wir wollen zu Beginn dieses Kapitels zwei Fragen stellen, die uns als eine Art roter Faden dienen werden. Diese Fragen lauten: Was können wir über die Nutzenempfindungen eines „idealen" Haushalts im Sinne der Mikroökonomik aussagen? Wie lässt sich aus diesen Nutzenempfindungen der typische Verlauf der Nachfragefunktion herleiten?

a. Zielsetzungen und Prämissen

Die Zielsetzung der mikroökonomischen Theorie des Haushalts besteht darin, den typischen Verlauf der **Nachfragefunktion** (graphisch als **Nachfragekurve** dargestellt) herzuleiten. Ist das überhaupt notwendig? Wir haben doch bereits in Kapitel 3 mit solchen typisch verlaufenden Nachfragefunktionen gearbeitet. Mit typischem Verlauf bezeichnen wir eine Gestalt der Nachfragekurve, die uns zu einem steigenden Güterpreis eine sinkende Nachfragemenge des betrachteten Gutes anzeigt. Die erschien uns, nach allem was wir damals feststellten, schlichtweg plausibel zu sein. Doch es besteht ein Unterschied zwischen bloßer Plausibilität und zwingender Herleitung und Begründung. Letzteres ist in der Mikroökonomik zu bevorzugen (auch wenn Plausibilitätsargumente dadurch nicht vollständig an Wert verlieren).

Damit eine zwingende Begründung der Nachfragefunktion gelingen kann, müssen wir von **Prämissen** ausgehen. Manche dieser Prämissen können recht restriktiv und manchmal sogar unrealistisch erscheinen. Wäre es dann aber nicht besser, sich mit den eingangs erwähnten Plausibilitätsargumenten zu begnügen und auf zwingende Herleitungen, die auf manchmal problematischen Prämissen beruhen, zu verzichten? Nein, und zwar aus einem sehr einfachen Grund: Plausibilitätsargumente sind subjektiv und in mancher Hinsicht willkürlich. Was dem einen plausibel klingt, hält ein Anderer möglicherweise für fraglich. Eine Analyse, die auf reinen Plausibilitätsargumenten beruht, wäre somit immer dem Risiko ausgesetzt, zu einer bloßen Angelegenheit des subjektiven Plausibilitäts- und Überzeugtheitsgrades zu degenerieren. Demgegenüber bietet eine sachlogisch zwingende Herleitung, selbst wenn sie auf restriktiven Annahmen beruhen mag, Vorteile. Prämissen werden benannt und sind damit kritisierbar. Man kann danach fragen, was aus einer Veränderung oder gar einer Aufgabe der Prämissen folgt. Man kann andere Prämissen formulieren und sehen, wie sich dies auf die Ergebnisse der Analyse auswirkt. In jedem Fall garantiert die Arbeit mit Prämissen und den auf ihnen basierenden sachlogischen Herleitungen eine im Vergleich zu reinen Plausibilitätsargumenten größere Offenheit und eine bessere intersubjektive Nachprüfbarkeit der Ergebnisse.

Die Prämissen unserer folgenden Analyse lassen sich wie folgt zusammenfassen:

(1) Wir untersuchen die Konsumentscheidung eines privaten Haushalts, der eine bestimmte Konsumsumme (sein „Einkommen", das er aus seinen Faktorleistungen bezieht) zur Verfügung hat und dies für den Konsum zweier Güter verwendet. Die Güter haben positive Preise.

(2) Der Haushalt verfügt über gewisse Nutzenvorstellungen, die den Konsum der beiden Güter betreffen (eine „Nutzenfunktion") und er ist sich über diesen Nutzen bewusst.

(3) Der Haushalt ist mit einer Begrenzung seiner Konsummöglichkeiten konfrontiert, die sich aus seinem Einkommen und den Preisen der beiden Güter ergibt (die „Budgetrestriktion"). Er hält die Budgetrestriktion ein.

(4) Der Haushalt handelt rational in dem Sinne, dass er unter Beachtung der Budgetrestriktion seinen Nutzen maximiert.

(5) Der Haushalt verfügt über alle notwendigen Informationen, um die gegebene Problemstellung lösen zu kennen („es herrscht „Transparenz").

Bei Bedarf können weitere Prämissen hinzugefügt oder einzelne Prämissen abgeändert werden. So kann beispielsweise Sparen oder Kreditaufnahme des Haushalts in der Budgetrestriktion berücksichtigt werden. Anspruchsvollere Erweiterungen der mikroökonomischen Haushaltstheorie betreffen etwa die Berücksichtigung zeitlicher Aspekte des Konsums, das Arbeitsangebot des Haushalts, die Frage des rationalen Verhaltens bei Risiko und Ungewissheit oder die Erklärung von Nachfrageinterdependenzen.

b. Grenznutzen und optimaler Konsumplan

Was steht hinter den Nachfrageentscheidungen eines privaten Haushalts? Wir werden diese im Wesentlichen auf Nutzenüberlegungen zurückführen, doch vorher wollen wir kurz klären, wie die mikroökonomische Theorie die privaten Haushalte sieht. Haushalte stellen zusammen mit den Unternehmen die beiden elementaren Akteure auf Märkten dar. Sie werden ergänzt durch den Staat (öffentliche Haushalte) und das Ausland, die beide als eigene Akteure behandelt werden und zu Vereinfachungszwecken – zumindest für den Anfang – oft ausgeklammert bleiben. Haushalte treten auf Gütermärkten stets als Nachfrager, Unternehmen als Anbieter auf. Auf den Faktormärkten, insbesondere dem Arbeitsmarkt, ist das anders. Dort sind die Haushalte als Anbieter und die Unternehmen als Nachfrager präsent.

Die Mikroökonomik sieht den Haushalt als rational agierende Einheit, die aus einer oder mehreren Personen bestehen kann. Diese Einheit kennt ihr Nutzenempfinden, verwendet alle verfügbaren Informationen, die für ihre Konsumentscheidung relevant sind teilt ihr Einkommen derart auf den Konsum verschiedener Güter auf, dass ihr Nutzen größtmöglich wird. Für eine solche Konsumentscheidung ist nicht nur der Nutzen relevant, sondern auch das Einkommen des Haushalts, der Preis des in Frage stehenden Gutes sowie eventuell die Preise anderer Güter (etwa bei Substitutionsgütern). Gleichwohl wird aus der Menge aller denkbaren Einflussgrößen explizit der Preis des in Frage stehenden Gutes als Erklärungsgröße herangezogen, während die anderen Faktoren gedanklich – für den Moment – als konstant betrachtet werden. Dies ist die bereits erwähnte Ceteris-paribus-Klausel („alles andere bleibt gleich").

Die elementare Haushaltstheorie verfolgt das Ziel, die Nachfragefunktion

$$N = N(p_x)$$

aus möglichst einfachen Grundannahmen zwingend herzuleiten, also nicht nur auf Grund von Plausibilitätsargumenten. Der einfachste Weg zu diesem Ziel besteht in der Verwendung eines **kardinalen Nutzenkonzeptes,** in der Annahme also, ein Haushalt könne seinen Nutzen als absolute Zahl angeben. Wir gehen somit von der Existenz einer Nutzenfunktion aus, für die gewöhnlich die Annahmen gelten:

$$U = U(q_x) \qquad \text{mit } U'(q_x) > 0, \quad U''(q_x) < 0$$

In Worten: Der Konsument zieht Nutzen aus dem Konsum einer bestimmten Menge des Gutes x, wobei der Nutzen mit zunehmender Konsummenge steigt, die Nutzenzunahme jedoch immer geringer wird. Betrachten wir folgendes Beispiel. Ein hungriger Mensch stellt eine Tabelle mit Nutzenempfindungen auf, die er aus dem Genuss eines belegten Brötchens (Gut x) gewinnen würde.

Tab. 4.1: Beispiel zu Nutzen und Grenznutzen

Brötchen	U	U´
1	5	5
2	8	3
3	9	1
4	9	0
5	7	-2

Die Zahlen in der Spalte U zeigen, wie groß der Nutzen ist, den der betrachtete Haushalt nach einem, zwei usw. Brötchen empfindet (sprechen wir einfach von Nutzeneinheiten). U´ (mathematisch die erste Ableitung der Nutzenfunktion) gibt die jeweilige Nutzenzunahme an, die durch den Genuss eines weiteren Brötchens verursacht wird, der so genannte **Grenznutzen**. Wir sehen, dass das erste Brötchen den Nutzen von 0 (wenn nichts gegessen wird) auf 5 steigert, der Grenznutzen also ebenfalls 5 ist. Das zweite Brötchen lässt den Nutzen auf 8 steigen, der Grenznutzen ist nur noch 3. Isst der Mensch weiter, dann nimmt der Grenznutzen ebenfalls ab und kann sogar negativ werden, der Nutzen wird also wieder kleiner – beispielsweise, weil zu viel Essen Magendruck und Völlegefühl verursacht.

Was folgt aus diesem Beispiel? Zunächst: Die Beobachtung, dass der Grenznutzen mit steigender Konsummenge abnimmt, wird in den allermeisten Fällen als realistisch betrachtet und als Gesetz vom abnehmenden Grenznutzen (oder **erstes Gossensches Gesetz**, nach dem deutschen Volkswirtschafter Gossen) bezeichnet.

Sodann lässt sich bereits aus dieser elementaren Annahme der typische Verlauf der Nachfragefunktion herleiten. Wie sieht der **optimale Konsumplan** unseres hungrigen Haushalts aus? Das können wir erst beantworten, wenn wir wissen, was ein belegtes Brötchen kostet. Nehmen wir an, es kostet 3 Euro. Nehmen wir weiter an, die ominösen „Nutzeneinheiten", also die Zahlen in der obigen Tabelle, seien als Geldgrößen aufzufassen. Der Haushalt wird dann das erste Brötchen auf jeden Fall essen, denn es bringt ihm mehr (einen Grenznutzen von 5 Einheiten) als es ihn kostet (3 Euro). Wir erkennen an diesem Beispiel zugleich das grundlegende ökonomische Denken wieder, das bereits im ersten Kapitel angesprochen wurde, das Denken in Grenzbegriffen.

Auch der Konsum des zweiten Brötchens lässt sich noch rechtfertigen, denn es stiftet gerade so viel Grenznutzen, wie es kostet. Würde der Haushalt seinen Konsum jedoch weiter steigern, würde er sich nicht mehr ökonomisch rational verhalten, denn der Grenznutzen des dritten Brötchens (1 Einheit) liegt unter dem Preis von 3 Euro. Das bedeutet, dass der Haushalt seinen optimalen Konsumplan bei einer Menge von zwei Brötchen realisiert, denn hier gilt:

$$U' = p_x$$

Der Grenznutzen des Gutes x entspricht also dem Preis dieses Gutes. Dies ist die erste Regel für das Vorliegen eines Nutzenmaximums und stellt eine Verhaltensmaxime dar: Wenn der Haushalt ökonomisch rational handeln will, dann muss er sich danach richten. Für den realistischen Fall, dass der Haushalt mehr als eine isolierte Konsumentscheidung zu treffen hat, lässt sich die Regel verallgemeinern: Er muss dann seine zur Verfügung stehenden Mittel so aufteilen, dass alle Grenznutzen identisch sind (**zweites Gossensches Gesetz**):

$$U_1' = U_2' = ... = U_n'$$

Dies ist unmittelbar einleuchtend, denn wenn beispielsweise $U_3' > U_4'$ sein sollte, dann könnte der Haushalt seinen Gesamtnutzen erhöhen, indem er auf eine Einheit von Gut 4 verzichtet – dadurch sinkt der Gesamtnutzen um U_4' - und stattdessen eine Einheit mehr von Gut 3 konsumiert; dadurch steigt sein Gesamtnutzen um U_3'. Seine Nutzensituation hätte sich somit exakt um die Differenz $(U_3' - U_4') > 0$ erhöht. Haben die Güter, was in der Regel der Fall sein wird, unterschiedliche Preise, so müssen die Grenznutzen noch mit den jeweiligen Preisen gewichtet werden, um sie vergleichbar zu machen:

$$U_1'/p_1 = U_2'/p_2 = ... = U_n'/p_n$$

Senken wir nun gedanklich den Preis unseres Brötchens auf 1 €. Wie reagiert die Nachfrage auf diese Preissenkung? Bei diesem Preis ist es ökonomisch rational, ein drittes Brötchen zu essen, denn nun gilt:

$$U' = p_x = 1$$

Wir sehen also, dass bei einer Preissenkung die Nachfrage nach Brötchen zunimmt. Der typische, fallende Verlauf der Nachfragefunktion kann somit auf der Grundlage eines kardinalen Nutzenkonzeptes unmittelbar begründet werden.

Doch wie realistisch ist es, den Nutzen und den Grenznutzen als eine absolute Zahl zu interpretieren, also eine kardinale Natur des Nutzens zu unterstellen? Sicher, wenn Sie im Schaufenster ein Kleidungsstück betrachten und das Preisschild von 50 € sehen, stellen Sie sich intuitiv die Frage: „Ist es mir das wert?" Wenn Sie danach in den Laden gehen und das Stück kaufen, so haben Sie damit zum Ausdruck gebracht, dass Sie den Nutzen, den Sie aus dem Kauf ziehen werden, mit (mindestens) 50 € bewerten. Aber heißt das auch, der Nutzen selbst ist tatsächlich 50? Es ist zumindest problematisch, den Nutzen als eine kardinal messbare Größe aufzufassen.

Die Mikroökonomik hat deshalb schon früh nach einer Alternative zum kardinalen Nutzen gesucht und sie im **ordinalen Nutzenkonzept** gefunden. Damit befassen wir uns im folgenden Abschnitt.

c. Indifferenzkurven, Budgetlinie und Haushaltsgleichgewicht

i. Das ordinale Nutzenkonzept

Wir können einem Haushalt vielleicht nicht zumuten, zu jeder Tages- oder Nachtzeit den Nutzen aus dem Konsum eines Gutes als Zahl beziffern zu können. Was wir von ihm aber auf jeden Fall erwarten können, ist Folgendes: Er kann zwischen zwei Güterbündeln $(x_1; y_1)$ und $(x_2; y_2)$, die ihm angeboten werden, eine Wahl treffen. Hierbei sind die jeweiligen Mengen zweier gegeneinander substituierbarer Güter x und y verschieden, also: $q_{x1} \neq q_{x2}$ und $q_{y1} \neq q_{y2}$. Wenn wir nun den Haushalt fragen, welche der beiden Gütermengenkombinationen er bevorzugt, so wird seine Antwort lauten:

$$[(x_1; y_1) > (x_2; y_2)] \lor [(x_1; y_1) < (x_2; y_2)] \lor [(x_1; y_1) = (x_2; y_2)]$$

(Das Zeichen v steht für das logische "oder"). Der Haushalt kann uns also eine Auskunft darüber geben, ob ihm die erste Gütermengenkombination lieber ist als die zweite, oder umgekehrt, oder ob ihm beide Kombinationen gleich lieb sind. In anderen Worten: Der Haushalt verfügt über eine **Präferenzrelation.** Wir werden uns noch mit der Frage zu beschäftigen haben, welche Anforderungen an eine derartige Präferenzrelation zu stellen sind. Für den Moment jedoch betrachten wir sie als gegeben. Das dürfte allerdings nicht zu viel verlangt sein; wenn wir davon abrücken würden, dann müssten wir die Frage stellen, wie ein irgendwie als ökonomisch rational zu bezeichnendes Verhalten überhaupt möglich sein soll.

Diese Überlegungen zum ordinalen Nutzenkonzept werden graphisch mit Hilfe der so genannten **Indifferenzkurve** dargestellt. Die Kurve zeigt in einem $(q_x; q_y)$-Diagramm all jene Mengenkombinationen der beiden Güter x und y an, die dem Haushalt denselben Nutzen stiften, denen gegenüber er somit indifferent ist:

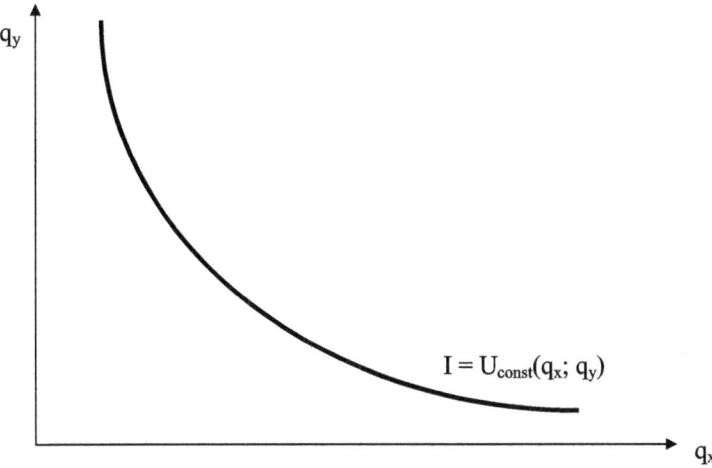

Abb. 4.1: Indifferenzkurve

Für jeden Punkt auf der Indifferenzkurve gilt somit:

$U(x_1; y_1) = U(x_2; y_2) = \ldots U(x_n; y_n) = \text{const}$

Wie können wir den Verlauf der Indifferenzkurve erklären? Warum verläuft sie von links oben nach rechts unten und warum ist sie – vom Ursprung aus betrachtet – konvex gekrümmt? Betrachten wir als Ausgangspunkt den Punkt B (Schnittpunkt der beiden gestrichelten Linien) im folgenden Diagramm:

74 NUTZEN UND NACHFRAGE: DIE MIKROÖKONOMISCHE THEORIE DES HAUSHALTS

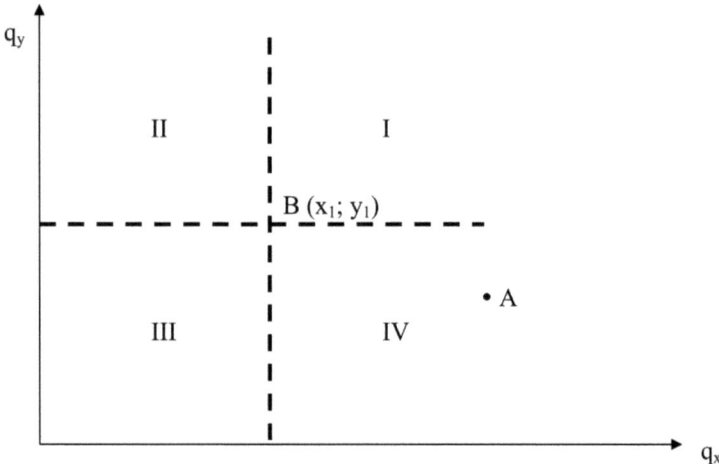

Abb. 4.2: Nutzenvergleich

Durch den Punkt B, der die Koordinaten (x_1; y_1) hat, werden vier Quadranten definiert (I bis IV), in denen sich beliebig viele weitere Gütermengenkombinationen finden lassen, z.B. Punkt A im Quadranten IV. Was können wir nun über die Gütermengenkombinationen sagen, die sich in diesen vier Quadranten befinden? Im Quadrant I befinden sich Kombinationen, die von beiden Gütern mehr enthalten. Wenn wir die (vernünftige) Annahme der Nichtsättigung unterstellen, dann können wir folgern, dass der Haushalt diese Kombinationen gegenüber B bevorzugen wird: [(x; y) є I] > (x_1; y_1) (mit I = Menge aller Punkte im ersten Quadranten). Umgekehrt gilt: [(x; y) є III] < (x_1; y_1) (III = Menge aller Punkte im dritten Quadranten), denn diese Kombinationen enthalten von beiden Gütern geringere Mengen, sind dem Haushalt also mit Sicherheit weniger lieb.

Es bleiben noch die Quadranten II und IV übrig. Hier befinden sich diejenigen Kombinationen, die von einem Gut mehr, vom anderen dagegen weniger enthalten. Hier müssen die gesuchten Kombinationen, die dem Haushalt den gleichen Nutzen stiften wie B, also zu finden sein: Für alle (x; y), für die eine Präferenzrelation (x; y) = (x_1; y_1) festlegt und die dasselbe Nutzenniveau stiften, gilt somit:

(x; y) є II v (x; y) є IV

wobei II die Menge aller Punkte im zweiten Quadranten und IV die Menge aller Punkte im vierten Quadranten ist. Jeder Punkt der gesuchten Indifferenzkurve liegt also entweder im zweiten oder im vierten Quadranten.

Eine zweite Frage betrifft die Krümmung der Kurve. Warum verläuft sie nicht als Gerade oder mit einer konkaven Krümmung? Die Antwort gibt uns das **Gesetz von der abnehmenden Grenzrate der Substitution**. Betrachten wir hierzu die folgende Abbildung.

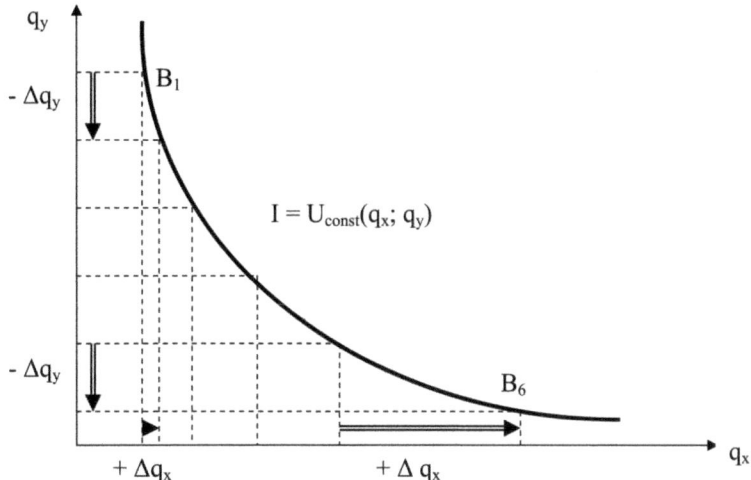

Abb. 4.3: Grenzrate der Substitution

Wir nehmen eine schrittweise Substitution des Gutes y durch das Gut x vor und geben dem Haushalt als Ausgleich für jeweils eine Einheit des Gutes y (- Δq_y ist also immer gleich) so viel zusätzliche Einheiten des anderen Gutes (+ Δq_x), dass er sich nicht schlechter gestellt fühlt, sein Nutzenniveau also dasselbe bleibt. Technisch gesprochen bewegen wir uns also entlang der Indifferenzkurve von B1 nach B6. Dabei wird die Kompensationsmenge + Δq_x immer größer, der Haushalt benötigt immer größere zusätzliche Mengen des Gutes x, um den weiteren Verlust einer Einheit des Gutes y als nutzenneutral zu betrachten. Die so genannte Grenzrate der Substitution, definiert als das Verhältnis der beiden Mengenänderungen, nimmt – betragsmäßig interpretiert – ab:

$$\text{GRS} = \frac{-\Delta q_y}{\Delta q_x} \quad \text{bzw.} \quad \frac{dq_y}{dq_x}$$

wird wertmäßig kleiner, da der Zähler des Bruches konstant bleibt, während der Nenner immer größer wird. Lassen wir die Änderungen der beiden Gütermengen gedanklich immer kleiner werden, so geht der Bruch (als Differenzenquotient) in den Differentialquotienten (erste Ableitung) über. Die Grenzrate der Substitution ist somit nichts anderes als die Steigung der Indifferenzkurve. Die Begründung für die Abnahme der Grenzrate der Substitution liegt nun in einem elementaren Knappheitsvergleich: Im Punkt B_1 ist das Gut y reichlich vorhanden, das Gut x jedoch wesentlich knapper. Gemäß unseren obigen Überlegungen zum abnehmenden Grenznutzen (die auch im ordinalen Nutzenkonzept ihre Gültigkeit behalten), muss Gut x einen deutlich höheren Grenznutzen haben als Gut y. Eine nutzenneutrale Substitution von y durch x (Bedingung: $- U'_y = U'_x$) erfordert somit: $|- \Delta qy| > \Delta qx$. Bewegen wir uns auf der Indifferenzkurve weiter und substituieren dabei fortwährend y durch x, drehen sich die Knappheitsverhältnisse immer mehr um. Je näher man dem Punkt B_6 kommt, umso knapper wird Gut y und umso weniger knapp wird Gut x. Im rechten unteren Bereich der Indifferenzkurve ist der Grenznutzen des Gutes y bereits höher als der des Gutes x. Somit bedingt eine nutzenneutrale Substitution in diesem Bereich, dass $|- \Delta q_y| < \Delta q_x$ (da $U'_y > U'_x$). Weil $|- \Delta q_y|$ aber annahmegemäß immer gleich ist, muss folglich Δq_x immer größer werden.

Es bleiben noch einige Anmerkungen technischer Natur zur Indifferenzkurve. Zunächst: Je weiter vom Ursprung des Koordinatensystems entfernt die Kurve liegt, umso höher ist das Nutzenniveau, das sie repräsentiert. Nehmen wir irgendeinen Punkt im I. Quadranten. Wir haben vorhin überlegt, dass alle Punkte in diesem Quadranten ein höheres Nutzenniveau repräsentieren als der Punkt B. Die Indifferenzkurve, die wir durch einen solchen Punkt zeichnen würden, läge vom Ursprung aus betrachtet, verglichen mit derjenigen durch Punkt B, weiter außerhalb.

Schließlich: Zwei Indifferenzkurven können sich niemals schneiden. Betrachten wir etwa folgende Situation, die zu einem logischen Widerspruch führt (siehe folgende Abbildung). Hier sind zwei Indifferenzkurven eingezeichnet, die sich schneiden. Links vom Schnittpunkte der beiden Kurven gilt nun: $I_1 > I_2$, rechts dagegen $I_2 > I_1$. Da eine Indifferenzkurve aber definitionsgemäß ein bestimmtes Nutzenniveau repräsentiert, kann ein und dieselbe Kurve nicht zugleich ein höheres und ein niedrigeres Nutzenniveau als eine andere Indifferenzkurve repräsentieren. Dies ist schlicht unmöglich.

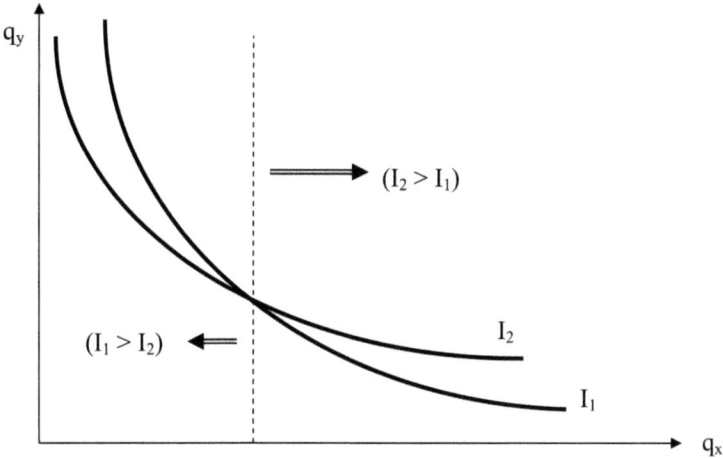

Abb. 4.4: Schneidende Indifferenzkurven

ii. Nutzenmaximierung und optimaler Konsumplan

Die ordinale Nutzenstruktur, die uns gerade in Gestalt der Indifferenzkurve begegnet ist, stellt sozusagen die „subjektive" Seite der Konsumentscheidung eines einzelnen Haushalts dar. Es gibt jedoch auch noch eine „objektive" Seite, und zwar das Einkommen, das der Haushalt zur Verfügung hat, und die Preise, die er für die Güter bezahlen muss. Durch diese Daten werden seine Konsummöglichkeiten begrenzt. Zwischen diesen beiden Seiten, der subjektiven und der objektiven Seite des Konsums, muss er eine Entscheidung treffen. Wir gehen dabei davon aus, dass er stets bestrebt ist, seinen Gesamtnutzen zu maximieren.

Die so genannte **Budgetrestriktion** lautet:

$$E = p_x q_x + p_y q_y$$

Sie besagt, dass der Haushalt sein gesamtes Einkommen für den Konsum zweier Güter ausgibt. Dies ist der einfachste, hier zugrunde gelegte Fall. Verfeinerungen wie die Bildung von Ersparnissen oder die Aufnahme von Krediten zur Finanzierung einer das Einkommen übersteigenden Konsumsumme wären problemlos in die Budgetrestriktion einzubauen, ändern jedoch nichts an der grundlegenden Argumentation.

Die Budgetrestriktion lässt sich leicht in einem q_1/q_2-Diagramm darstellen, wenn man die obige Gleichung nach q_2 (oder q_1) auflöst. Man erhält dann die

Gleichung der Budgetgeraden (mit der Steigung - p_x/p_y und dem Achsenabschnitt E/p_y):

$$q_y = -\frac{p_x}{p_y} q_x + \frac{E}{p_y}$$

Gilt z.B. $E = 400$, $p_x = 10$ und $p_y = 20$, so verläuft die Budgetgerade mit der Steigung – ½ wie in der folgenden Abbildung:

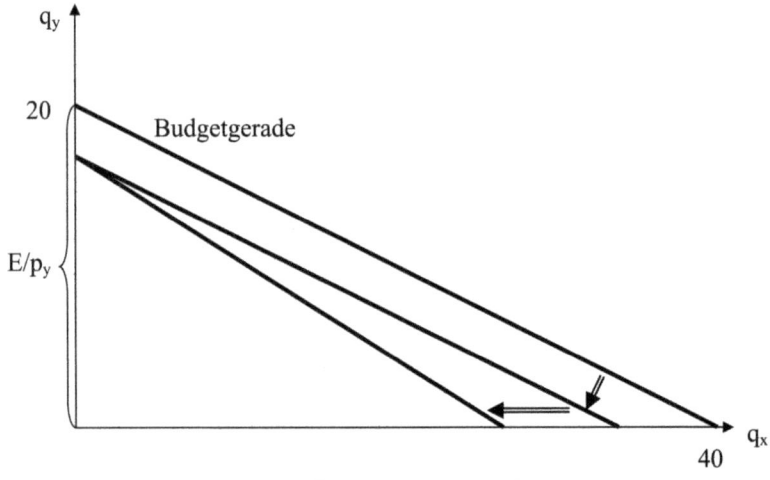

Abb. 4.5: Budgetgerade

Die Budgetgerade reagiert auf Datenänderungen mit typischen Bewegungen. So resultiert etwa die eingezeichnete Parallelverschiebung in Richtung des Ursprungs aus einer Senkung des Einkommens oder alternativ aus einer proportionalen Erhöhung beider Güterpreise (beispielsweise um 10 %). Die Drehung in Richtung des Ursprungs hingegen ergibt sich, wenn der Preis eines Gutes (hier p_x) sich erhöht, während der Preis des anderen Gutes (hier p_y) konstant bleibt.

Den optimalen Konsumplan, d.h. die Gütermengenkombination mit dem höchstmöglichen Nutzenniveau, erhalten wir nun, indem wir beide Darstellungen – die objektive Seite des Konsums in Gestalt der Budgetlinie und die subjektive Seite in Gestalt der Indifferenzkurve – miteinander kombinieren:

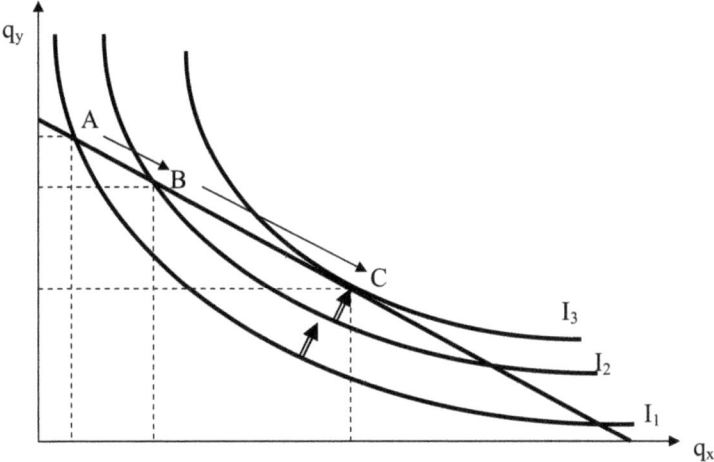

Abb. 4.6: Haushaltsgleichgewicht

Woraus können wir schließen, dass im Punkt C die optimale, nutzenmaximierende Gütermengenkombination vorliegt? Gehen wir zunächst davon aus, dass der Haushalt die Kombination A gewählt hat. Er konsumiert ziemlich viel q_y und eine geringe Menge q_x. Sein Nutzenniveau, das er daraus zieht, wird durch die Indifferenzkurve I_1 repräsentiert. Ein Übergang auf die Gütermengenkombination in Punkt B verbessert seine Nutzensituation, er befindet sich nun auf der weiter außerhalb gelegenen Indifferenzkurve II_2. Nach diesem Muster (Substitution des Gutes y durch das Gut x) wird der Haushalt so lange weiter vorgehen, wie er dadurch eine weitere Steigerung seines Nutzensniveaus erreichen kann, also auf eine weiter vom Ursprung entfernte Indifferenzkurve gelangt. Im Punkt C schließlich ist das Nutzenmaximum erreicht, denn hier trifft der Haushalt die am weitesten außerhalb gelegene Indifferenzkurve I_3, hat also sein höchstes für ihn unter der gegebenen Budgetrestriktion erreichbare Nutzensniveau realisiert. In diesem Punkt hat die Indifferenzkurve die gleiche Steigung wie die Budgetgerade:

$$-\frac{p_x}{p_y} = \frac{dq_y}{dq_x} = \text{GRS}$$

Wir werden durch diese Bedingung für den optimalen Konsumplan übrigens erneut auf das zweite Gossensche Gesetz verwiesen, denn die Grenzrate der Substitution ist nichts anderes als das umgekehrte Verhältnis der Grenznutzen der beiden Güter. Entlang einer Indifferenzkurve bleibt das Nutzensniveau definitionsgemäß konstant, es gilt also $dU = 0$. Die Änderung des Nutzens dU wird durch das totale Differential der Nutzenfunktion angegeben, also:

$$dU = \frac{\delta U}{\delta q_x} dq_x + \frac{\delta U}{\delta q_y} dq_y = 0$$

Dies können wir auch schreiben (da $\delta U/\delta q_x$ bzw. $\delta U\delta/q_y$ den Grenznutzen der beiden Güter angibt) als:

$$dU = U'_x dq_x + U'_y dq_y = 0$$

Wenn man diesen Ausdruck schließlich geeignet umformt und dabei berücksichtigt, dass dq_y negativ ist, erhält man

$$U'_x dq_x = U'_y dq_y \quad \text{bzw.} \quad \frac{dq_y}{dq_x} = \frac{U'_x}{U'_y}$$

Die Grenzrate der Substitution (dq_y/dq_x) entspricht also dem umgekehrten Verhältnis der beiden Grenznutzen. Da im Haushaltsgleichgewicht aber die Grenzrate der Substitution dem umgekehrten Verhältnis der beiden Güterpreise gleich ist (siehe oben), gilt hier ebenfalls:

$$\frac{U'_x}{U'_y} = \frac{p_x}{p_y} \quad \text{bzw.} \quad \frac{U'_x}{p_x} = \frac{U'_y}{p_y}$$

Wir können also auch im Rahmen eines ordinalen Nutzenkonzeptes von der Gültigkeit des zweiten Gossenschen Gesetzes ausgehen.

Bevor wir auf einige weitere interessante Aspekte des Haushaltsgleichgewichts eingehen, wollen wir eine kritische, doch wichtige Frage stellen: Wie macht der Haushalt das eigentlich? Wie findet er sein Nutzenmaximum? Wir haben aller Wahrscheinlichkeit noch nie jemanden dabei beobachtet, wie er im Supermarkt vor einem Regal steht, sein Indifferenzkurvensystem zeichnet und dann seine optimale Gütermengenkombination ermittelt – zwischen Butter und Milch, Brot und Käse, Fleisch und Gemüse usw. Der Autor gesteht, dass er selbst auch nicht so vorgeht. Was aber erklärt unser Modell dann?

Zunächst: Der Haushalt braucht sich um das, was wir hier analysiert haben, gar nicht zu kümmern. Er findet seine optimalen Konsummengen auf einem sehr pragmatischen Weg, nämlich durch Versuch und Irrtum sowie durch Lernen aus Erfahrungen. Anders ausgedrückt: Der Haushalt spürt es, wenn er sich im

Nutzenmaximum befindet und passt seine Konsumentscheidungen so lange an, bis er diesen Zustand erreicht hat. Die Mikroökonomik will allerdings mehr; sie will quasi etwas darstellen und somit sichtbar machen, was ansonsten nicht sichtbar wäre. Dazu entwickelt sie Modelle wie das hier diskutierte. Manchmal wird von den Theoretikern der Standpunkt vertreten, es komme gar nicht darauf an, ob Haushalte wirklich über eine ordinale Nutzenfunktion, ein Indifferenzkurvensystem usw. verfügen und daraus ihre Konsumentscheidungen ableiten. Es genüge vollauf, dass sie sich so verhalten **als ob** sie dies täten. Das allein macht ein mikroökonomisches Modell bereits valide.

Kreps (1994) spricht in diesem Zusammenhang von drei Verteidigungslinien, die das mikroökonomische Standardmodell, von dem hier die Rede ist, gegen Kritik in Schutz nimmt. Da seine Argumentation äußerst subtil und überdenkenswert ist, soll sie hier kurz zusammengefasst werden.

(1) Es ist nicht notwendig, dass die Wirtschaftssubjekte sich in der Realität so verhalten, wie es die mikroökonomische Theorie in ihren Modellen vorgibt. Es genügt, dass die sich so verhalten, als ob sie es täten: „Werden unsere Modelle nicht durch Beobachtungen falsifiziert, dann sind es gute positive Modelle – möglicherweise nicht deskriptiv dafür, *warum* etwas passiert, sondern gut bei der Beschreibung, *was* passiert" (*Kreps (1994)*, S. 2).

(2) Auch wenn vorliegende Daten dem mikroökonomischen Standardmodell widersprechen, so muss das Modell deshalb nicht aufgegeben werden, solange man davon ausgehen kann, dass keine systematischen Abweichungen vorliegen, sondern lediglich fallweise Abweichungen.

(3) Auch Modelle, die durch systematische Abweichungen zwischen dem Modell und den Daten widerlegt wurden, können nützlich sein. Dadurch, dass man weiß, wie die Wirtschaftssubjekte sich nicht verhalten, kann man unter Umständen Rückschlüsse darauf ziehen, wie sie sich tatsächlich verhalten. (*Kreps (1994)*, S. 2 f.)

Freilich wird man darauf achten müssen, dass bei derart subtiler Argumentation nicht in Vergessenheit gerät, was wir im Eingangskapitel festgestellt haben: Es muss die prinzipielle Möglichkeit bestehen, dass theoretische Modelle an der empirischen Realität scheitern können. Man muss sich folglich vor jeder Art einer Tautologisierung hüten. Dies hat selbstverständlich auch für das mikroökonomische Standardmodell zu gelten.

iii. Lagrange-Multiplikatoren

Das mikroökonomische Standardmodell, das unserer Analyse des optimalen Konsumplans eines Haushalts zugrunde liegt, lässt sich formal noch etwas anders darstellen, nämlich als mathematisches Optimierungsproblem unter Nebenbedingungen.

Bei der Lösung dieses Problems ist die Funktion

$$U = U(q_x, q_y)$$

zu maximieren unter Einhaltung der Nebenbedingung

$$E = p_x q_x + p_y q_y$$

Üblicherweise findet hier die Methode der **Lagrange-Multiplikatoren** Anwendung. Dabei wird aus der ursprünglichen, zu maximierenden Funktion die Lagrange-Funktion gebildet:

$$L = U(q_x, q_y) - \lambda (E - p_x q_x - p_y q_y)$$

Die Lagrange-Funktion setzt sich also zusammen aus der ursprünglichen, zu maximierenden Funktion abzüglich der mit einem Faktor λ multiplizierten Nebenbedingung in Nullform (es gilt: $E - p_x q_x - p_y q_y = 0$). Die Größe λ ist hierbei ein numerisch noch nicht bestimmter Parameter, der so genannte Lagrange-Multiplikator.

Die Lagrange-Funktion hängt somit von den Werten der beiden Variablen q_x und q_y sowie von λ ab. Man führt nun eine Extremwertbestimmung für die Lagrange-Funktion durch und erhält als Resultat die folgenden Bedingungen erster Ordnung (die Bedingungen zweiter Ordnung sehen wir als erfüllt an):

$$\frac{\delta L}{\delta q_x} = \frac{\delta U}{\delta q_x} - \lambda p_x = 0 \qquad (1)$$

$$\frac{\delta L}{\delta q_y} = \frac{\delta U}{\delta q_y} - \lambda p_y = 0 \qquad (2)$$

sowie

$$\frac{\delta L}{\delta \lambda} = E - p_x q_x - p_y q_y = 0 \qquad (3)$$

Die Bedingung (3) ist die vorgegebene Nebenbedingung. Weil sie auf jeden Fall erfüllt sein muss, wäre es rein mathematisch gesehen verzichtbar, die Lagrange-Funktion nach λ abzuleiten (vgl. hierzu insbesondere Sydsæter/Hammond (2006), S. 578 f.). Wir folgen hierin also letztlich der ökonomischen Konvention.

Aus (1) und (2) erhalten wir durch Auflösen nach λ und Gleichsetzen:

$$\frac{\delta U}{\delta q_x} \cdot \frac{1}{p_x} = \lambda \quad \text{sowie} \quad \frac{\delta U}{\delta q_y} \cdot \frac{1}{p_y} = \lambda$$

und somit

$$\frac{\delta U}{\delta q_x} \cdot \frac{1}{p_x} = \frac{\delta U}{\delta q_y} \cdot \frac{1}{p_y}$$

Wir erhalten abermals die Bedingung des zweiten Gossenschen Gesetzes für das Vorliegen eines Haushaltsgleichgewichts (siehe weiter oben):

$$\frac{U'_x}{p_x} = \frac{U'_y}{p_y}$$

Ein einfaches Beispiel soll die Bestimmung des optimalen Konsumplans verdeutlichen. Gehen wir dazu von der Nutzenfunktion

$$U = U(q_x, q_y) = 2xy$$

Sowie der Budgetrestriktion

$$100 = x + y$$

aus. Das Einkommen des Haushalts soll also 100 Geldeinheiten betragen, die Güterpreise seien identisch mit $p_x = p_y = 1$.

Die Grenznutzenfunktionen lauten, wie unschwer zu sehen ist

$$U'_x = 2y \text{ und}$$

$$U'_y = 2x$$

Anwendung des zweiten Gossenschen Gesetzes ergibt:

$$\frac{2y}{2x} = 1 \quad \text{und damit}$$

$$2y = 2x \quad \text{bzw.} \quad y = x$$

Damit lässt sich y in der Budgetrestriktion durch x substituieren:

$$100 = 2x \quad \text{und somit}$$

$$x = 50$$

Aus $y = x$ ergibt sich unmittelbar

$$y = 50$$

Der Haushalt konsumiert von beiden Gütern die identische Menge von 50 Einheiten.

Zum selben Ergebnis gelangen wir auch mit der Lagrange-Methode:

Wir bilden die Lagrange-Funktion

$$L = 2xy - \lambda(100 - x - y)$$

und differenzieren sie partiell nach x, y und λ. Wir erhalten:

$$2y - \lambda = 0 \quad (1)$$

$$2x - \lambda = 0 \quad (2) \quad \text{sowie}$$

$$100 - x - y = 0 \quad (3)$$

Aus (1) und (2) folgt

$$2y = 2x = \lambda \quad \text{bzw.}$$

$$x = y$$

Zusammen mit der Bedingung (3) erhält man wiederum das Ergebnis

$$x = 50 \quad \text{und} \quad y = 50$$

Obwohl wir also zum selben Ergebnis gelangen (alles andere wäre ja auch höchst verdächtig gewesen), bietet die Lagrange-Methode – neben ihrer universellen Anwendbarkeit – einen weiteren Vorteil. Der Lagrange-Multiplikator λ hat nämlich nicht nur einen numerischen Wert, sondern auch eine ökonomische Interpretation. Wie wir bereits weiter oben gesehen haben, entspricht λ dem Quotienten aus Grenznutzen und Preis des jeweiligen Gutes:

$$\frac{\delta U}{\delta q_x} \cdot \frac{1}{p_x} = \lambda \quad \text{sowie} \quad \frac{\delta U}{\delta q_y} \cdot \frac{1}{p_y} = \lambda$$

oder in Kurzschreibweise:

$$\frac{U'_x}{p_x} = \frac{U'_y}{p_y} = \lambda$$

Der Lagrange-Multiplikator ist damit nichts anderes als der weiter oben bereits angesprochene gewogene Grenznutzen des jeweiligen Gutes. Man nennt diesen gewogenen Grenznutzen auch den **Grenznutzen des Geldes**. Als konkreter Zahlenwert gibt λ also an, wie groß die Nutzenzunahme aus der letzten verausgabten Geldeinheit ist.

d. Vertiefende Überlegungen zum Haushaltsgleichgewicht

i. Einkommens- und Substitutionseffekt; Konsumentenrente

Wenn sich der Preis eines Gutes ändert, reagiert im Regelfall die Nachfrage. Wir können diese Reaktion mit Hilfe unserer Indifferenzkurvenanalyse nun sehr genau nachvollziehen und überdies die Gesamtreaktion des Haushalts auf eine Preisänderung in zwei separate Effekte aufspalten. Des Weiteren lässt sich zeigen, dass, obwohl alle Nachfrager den gleichen Marktpreis zahlen, einige mehr davon profitieren als andere.

In der folgenden Abbildung gehen wir davon aus, dass sich der Preis des Gutes y erhöht. Der Haushalt ist dann nicht mehr in der Lage sein ursprüngliches Haushaltsgleichgewicht im Punkt C zu realisieren. Er muss sein Nutzenniveau den neuen Gegebenheiten entsprechend reduzieren und findet eine neue optimale Gütermengenkombination im Punkt D (siehe folgende Abbildung). Den Übergang von der alten zur neuen nutzenmaximalen Kombination können wir uns in zwei Schritten vorstellen. In einem ersten Schritt stellen wir uns vor, dass wir den Haushalt für den durch die Preiserhöhung erlittenen Kaufkraftverlust entschädigen, indem wir ihm eine finanzielle Kompensation, etwa in Form eines höheren Einkommens, gewähren. Dadurch soll es ihm ermöglicht werden, sein altes Nutzenniveau beizubehalten. In der Abbildung wird dies durch die gestrichelte Budgetlinie, die die ursprüngliche Indifferenzkurve tangiert, verdeutlicht. Diese (gedachte) Indifferenzkurve verläuft parallel zur neuen, da sich ja das Verhältnis der beiden Güterpreise verändert hat. Der Haushalt ist nun in der Lage, die optimale Kombination C' zu realisieren, die aus C hervorgeht, indem er das teurer gewordene Gut y durch das (relativ zu y) preisgünstiger gewordene x ersetzt. Diese Bewegung von C nach C' wird als **Substitutionseffekt** bezeichnet. Wenn wir nun die Einkommenskompensation wieder rückgängig machen, verschiebt sich die gestrichelte Budgetlinie parallel hin zur neuen, nach der Preiserhöhung von y gültigen Budgetlinie, und der Haushalt realisiert nun die optimale Gütermengenkombination D. Die Bewegung von C' nach D nennt man den **Einkommenseffekt** der Preiserhöhung.

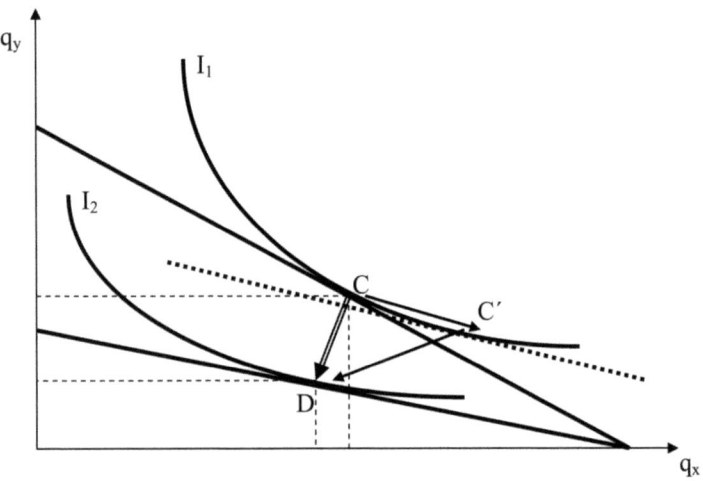

Abb. 4.7: Einkommens- und Substitutionseffekt

Der Sinn dieser Trennung in zwei Effekte besteht darin zu zeigen, dass ein Haushalt auf eine Preiserhöhung eines Gutes auch dann reagieren würde, wenn er sein ursprüngliches Nutzenniveau beibehalten könnte, nämlich durch eine Substitution des teurer gewordenen Gutes durch das preislich unveränderte. Lediglich die nach dieser Substitution noch hinzukommende Reaktion ist auf den Kaufkraftverlust des Einkommens zurückzuführen, die den Haushalt zwingt, sich nun mit einem niedrigeren Nutzenniveau zufrieden zu geben.

Wie lässt sich nun die eingangs aufgestellte Behauptung belegen, dass einige Nachfrager sich beim (für alle gleichen) Marktpreis eines Gutes besser gestellt fühlen als andere? In der folgenden Abbildung soll der eingezeichnete Preis p_x^G der einheitliche Marktpreis des betrachteten Gutes sein. Der aufsteigende Ast der Nachfragekurve ab p_x^G zeigt alle Nachfrager, die bereit sind, einen höheren Preis als den Marktpreis zu bezahlen (z.B. A, B und C). Da sie jedoch – wie alle anderen – nur den Marktpreis zu bezahlen haben, profitieren sie in gewissem Sinne von einer „Ersparnis". Die Höhe dieser so genannten **Konsumentenrente** wird durch die Differenz zwischen der eigentlichen Zahlungsbereitschaft (dem Preis, der durch der Lage auf der Nachfragefunktion festgelegt wird) und dem tatsächlich zu entrichtenden Marktpreis, also im Falle von A: $(p_x^A - p_x^G)$ angegeben. Berechnet man für jeden einzelnen Nachfrager auf dem aufsteigenden Ast der Nachfragekurve die Konsumentenrente, so erhält man den Flächeninhalt des grauen Dreiecks.

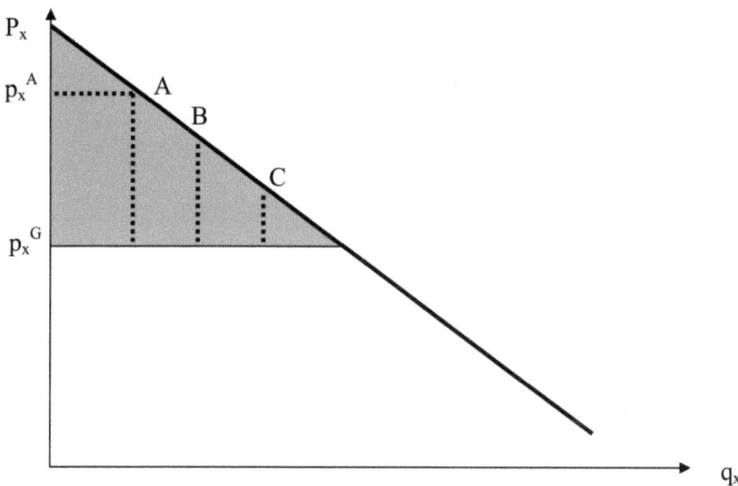

Abb. 4.8: Konsumentenrente

ii. Dualität von Nutzen- und Ausgabenfunktion

Da die nachgefragten Mengen eines Gutes im Haushaltsgleichgewicht vom Preis dieses Gutes, vom Preis anderer Güter und vom Einkommen des Haushalts abhängen, lässt sich die Nutzenfunktion nun wie folgt formulieren:

$$U = U(q_x[p_x, p_y, E], q_y[p_x, p_y, E])$$

Bei dieser Schreibweise steht $q_x[p_x, p_y, E]$ und $q_y[p_x, p_y E]$ für die Preis- und Einkommensabhängigkeit der beiden Verbrauchsmengen der Güter x und y. Man kann folglich auch sagen, dass der Nutzen eines Haushalts indirekt von den beiden Güterpreisen und von seinem Einkommen abhängt. Wir erhalten die **indirekte Nutzenfunktion**:

$$U_{ind} = U_{ind}(p_x, p_y, E)$$

Es wird üblicherweise davon ausgegangen, dass die indirekte Nutzenfunktion homogen vom Grade Null in Einkommen und Preisen ist: Vervielfältigen sich Einkommen und beide Güterpreise um denselben Faktor k, so bleibt das Nutzenniveau konstant. Erhöht sich das Einkommen bei konstanten Preisen, so nimmt der Nutzen zu; erhöhen sich die Güterpreise bei konstantem Einkommen, so sinkt der Nutzen.

Man kann zum Nutzenmaximierungsproblem ein duales Ausgabenminimierungsproblem formulieren: Bei gegebener Nutzenfunktion und gegebenen Preisen sind diejenigen Verbrauchsmengen zu bestimmen, die ein angestrebtes Nutzenniveau mit den geringstmöglichen Ausgaben ermöglichen. Die **Ausgabenfunktion** ist also zu minimieren:

$$A = p_x q_x + p_y q_y \rightarrow \text{Min!}$$

unter der Nebenbedingung

$$U = U(q_x, q_y) = \text{const.}$$

Die Ausgabenfunktion lässt sich aus den gleichen Gründen wie die Nutzenfunktion wie folgt erweitern:

$$A = p_x q_x[p_x, p_y, U] + p_y q_y[p_x, p_y, U] = A(p_x, p_y, U)$$

Die zu minimierenden Ausgaben hängen also von den beiden Güterpreisen und vom gewählten Nutzenniveau ab. Hierbei steht $q_x[p_x, p_y, U]$ und $q_y[p_x, p_y U]$ wieder für die Preis- und Nutzenabhängigkeit der beiden Verbrauchsmengen. Löst man schließlich die indirekte Nutzenfunktion nach E (als Funktion von p_x, p_y und U)auf

$$E = U_{ind}^{-1}(p_x, p_y, U)$$

und berücksichtigt, dass im Nutzenmaximum bzw. Ausgabenminimum E = A gilt (da im Haushaltsgleichgewicht das maximal erreichbare Nutzenniveau beim Maximierungsproblem dem vorgegebenen Nutzenniveau beim dazu korrespondierenden dualen Ausgabenminimierungsproblem entsprechen soll), so erhält man letztlich:

$$A(p_x, p_y, U) = U_{ind}^{-1}(p_x, p_y, U)$$

Die Ausgabenfunktion ist somit nichts anderes als die Inverse der indirekten Nutzenfunktion. Anhand dieser Funktionen lassen sich die Wirkungen einer Preiserhöhungen sowie die analytische Aufspaltung in einen Einkommens- und einen Substitutionseffekt mit Hilfe der daraus ableitbaren **Slutsky-Gleichung** genauer darstellen. Darauf soll hier jedoch nicht näher eingegangen werden. Man vergleiche hierzu etwa *Schumann (1992)*, S. 38 ff. oder *Wagner (2009)*, S. 116 ff.

Erwähnt werden sollte noch, dass anhand der Unterscheidung dieser beiden Effekte auf zwei verschiedene Nachfragebegriffe abgestellt werden kann. Die Nachfrage im bisher bereits verwendeten Sinne wird als Marshallsche Nachfragemenge (bzw. **Marshallsche Nachfragefunktion**) bezeichnet. Bei dieser Nachfragefunktion besteht die Reaktion auf eine Preisänderung des betreffenden Gutes aus den oben diskutierten Teilreaktionen im Sinne des Einkommens- und Substitutionseffekts. Eine Marshallsche Nachfragefunktion ergibt sich aus der Betrachtung des Nutzenmaximierungsproblems. Aus dem Ausgabenminimierungsproblem lässt sich jedoch ebenfalls eine Nachfragemenge bzw. eine Nachfragefunktion herleiten. Da hierbei allerdings ein konstantes Nutzenniveau zugrunde liegt, setzt diese Nachfragefunktion eine Einkommenskompensation voraus, die eine erfolgte Preisänderung in Bezug auf das zu erreichende Nutzenniveau exakt kompensiert. Daher spricht man in diesem Fall von einer **Hicksschen kompensierten Nachfragefunktion**. Hier besteht die Reaktion der Nachfrage auf eine Preisänderung des betreffenden Gutes nur aus dem Substitutionseffekt. Wir werden im Folgenden ausschließlich Marshallsche Nachfragefunktionen betrachten.

e. Herleitung der Nachfragefunktion

i. Typischer Verlauf der Nachfragekurve

Wir sind nun in der Lage, aus den bisherigen Überlegungen den Verlauf der Nachfragefunktion eines einzelnen Haushalts zwingend herzuleiten. Dazu gehen wir nun in der folgenden Abbildung von einer zweimaligen Preissenkung des Gutes p_x aus. Die Budgetlinie dreht sich diesmal also weg vom Ursprung und der Haushalt realisiert eine jeweils neue optimale Kombination bei höherem Nutzenniveau. Es ergibt sich eine Folge von drei Haushaltsgleichgewichten bei unterschiedlichen Preisen. Die sich hieraus ergebenden Mengen des Gutes q_x

übertragen wir in das darunter liegende Diagramm und stellen diesen Mengen die jeweiligen Preise des Gutes x gegenüber. Beim niedrigsten Preis wird also die größte Menge des Gutes x konsumiert, beim mittleren Preis die zweithöchste Menge, und beim höchsten Preis wird die geringste Menge konsumiert. Als Resultat erhalten wir den typischen Verlauf der Nachfragefunktion $N = N(p_x)$; vgl. die folgende Abbildung 4.9.

Was wurde durch diese neuerliche Begründung der Nachfragefunktion, die wir ja bereits im Rahmen des kardinalen Nutzenkonzeptes erhalten hatten, gewonnen? Vor allem eines: Indem wir auf die doch recht strengen Annahmen dieses Nutzenkonzeptes verzichten und auf die wesentlich milderen Voraussetzungen eines ordinalen Nutzenempfindens zurückgreifen, wird der hergeleitete Verlauf der Nachfragefunktion noch zwingender und überzeugender fundiert, als es zuvor der Fall war. Dies ist ein wesentlicher Vorteil, denn die Analyse wird dadurch weniger angreifbar. Die Voraussetzungen, die unsere Analyse über das Nutzenempfinden der Individuen macht, sind damit so „weich", dass sie kaum noch in Zweifel gezogen werden können – es sei denn, man bezweifelt grundsätzlich, dass es so etwas wie ein Nutzenempfinden überhaupt gibt oder dass sich das Individuum davon leiten lässt.

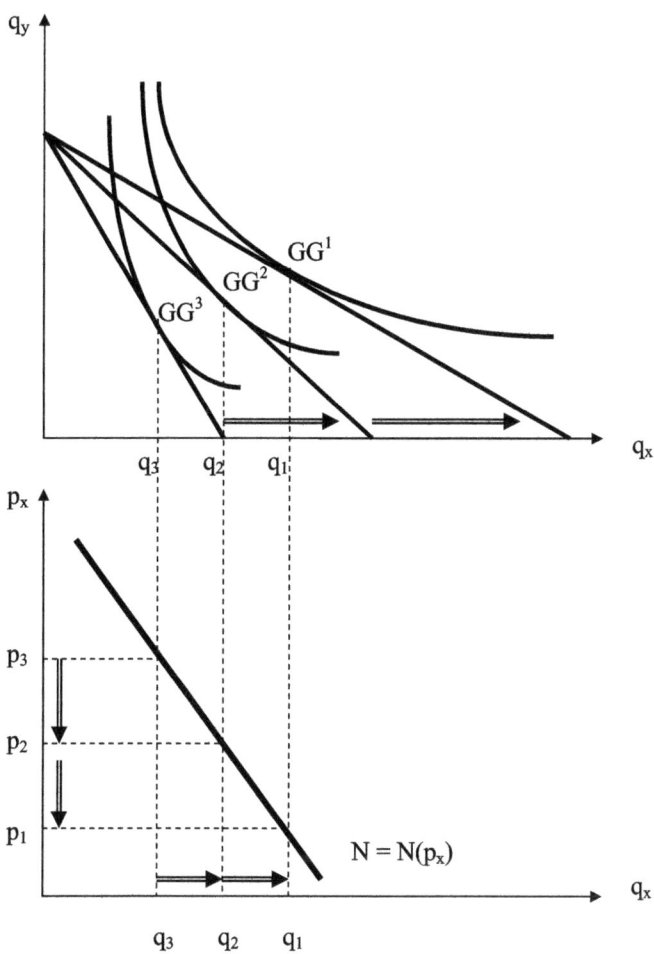

Abb. 4.9: Herleitung der Nachfragefunktion

ii Atypischer Nachfrageverlauf

Der zweite Vorteil ist darin zu sehen, dass sich nun auch andere mögliche Verläufe von Nachfragefunktionen herleiten lassen bzw. durch einen speziellen Verlauf des Indifferenzkurvensystems erklärbar werden. So kann etwa ein positiver Anstieg der Nachfragekurve – also die Beobachtung, dass die Nachfrage nach einigen extrem teuren und seltenen Luxusgütern (etwa eine nummerierte Auflage von 399 Stück eines bestimmten Edel-Automobils) mit steigendem Preis zunimmt – zwanglos erklärt werden (siehe die folgende Abbildung 4.10): Das gestaucht wirkende Indifferenzkurvensystem erzeugt eine Abfolge von Haushaltsgleichgewichten, die steigenden Preisen des Gutes x größer werden Nachfragemenge zuordnet.

Ein völlig anderer Sachverhalt liegt dem sog. Giffen-Paradox zugrunde. Bereits Mitte des 19 Jahrhunderts stellte sein Entdecker, R. Giffen, fest, dass in den ärmeren Bevölkerungsschichten (vor allem in den großen Städten wie London) die Nachfrage nach Brot mit steigendem Brotpreis nicht zurückgeht, sondern im Gegenteil zunimmt. Dies liegt jedoch nicht etwa am Snob-Effekt, der im Falle eines Grundnahrungsmittels wie Brot nicht einleuchten würde. Die Erklärung für das Phänomen liegt vielmehr darin, dass in diesem Fall der Einkommenseffekt der Brotpreissteigerung den Substitutionseffekt überkompensiert. Mit anderen Worten: Die Menschen haben an anderen Nahrungsmitteln gespart (etwa weniger Fleisch gegessen), damit sie sich Brot weiterhin leisten konnten. Den Verzicht auf Fleisch versuchten sie dann durch höheren Brotkonsum auszugleichen. Graphisch lässt sich das Giffen-Paradox wie in Abb. 4.11. verdeutlichen. Der Substitutionseffekt von C nach C' wird in diesem Falle durch Einkommenseffekt von C' nach D überkompensiert. Der Pfeil von C' nach D wurde in der Abbildung weggelassen.

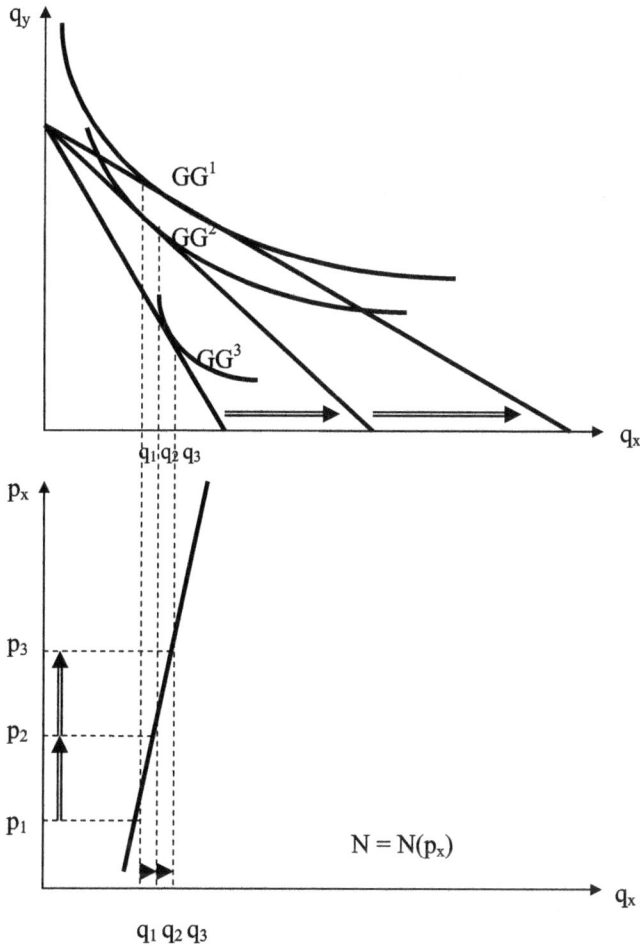

Abb. 4.10: Atypischer Verlauf der Nachfragefunktion

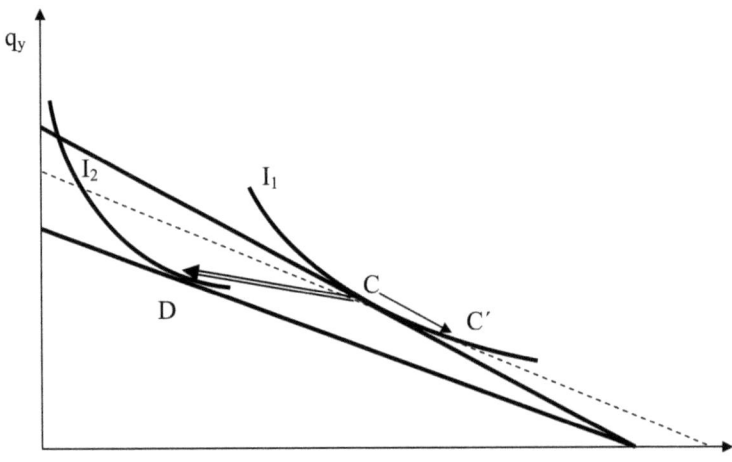

Abb. 4.11: Einkommens- und Substitutionseffekt beim Giffen-Paradox

iii. Nachfrageinterdependenzen

Von Nachfrageinterdependenzen spricht man dann, wenn das Nutzenempfinden eines Haushalts nicht nur von der Menge eine Gutes abhängig ist, die er selbst konsumiert, sondern auch vom Nachfrageverhalten anderer Haushalte. Damit wird der Tatsache Rechnung getragen, dass Konsumenten keine voneinander isolierten Einheiten sind, sondern in sozialen Austauschbeziehungen zueinander stehen und diese Beziehungen auf ihr Nachfrageverhalten Einfluss nehmen. Drei weithin bekannte Phänomene betreffen den Snob-Effekt, den Prestige-Effekt und den Mitläufer-Effekt.

Beim **Snob-Effekt** nimmt die Nachfrage eines Haushalts ab, wenn die Nachfrage anderer Haushalte zunimmt. So würde im Falle extrem teurer Luxusgüter bei manchen Individuen die Nachfrage abnehmen, wenn diese Güter billiger würden und damit viele andere Haushalte dieses Gut ebenfalls erwerben könnten.

Der **Prestige-Effekt** liegt vor, wenn Haushalte ihre Nachfrage am Preis ausrichten, den andere Haushalte für das betreffende Gut vermuten. Je höher der vermutete Preis ist, umso höher fällt die Nachfrage eines vom Prestige-Effekt beeinflussten Haushalts aus. Im Spezialfall, dass vermuteter und tatsächlicher Preis eines Gutes übereinstimmen, erhält man den oben beschriebenen atypischen Verlauf der Nachfragefunktion.

Beim **Mitläufer-Effekt** schließlich (auch als band wagon effect bezeichnet) liegt der Fall vor, dass ein Haushalt seine Nachfrage erhöht, wenn die Nachfrage anderer Haushalte zunimmt. Hier liegt mithin ein Verhalten vor, das gegenteilig zum Snob-Effekt ist. Anstatt sich abzugrenzen und auf Exklusivität zu setzen, hat ein solcher Haushalt das Bedürfnis, zu einer Referenzgruppe „dazu zu gehören" und folgt damit bereitwillig modischen Trends. Für weitere Details zu diesen Effekten vergleiche man etwa *Schumann (1992)* oder *Herdzina (2005)*.

f. Präferenzrelationen

Wir haben im Zusammenhang mit dem ordinalen Nutzenkonzept bereits von **Präferenzrelationen** gesprochen und wollen nun noch einige ergänzende Anmerkungen zu diesem zentralen Bestandteil des mikroökonomischen Standardmodells machen. Wir können allerdings nur auf wenige ausgewählte Aspekte eingehen, für eine vertiefte Beschäftigung mit der Thematik sei auf die einschlägige Literatur verwiesen, insbesondere auf *Kreps (1994)*, an dem sich die folgenden Ausführungen orientieren.

Wie wir gesehen haben, bildet die moderne Mikroökonomik den Haushalt als ein nutzenmaximierendes Individuum ab, das über eine ordinale Nutzenstruktur verfügt. Eine solche ordinale Nutzenstruktur versucht man dadurch näher zu beschreiben, dass man eine der Nutzenstruktur zugrunde liegende Präferenzrelation postuliert und Eigenschaften festlegt, die eine konsistente Präferenzrelation aufweisen muss.

Wir stellen uns ein beliebiges Güterbündel g_1 vor, das zwei Komponenten, d.h. jeweilige Mengen der beiden Güter x und y, aufweist:

$$g_1 = (x_1; y_1)$$

Dieses Güterbündel lässt sich als ein Element der Teilmenge G des Raumes $|R^K$ begreifen, wobei $|R$ die reelle Zahlengerade ist und K die Anzahl der betrachteten Güter bezeichnet. In unserem Fall ist also K = 2, da das Güterbündel die beiden Güter x und y beinhaltet. Nehmen wir nun ein zweites Güterbündel mit K = 2 hinzu also $g_2 = (x_2, y_2)$, dann verlangen wir von einer konsistenten Präferenzrelation folgende Eigenschaften:

1. Eigenschaft der Asymmetrie:

Es existiert kein Paar g_1 und g_2, für das $g_1 > g_2$ und $g_2 > g_1$ gilt.

2. Eigenschaft der negativen Transitivität:

Falls $g_1 > g_2$ gilt, so gilt für ein drittes Element g_3 stets $g_1 > g_3$ oder $g_3 > g_2$ oder beides.

Was bedeuten diese beiden Eigenschaften? Die negative Transitivität verlangt, dass es im Falle einer eindeutigen Präferenz eines Güterbündels gegenüber einem anderen möglich ist, ein hinzukommendes drittes Güterbündel ebenfalls eindeutig einzuordnen. Häufig wird das auch der Fall sein. Ist beispielsweise g_1 = (6 Tafeln Schokolade; 8 Dosen Cola) und g_2 = (5 Tafeln Schokolade; 7 Cola Cola), so gilt: $g_1 > g_2$ auf Grund der Annahme der grundsätzlichen Nichtsättigung. Ist g_3 = (4 Tafeln Schokolade; 7 Dosen Cola), so dürfte der Konsument dieses Güterbündel wohl schlechter als g_1 und als g_2 beurteilen, es gilt also: $g_1 > g_3$ (aber nicht $g_3 > g_2$). Ist g_3 = (5 Tafeln Schokolade; 8 Dosen Cola), so gilt wohl: $g_1 > g_3$ und $g_3 > g_2$; g_3 wird also zwischen g_1 und g_2 eingeordnet. Doch was ist mit einer Kombination wie g_3 = (2 Tafeln Schokolade; 10 Dosen Cola). Ist er ein absoluter Cola-Fan, dürfte die Entscheidung leicht fallen. Doch wenn er beide Güter mag, könnte es ihm sogar unmöglich sein, g_3 eindeutig einzuordnen.

Die erste Eigenschaft hingegen legt fest, dass für zwei Güterbündel nicht gelten darf, dass das eine gleichzeitig besser und schlechter als das andere eingeschätzt wird. Dies hält man wohl für so offensichtlich, dass ein weiteres Nachdenken darüber kaum der Mühe wert zu sein scheint. Doch was, wenn die enthaltenen Güter aus unsicheren, mit Wahrscheinlichkeiten belegten Ereignissen bestehen?

Stellen wir uns folgende Situation vor: Ein Spezialkommando zur Terrorbekämpfung steht vor der Frage, ob sie eine konspirative Wohnung stürmen soll (das Beispiel ist eine abgeänderte Variante des Impfprogramm-Beispiels in *Kreps (1994)*. Zwei Strategien stehen zur Auswahl, die wir wieder – zugegeben etwas ungewohnt – als „Güterbündel" g_1 und g_2 auffassen können. Bei der ersten Strategie ist damit zu rechnen, dass der Einsatz zum Tod von zehn (möglicherweise unbeteiligten) Menschen führen wird. Durch die mögliche Verhinderung eines terroristischen Anschlags könnten jedoch mit einer Wahrscheinlichkeit von 2/3 bis zu 100 Menschenleben gerettet werden. Die zweite Strategie setzt auf Deeskalation, nimmt jedoch in Kauf, dass die Terroristen entkommen und dadurch mit einer Wahrscheinlichkeit von 2/3 bis zu 100 Menschen ihr Leben verlieren werden. Nachdem in den Nachrichten ein Beitrag über einen ähnlichen, gescheiterten Einsatz mit unbeteiligten Opfern berichtet wurde, stellen Sie einem Passanten auf der Straße folgende Frage:

(1) Was würden Sie im Falle einer terroristischen Gefahr für die bessere Alternative halten?
  g1) Einen Einsatz, bei dem mit dem Tod von zehn Menschen zu rechnen ist und einer 1/3-Chance, dass niemand durch den Einsatz gerettet wird;
  g2) einen Einsatz, in dessen Folge mit einer Wahrscheinlichkeit von 1/3 niemand zu Schaden kommt.

Es ist stark anzunehmen, dass der Passant die zweite Strategie bevorzugen wird: $g_2 > g_1$. Zwei Wochen später berichtet das Fernsehen über einen gelungenen Anti-Terroreinsatz 100 Menschenleben gerettet wurden. Leider haben bei dem Einsatz 10 Menschen, darunter auch Unschuldige, ihr Leben verloren. Sie begegnen demselben Passanten wie vor zwei Wochen und stellen ihm nun folgende Frage:

(2) Was würden Sie im Falle einer terroristischen Gefahr für die bessere Alternative halten?
  g1) Einen Einsatz, bei dem mit einer 2/3-Chance das Leben von 100 Menschen gerettet wird, jedoch mit 10 Toten, darunter möglicherweise auch Unschuldigen, zu rechnen ist;
  g2) einen Einsatz, in dessen Folge mit einer Wahrscheinlichkeit von 2/3 100 Menschen ihr Leben verlieren werden.

Vermutlich wird unser Passant nun der ersten Strategie den Vorzug geben: $g_1 > g_2$. Es handelt sich jedoch beides Mal um die gleiche Gegenüberstellung der beiden Strategien, nur unterscheidet sich die Art der Darstellung, indem bei (1) die Betonung auf dem Tod von 10 Menschen liegt, während bei (2) die Chance auf die Rettung von 100 Menschenleben im Vordergrund steht. Dies wird durch das Szenario der jeweiligen aktuellen Nachrichtenlage noch betont. Da aber in beiden Fragestellungen dieselben Alternativen g_1 und g_2 zur Wahl stehen, müsste unser Passant entweder konsequent $g_1 > g_2$ oder $g_2 > g_1$ antworten, da andernfalls ein Verstoß gegen die Eigenschaft der Asymmetrie von Präferenzordnungen vorliegt.

Dieser Verstoß ist natürlich erklärbar durch die Art der Darstellung und möglicherweise auch durch den Zeitraum, der zwischen den beiden Befragungen verstrichen ist (die Präferenzrelation könnte sich zwischenzeitlich verändert haben). Trotzdem verdeutlicht das Beispiel mögliche Probleme, die bei Präferenzrelationen auftreten können.

Damit sind wir am Ende unserer Betrachtung der Konsumentscheidung eines einzelnen Haushalts angelangt. Wir wenden uns im folgenden Kapitel der anderen Marktseite zu, den Unternehmen. Hier werden die Güter, die den Haushalten zur Befriedigung ihrer Bedürfnisse dienen, produziert.

g. Zusammenfassung und Literatur

Das mikroökonomische Standardmodell beschreibt den privaten Haushalt als nutzenmaximierende Einheit, die eine (subjektive) Nutzenfunktion unter der Nebenbedingung einer gegebenen Budgetrestriktion maximiert. Das Ergebnis dieser Maximierung stellt ein Haushaltsgleichgewicht dar, das sich als Tangentialpunkt zwischen Budgetgerade und einer Indifferenzkurve graphisch darstellen lässt. Analytisch zeigt sich, dass dieses Haushaltsgleichgewicht die Bedingung des zweiten Gossenschen Gesetzes erfüllt. Zu dieser Bedingung gelangt man ebenfalls mit Hilfe der Methode der Lagrange-Multiplikatoren. Interessante Erweiterungen dieser Überlegungen führen zum Einkommens- und Substitutionseffekt als Reaktion auf die Preisänderung eines Gutes, sowie zur Dualität von Nutzen- und Ausgabenfunktion, mittels derer sich der Einkommens- und Substitutionseffekt analytisch erfassen lassen. Schließlich leitet man auf der Basis des Haushaltsgleichgewichtes den typischen Verlauf der Nachfragefunktion her. Es können sich auch atypische Verläufe ergeben, deren Begründung dann jeweils im individuellen Präferenzsystem zu suchen ist. Dieses individuelle Präferenzsystem sollte gewisse Mindestvoraussetzungen erfüllen, um zu widerspruchsfreien Konsumentscheidungen zu führen.

Weiterführende Literaturhinweise: *Herdzina (2005), Kreps (1994), Pindyck/Rubinfeld (2005),* Schumann *(1992)* Wagner *(2009)*.

5. Produktion, Kosten und Angebot: Die mikroökonomische Theorie der Unternehmung

a. Zielsetzungen und Prämissen

Wir haben im letzten Kapitel ausführlich untersucht, wie die Entscheidungen der Nachfrager auf ihren Nutzenempfindungen basieren und wie wir aus diesen Entscheidungen schlüssige Aussagen über den Verlauf der Nachfragekurve in Abhängigkeit vom Preis eines Gutes herleiten können. Es ist nun an der Zeit, die andere Seite des Marktgeschehens, nämlich die Unternehmen, in unsere Analyse einzubeziehen. Hier werden die Entscheidungen über den Einsatz der Produktionsfaktoren sowie über die produzierte und am Markt angebotene Menge eines bestimmten Gutes getroffen. Auch hier wollen wir mit der Frage beginnen, welche Grundannahmen über die handelnden Wirtschaftssubjekte, in diesem Falle also die Unternehmen, wir vernünftigerweise machen dürfen.

Wir gehen von einem Unternehmen aus, das vollständig über alle relevanten Produktions- und Marktgegebenheiten informiert ist. Des Weiteren setzen wir ökonomisch rationales Verhalten voraus, schließen also jede Form von Verschwendung oder ineffizientem Ressourceneinsatz aus. Als Zielsetzung des Unternehmens unterstellen wir Gewinnmaximierung. Schließlich setzen wir (zunächst) voraus, dass das Unternehmen die Preise seines Produktes nicht beeinflussen kann, dass also die Bedingungen des so genannten vollkommenen Marktes herrschen (vgl. Kapitel 6).

Wie steht es um die Realitätsnähe dieser Prämissen? Insbesondere die letzte Annahme scheint unseren Erfahrungen zu widersprechen, haben wir es doch häufig mit großen und marktbeherrschenden Unternehmen zu tun, die die Preise ihrer Produkte sehr wohl beeinflussen. Auf einem vollkommenen Markt allerdings, auf dem viele kleine und für sich unbedeutende Unternehmen präsent sind, ist der Marktpreis für das einzelne Unternehmen tatsächlich eine gegebene Größe, die hingenommen werden muss. Das einzelne Unternehmen verhält sich hier als ein **Mengenanpasser**, es wählt also die Produktionsmenge aus, die unter den gegebenen Bedingungen den Gewinn maximiert. Wir betrachten später auch andere Marktformen, die nicht den Vorgaben des vollkommenen Marktes genügen und in der Realität durchaus häufig vorzufinden sind. Um allerdings die Ergebnisse solcher Märkte beurteilen zu können, brauchen wir eine Art Referenzrahmen, und das ist in aller Regel der vollkommene Markt.

Maximieren Unternehmen wirklich unter allen Bedingungen ihren Gewinn? Es gibt doch auch andere wichtige Zielsetzungen, beispielsweise das Image eines Unternehmens im Hinblick auf soziale oder umweltpolitische Faktoren, die

Zufriedenheit der Mitarbeiter oder andere mögliche Zielvorgaben. Und selbst beim Gewinnstreben könnte man an Alternativen zur Maximierung denken, etwa an einen befriedigenden Gewinn, einen branchenüblichen Gewinn oder an ein konstantes Gewinnwachstum. Das ist sicher richtig. Bei näherem Hinsehen allerdings wird es oft so sein, dass alternative Zielsetzungen in letzter Konsequenz ebenfalls dem Zweck dienen, die Gewinnsituation eines Unternehmens zu verbessern. Und hinsichtlich der strengen Forderung der „Maximierung" lässt sich pragmatisch argumentieren, dass eine solche Zielsetzung den großen Vorteil der analytischen Eindeutigkeit besitzt: Extremwerte einer Gewinnfunktion zu bestimmen, ist mathematisch in aller Regel problemlos zu bewältigen, doch wie will man einen „zufrieden stellenden" Funktionswert ermitteln?

Das eigentliche Ziel unserer Analyse der Angebotsseite des Marktes besteht darin, Lage und Verlauf der Angebotsfunktion zu begründen und aus möglichst elementaren mikroökonomischen Annahmen zwingend herzuleiten:

$A = A(p_x)$

Um das zu erreichen, beginnen wir mit einer eingehenden Betrachtung der Produktionstechnologie eines einzelnen Unternehmens, die – wie wir bereits wissen – in der Produktionsfunktion abgebildet wird.

b. Die Produktionsfunktion

Eine Produktionsfunktion ist eine rein technische Relation, die die Beziehung zwischen dem Faktoreinsatz (dem Input) und dem mengenmäßigen Produktionsergebnis (dem Output) wiedergibt. Vorausgesetzt wird dabei stets eine effiziente Produktion. Wir schreiben hier anstelle von $Y = Y(A, K_{const})$ (siehe Kapitel 2) für ein konkretes Gut x:

$q_x = f(v_1, v_2)$

und meinen damit eine Produktionsfunktion, bei der zwei Produktionsfaktoren v_1 und v_2 (häufig als Arbeit und Kapital verstanden) eingesetzt werden und zu einer bestimmten Outputmenge q_x führen. Eine zentrale Unterscheidung ist jene zwischen limitationalen und substitutionalen Produktionsfaktoren bzw. Produktionsfunktionen. Im Falle **limitationaler** Produktionsfunktionen müssen die einzelnen Faktoren in einem ganz bestimmten, fixen Verhältnis zueinander stehen, um sinnvoll eingesetzt zu werden und ein bestimmtes Produktionsergebnis zustande zu bringen. Denken wir als Beispiel an einen Kran und einen Kranführer. Hier wäre das Verhältnis zwischen v_1 (Kranführer) und v_2 (Kran) auf 1:1 festgelegt. Bei **substitutionalen** Funktionen ist das anders. In diesem Fall erlaubt es die Produktionstechnologie, einen Faktor durch einen anderen – zumindest innerhalb gewisser Grenzen – zu ersetzen. Als Beispiel denke man an den Bankschalter: Funktionen, die früher klassischerweise von Menschen ausgeübt wurden, etwa die Bargeldauszahlung, werden mehr und mehr von Bankautomaten übernommen. Auch das Online-Banking ist eine Entwicklung, die diese Tendenz verstärkt. Gleichzeitig verdeutlicht dieses Beispiel, dass die Substitution des Faktors Arbeit durch den Faktor Kapital immer auch mit technischen Neuerungen verbunden ist, dass der **technische Fortschritt** also faktoreinsparend wirkt.

Grundsätzlich gibt es drei Möglichkeiten, eine Produktionsfunktion darzustellen. Die präziseste Möglichkeit ist die in Form einer mathematischen Gleichung, also etwa:

$$q_x = \sqrt{v_1} \sqrt{v_2}$$

Anhand einer derart ausformulierten Funktion lassen sich gewisse typische Eigenschaften der Produktionstechnologie am direktesten bestimmen. Besonders zu Zwecken der Veranschaulichung empfiehlt sich jedoch eine andere Darstellungsform. In Form einer Tabelle werden ausgesuchte Werte der Funktion übersichtlich aufgeführt.

Tab. 5.1: Produktionsfunktion und proportionale Faktorvariation

10	3,16	4,47	5,48	6,32	7,07	7,75	8,37	8,94	9,49	**10,00**
9	3,00	4,24	**5,20**	6,00	6,71	7,35	7,94	8,49	**9,00**	9,49
8	2,83	4,00	4,90	5,66	6,32	6,93	7,48	**8,00**	8,49	8,94
7	2,65	3,74	4,58	5,29	5,92	6,48	**7,00**	7,48	7,94	8,37
6	2,45	**3,46**	4,24	4,90	5,48	**6,00**	6,48	6,93	7,35	7,75
5	2,23	3,16	3,87	4,47	**5,00**	5,48	5,92	6,32	6,71	7,07
4	2,00	2,83	3,46	**4,00**	4,47	4,90	5,29	5,66	6,00	6,32
3	**1,73**	2,45	**3,00**	3,46	3,87	4,24	4,58	4,90	5,20	5,48
2	1,41	**2,00**	2,45	2,83	3,16	3,46	3,74	4,00	4,24	4,47
1	**1,00**	1,41	1,73	2,00	2,23	2,45	2,65	2,83	3,00	3,16
v_1 / v_2	1	2	3	4	5	6	7	8	9	10

Wofür interessiert man sich nun bei einer Produktionsfunktion? Zunächst sei daran erinnert, dass es sich um eine rein technisch bedingte Relation zwischen dem mengenmäßigen Einsatz an Produktionsfaktoren und dem mengenmäßigen Produktionsergebnis handelt. Ökonomische Erwägungen spielen an dieser Stelle noch keine Rolle. Von besonderem Interesse ist die Reaktion des Outputs auf Änderungen des Faktoreinsatzes. So sehen wir in obiger Tabelle, dass bei einer prozentual gleichen Änderung des Einsatzes beider Produktionsfaktoren (**proportionale Faktorvariation**) der Output sich ebenfalls in proportionaler Weise anpasst (siehe die fett gedruckten Ziffern in obiger Tabelle). Entlang der Hauptdiagonalen, ausgehend vom Faktoreinsatz $v_1 = 1$ und $v_2 = 1$, ergibt sich etwa bei einer Verdoppelung des Faktoreinsatzes eine Verdoppelung des Outputs, bei einer Verdreifachung des Faktoreinsatzes eine Verdreifachung des Outputs usw. Doch dies könnte ein Zufall sein. Legen wir deshalb ein anderes Ausgangsverhältnis zugrunde, etwa $v_1 = 3$ und $v_2 = 1$. Wieder stellen wir fest, dass eine Verdoppelung des Faktoreinsatzes zu einer Verdoppelung des Outputs führt, eine Verdreifachung des Inputs zu einer Verdreifachung des Outputs, usw. Dies ist nun sicher kein Zufall mehr. Wir sprechen davon, dass die betrachtete Produktionsfunktion **konstante Skalenerträge** hat. Diese Skaleneigenschaften einer Produktionsfunktion sind sehr wichtig, da sie entscheidenden Einfluss auf die später zu diskutierenden Kostenverläufe bei variierenden Produktionsmengen haben.

Konstante Skalenerträge sind einer von drei möglichen Fällen. Allgemein kennzeichnet man die Skaleneigenschaften, indem man in der Produktionsfunktion vor die beiden Faktoreinsatzmengen einen Proportionalitätsfaktor (Θ) setzt:

$$[q_x]_\Theta = f(\Theta v1, \Theta v2)$$

Ist nun beispielsweise $\Theta = 3$, geht man also von einer Verdreifachung des Faktoreinsatzes aus, so sind folgende Reaktionen möglich: Der Output verdreifacht sich ebenfalls (a), der Output nimmt um weniger als das Dreifache zu (b) oder der Output steigt um mehr als das Dreifache (c). Allgemein ausgedrückt:

(a) $[q_x]_\Theta = \Theta f(v_1, v_2) = \Theta q_x$ ⇨   **Konstante Skalenerträge**

(b) $[q_x]_\Theta < \Theta f(v_1, v_2) = \Theta q_x$ ⇨   **Abnehmende Skalenerträge**

(c) $[q_x]_\Theta > \Theta f(v_1, v_2) = \Theta q_x$ ⇨   **Zunehmende Skalenerträge**

Neben der proportionalen sind zwei weitere Arten der Faktorvariation von Interesse. Zunächst betrachten wir in der folgenden Tabelle die **substitutionale** Variation.

Tab. 5.2: Produktionsfunktion und substitutionale Faktorvariation

10	3,16	4,47	5,48	**6,32**	7,07	7,75	8,37	8,94	9,49	10,00
9	3,00	**4,24**	5,20	6,00	6,71	7,35	7,94	8,49	9,00	9,49
8	**2,83**	4,00	4,90	5,66	**6,32**	6,93	7,48	8,00	8,49	8,94
7	2,65	3,74	4,58	5,29	5,92	6,48	7,00	7,48	7,94	8,37
6	2,45	3,46	**4,24**	4,90	5,48	6,00	6,48	6,93	7,35	7,75
5	2,23	3,16	3,87	4,47	5,00	5,48	5,92	**6,32**	6,71	7,07
4	2,00	**2,83**	3,46	4,00	4,47	4,90	5,29	5,66	6,00	**6,32**
3	1,73	2,45	3,00	3,46	3,87	**4,24**	4,58	4,90	5,20	5,48
2	1,41	2,00	2,45	**2,83**	3,16	3,46	3,74	4,00	**4,24**	4,47
1	1,00	1,41	1,73	2,00	2,23	2,45	2,65	**2,83**	3,00	3,16
v_1 / v_2	1	2	3	4	5	6	7	8	9	10

Wir erkennen, dass es sich bei unserem Beispiel um eine substitutionale Produktionsfunktion handelt: Das Unternehmen kann beispielsweise eine gewünschte Outputmenge von $q_x = 4,24$ mit den Faktoreinsatzkombinationen ($v_1 = 9$, $v_2 = 2$); ($v_1 = 6$, $v_2 = 3$); ($v_1 = 3$, $v_2 = 6$) oder ($v_1 = 2$, $v_2 = 9$) herstellen. In analoger Weise lassen sich auch andere Produktionsmengen, etwa $q_x = 2,83$ oder $q_x = 6,32$ mit unterschiedlichen Mengenkombinationen der beiden Faktoren erstellen (siehe wieder die fett hervorgehobenen Ziffern). Im Übrigen ist diese Substituierbarkeit der Produktionsfaktoren allerdings begrenzt, denn wenn man auf einen Produktionsfaktor ganz verzichten würde (etwa v1 = 0), dann ergäbe sich laut Produktionsfunktion auch ein Output von qx = 0. In der Volkswirtschaftslehre arbeitet man in aller Regel mit substitutionalen Funktionen, da zumindest längerfristig – bei sich ändernder Technologie – alle Faktoren gegeneinander (begrenzt) substituierbar sind, auch wenn kurzfristig ein limitationales Verhältnis gegeben sein mag.

Aus dieser Eigenschaft resultiert ein ökonomisches Problem: Da die beiden Faktoren aller Wahrscheinlichkeit nach nicht denselben Preis haben werden, ist die Produktion ein und derselben Outputmenge zu unterschiedlichen Kosten möglich. Wir nehmen an, dass ein Unternehmen stets bestrebt ist, eine gegebene Menge mit den geringst möglichen Kosten herzustellen. Dieser Suche nach der so genannten Minimalkostenkombination wenden wir uns im nächsten Abschnitt zu.

Zuvor betrachten wir noch eine dritte sinnvolle Art der Variation, nämlich die **partielle Faktorvariation**. Hierbei wird der Einsatz eines Faktors konstant gehalten (fixer Faktor), während der andere Faktor variiert wird (variabler Faktor). Wieder ist die interessante Frage, wie der Output dabei reagiert.

Tab. 5.3: Produktionsfunktion und partielle Faktorvariation

10	3,16	4,47	5,48	6,32	7,07	7,75	**8,37**	8,94	9,49	10,00
9	3,00	4,24	5,20	6,00	6,71	7,35	**7,94**	8,49	9,00	9,49
8	2,83	4,00	4,90	5,66	6,32	6,93	**7,48**	8,00	8,49	8,94
7	2,65	3,74	4,58	5,29	5,92	6,48	**7,00**	7,48	7,94	8,37
6	2,45	3,46	4,24	4,90	5,48	6,00	**6,48**	6,93	7,35	7,75
5	2,23	3,16	3,87	4,47	5,00	5,48	**5,92**	6,32	6,71	7,07
4	**2,00**	**2,83**	**3,46**	**4,00**	**4,47**	**4,90**	**5,29**	**5,66**	**6,00**	**6,32**
3	1,73	2,45	3,00	3,46	3,87	4,24	**4,58**	4,90	5,20	5,48
2	1,41	2,00	2,45	2,83	3,16	3,46	**3,74**	4,00	4,24	4,47
1	1,00	1,41	1,73	2,00	2,23	2,45	**2,65**	2,83	3,00	3,16
v1 / v2	1	2	3	4	5	6	7	8	9	10

Nun haben wir in unserer Tabelle zwei Reihen von Ziffern hervorgehoben. Die waagrecht verlaufende Reihe geht von einem konstanten Einsatz $v_1 = 4$ aus und zeigt die Reaktion des Outputs bei gesteigerter Einsatzmenge von v_2. Die senkrechte Reihe ergibt sich, wenn man $v_2 = 7$ vorgibt und dann den Einsatz des Faktors v_1 steigert. Das Ergebnis ist jeweils eine partielle Produktionsfunktion

$$q_x^{part1} = f(v_{1const}, v_2) \text{ mit } v_{1const} = 4$$

sowie

$$q_x^{part2} = f(v_1, v_{2const}) \text{ mit } v_{2const} = 7$$

Aus der partiellen Produktionsfunktion lassen sich zwei weitere elementare produktionstheoretische Begriffe herleiten. Der **Grenzertrag** gibt an, wie sich die Produktionsmenge verhält, wenn die Einsatzmenge eines Faktors (etwa v1) um eine Einheit zunimmt:

$$GE = \frac{\Delta q_x}{\Delta v_1} \quad \text{bzw.} \quad \frac{\partial q_x}{\partial v_1} = q'_1$$

Am Beispiel der partiellen Produktionsfunktion q_x^{part2} sehen wir, dass die Grenzerträge hier zwar positiv sind, jedoch kontinuierlich abnehmen: GE = 1,09 (3,74 - 2,65); 0,84 (4,58 – 3,74); 0,71 (5,29 – 4,58) usw. Dieser abnehmende Grenzertrag erinnert uns an das Gesetz vom abnehmenden Grenznutzen in der Theorie des Haushalts.

Geht man anstelle von messbaren Änderungen (Δv_1 und Δq_x) von unendlich kleinen Änderungen der beteiligten Größen aus – ein Schritt, der mathematisch problemlos, aber nur schwer praktisch zu veranschaulichen ist – dann wird aus dem Grenzertrag eines Faktors dessen **Grenzproduktivität** (hier: q'_1). Die Grenzproduktivität entspricht somit der ersten partiellen Ableitung der Produktionsfunktion bzw. der Steigung der partiellen Produktionsfunktion an einer bestimmten Stelle.

Der Durchschnittsertrag (Durchschnittsproduktivität oder einfach Produktivität) hingegen gibt an, wie hoch der Gesamtertrag bezogen auf die gesamte Einsatzmenge des variablen Faktors (hier v_1) ist:

$$DE = \frac{q_x}{v_1}$$

So liefert die partielle Produktionsfunktion q_x^{part2} die Durchschnittserträge für den Faktor v_1: 2,65; 1,87; 1,53; 1,32; 1,18; 1,08; 1,00; 0,94; 0,88; 0,84. Auch die Durchschnittserträge nehmen hier also ab.

Graphisch würde sich eine derartige Produktionsfunktion so darstellen:

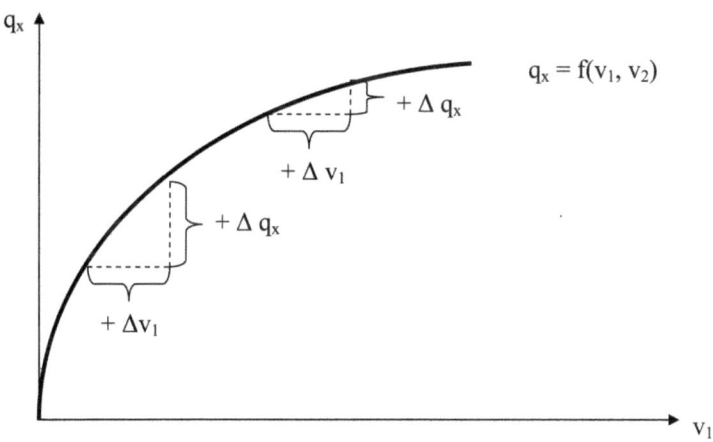

Abb. 5.1: Partielle Produktionsfunktion

Es lässt sich deutlich erkennen, dass bei einer Bewegung entlang der Funktion die Produktionszuwächse (+ Δq_x) bei jeweils gleich großer Änderung des Faktoreinsatzes (+ Δv_1) immer geringer ausfallen.

Häufig wird ein so genannter **ertragsgesetzlicher Verlauf** der partiellen Produktionsfunktion (Ertragsfunktion) zugrunde gelegt. Hierbei nehmen die Grenzerträge zunächst zu, um ab einem bestimmten Punkt wieder abzunehmen und bei sehr hohen Faktoreinsatzmengen sogar negativ zu werden. In der folgenden Abbildung wird der Verlauf einer solchen Ertragsfunktion zusammen mit ihren Grenzerträgen und den Durchschnittserträgen dargestellt.

Den Ablauf der Grenzerträge (oder Grenzproduktivitäten) entlang der Ertragsfunktion verdeutlicht man sich durch die Steigung der Tangente in einem bestimmten Punkt der Funktion. Wir sehen, dass die Grenzerträge im Verlauf der Funktion zuerst ihr Maximum erreichen (GE_{max}), nämlich im Wendepunkt der Ertragsfunktion. Die Durchschnittserträge werden hingegen durch die Steigung des Fahrstrahls gemessen. Im Wendepunkt ist noch nicht deren Maximum erreicht, denn die Steigung des Fahrstrahls (F_1) ist hier geringer als die Steigung der Tangente. Der Fahrstrahl mit der größtmöglichen Steigung ist derjenige, der die Ertragsfunktion gerade tangiert (F_2). Bewegt man sich entlang der Ertragsfunktion weiter nach rechts, nimmt die Steigung des Fahrstrahls wieder ab. Die Steigung von F_2 misst somit das Maximum der Durchschnittserträge (DE_{max}).

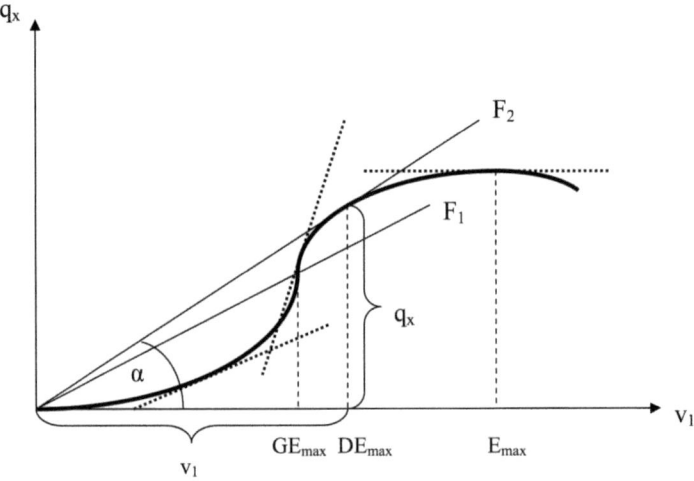

Abb. 5.2: Ertragsgesetzliche Produktionsfunktion

Dass der Durchschnittsertrag tatsächlich durch die Steigung des Fahrstrahls gemessen wird, lässt sich leicht zeigen: Die Steigung des obigen Fahrstrahls F_2 ist gegeben durch den Tangens des Winkels α. Es gilt aber

$$\tan\alpha = \frac{\text{Gegenkathete}}{\text{Ankathete}} = \frac{q_x}{v_1} = DE$$

Schließlich erreicht der Gesamtertrag sein Maximum dort, wo die Tangente die Steigung Null aufweist (E_{max}).

c. Die Minimalkostenkombination

Als nächstes wenden wir uns der Frage zu, wie das Unternehmen die Möglichkeit der substitutionalen Faktorvariation nutzen kann, um eine bestimmte Produktionsmenge mit möglichst geringen Kosten herzustellen. Während bei den bisherigen Betrachtungen rein produktionstechnische Tatsachen betrachtet wurden, gehen nun auch ökonomische Überlegungen in die Analyse mit ein.

Wir können die Fragestellung wie folgt formulieren:
Es sei

$$q_x^{const} = f(v_1, v_2)$$

eine gegebene substitutionale Produktionsfunktion mit einer fixierten Produktionsmenge q_x = const. Gesucht ist dann die Faktorkombination (v_1, v_2), bei der

$$K = c_1 v_1 + c_2 v_2 \rightarrow \min!$$

Erfüllt ist. Dabei ist K die Kostensumme und c_1, c_2 die Preise der beiden Produktionsfaktoren v_1 und v_2. Die Gleichung besagt (wenn man sie von rechts nach links interpretiert), dass die monetären Ausgaben für die beiden Produktionsfaktoren eine bestimmte Kostensumme ergeben oder alternativ (von links nach rechts interpretiert), dass eine bestimmte Kostensumme für den Kauf zweier Produktionsfaktoren ausgegeben wird. Diese so genannte **Kostenrestriktion** wird nach einem der beiden Produktionsfaktoren – hier v_2 – aufgelöst und im v_1/v_2-Diagramm dargestellt. Man erhält die Gleichung einer Geraden; jeder Punkt auf dieser **Isokostengeraden** verursacht die gleichen Produktionskosten:

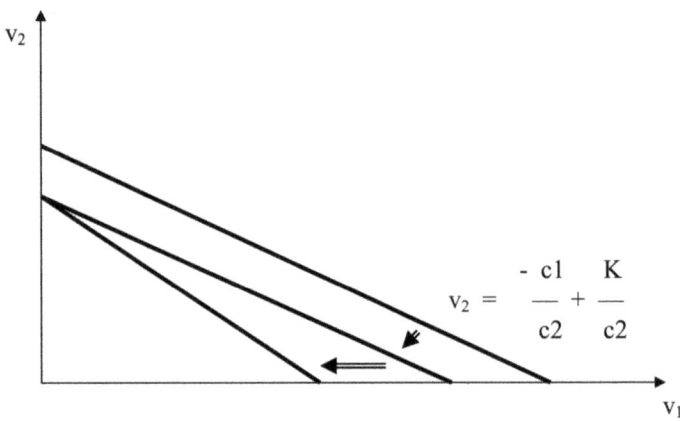

Abb. 5.3: Isokostengerade

Auch hier reagiert die Gerade – ganz analog wie die Budgetgerade in Kapitel 4 – auf Datenänderungen in typischer Weise: Bei einer Verringerung der Kostensumme oder einer proportionalen Erhöhung beider Faktorpreise verschiebt sich die Isokostengerade in Richtung des Ursprungs. Wenn sich nur eine Faktorpreis erhöht (in obiger Abbildung v_1), während der andere konstant bleibt, dann dreht sich die Gerade in einem festen Punkt in Richtung des Ursprungs.

Nun betrachten wir nochmals die obige Tabelle, in der wir die substitutionale Faktorvariation verdeutlicht hatten. Die Menge $q_x = 4{,}24$ können wir mit vier unterschiedlichen Faktorkombinationen realisieren. Die Verbindung aller Kombinationen, die zum gleichen Output führen, nennen wir **Isoquante** und stellen sie ebenfalls in einem v_1/v_2-Diagramm dar:

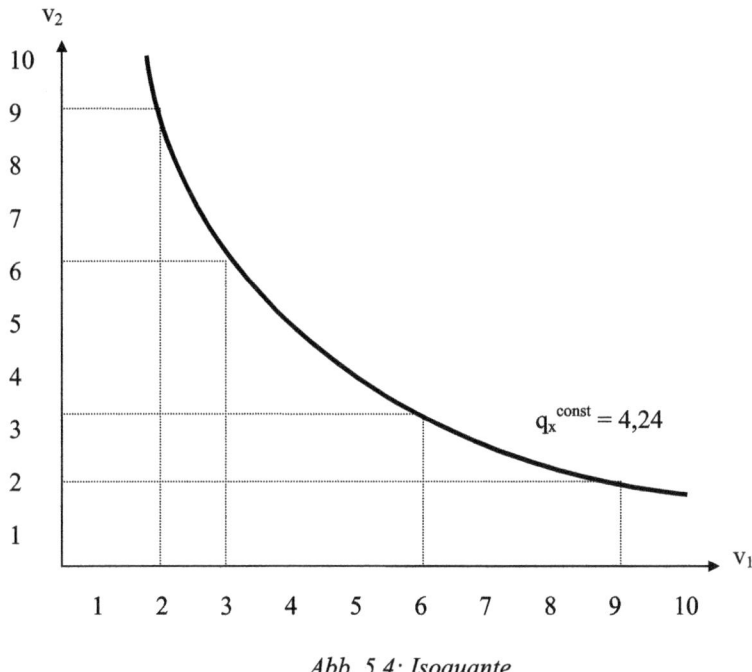

Abb. 5.4: Isoquante

Durch den Punkt ($v_1=2$; $v_2=9$) verläuft ebenso eine Isokostengerade wie durch die Punkte ($v_1=3$, $v_2=6$), ($v_1=6$, $v_2=3$) und ($v_1=9$, $v_2=2$). Das Unternehmen wählt die Kombination aus, die die geringsten Kosten verursacht. Das ist in dem Punkt gegeben, der auf einer Kostengeraden liegt, die so weit wie möglich in Richtung des Koordinatenursprungs liegt. Die Kostengerade muss also die Isoquante gerade tangieren:

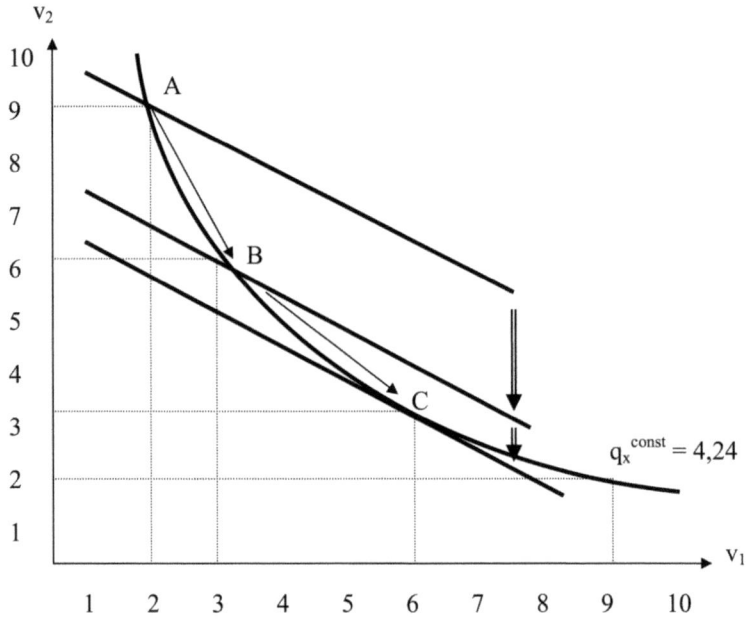

Abb. 5.5: Minimalkostenkombination

Geht man von der Faktormengenkombination in Punkt A aus, dann lassen sich durch schrittweise Substitution des Faktors v_2 durch den Faktor v_1 die Gesamtkosten so lange reduzieren, bis man im Punkt C angelangt ist. In diesem Punkt liegt die **Minimalkostenkombination** für die fixierte Produktionsmenge.

Wie lässt sich diese Kombination berechnen? Dazu macht man sich die mathematische Eigenschaft der Minimalkostenkombination zunutze. Hier gilt, dass die Steigung der Isokostengerade und die Steigung der Isoquante übereinstimmen. Die Steigung der Isokostengeraden kennen wir bereits, sie entspricht dem Faktorpreisverhältnis (siehe oben). Die Steigung der Isoquante ist durch die **Grenzrate der technischen Substitution** bestimmt. Geht man in folgender Abbildung von einer schrittweisen Substitution des Faktors v_2 durch den Faktor v_1 aus (wobei $-\Delta v_2$ immer konstant ist), so wird deutlich, dass die nötigen Substitutionsmengen des anderen Faktors, $+\Delta v_1$, immer größer werden:

DIE MIKROÖKONOMISCHE THEORIE DER UNTERNEHMUNG 111

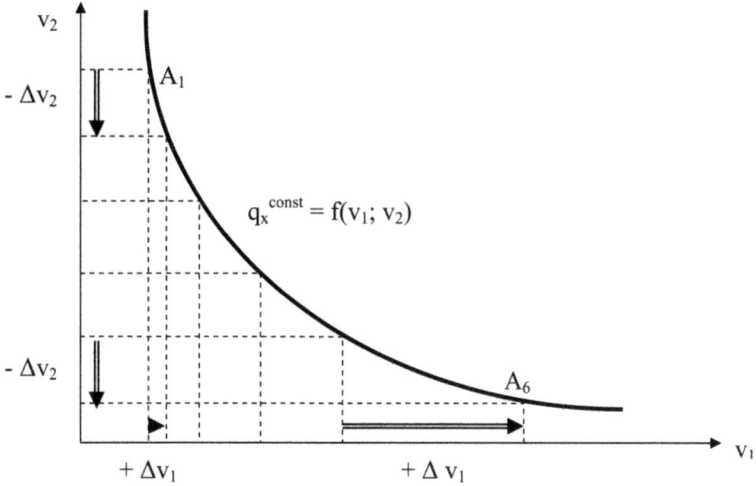

Abb. 5.6: Grenzrate der technischen Substitution

Das Verhältnis der beiden Mengenänderungen bestimmt, analog den Überlegungen zur Indifferenzkurve in der Haushaltstheorie, die Grenzrate der technischen Substitution:

$$\text{GRTS} = -\frac{\Delta v_2}{\Delta v_1} \quad \text{bzw.} \quad \frac{dv_2}{dv_1}$$

Das Verhältnis der Mengenänderungen wird – wertmäßig betrachtet – immer kleiner, deshalb spricht man hier vom Gesetz der abnehmenden Grenzrate der Substitution. Der Grund liegt darin, dass der Grenzertrag (oder die Grenzproduktivität) eines Faktors immer geringer wird, je mehr von dem Faktor bereits eingesetzt wird. Bewegt man sich entlang der Isoquante von links oben nach rechts unten, so wird also die Grenzproduktivität des Faktors v_2 immer größer (weil seine Einsatzmenge abnimmt), während die Grenzproduktivität des Faktors v_1 kleiner wird (weil seine Einsatzmenge zunimmt). Folglich ist eine immer größere Menge des Faktors v_2 notwendig, um eine Mengeneinheit des Faktors v_1 bei konstant bleibendem Output zu substituieren.

Wodurch wird die Steigung der Isoquante bestimmt? Da sich entlang einer Isoquante das Outputniveau nicht ändert, können wir das totale Differential der Produktionsfunktion gleich Null setzen:

$$dq_x = \frac{\partial q_x}{\partial v_1} dv_1 + \frac{\partial q_x}{\partial v_2} dv_2 = 0$$

Für die beiden Grenzproduktivitäten der Faktoren (in Form der partiellen Ableitungen der Produktionsfunktion nach v_1 und v_2) haben wir weiter oben die Kurzschreibweise q'_1 bzw. q'_2 eingeführt, so dass wir auch schreiben können:

$$dq_x = q'_1 dv_1 + q'_2 dv_2 = 0$$

Einfache Umformung dieses Ausdrucks ergibt (da eine der beiden Mengenänderungen immer negativ ist):

$$q'_1 dv_1 = q'_2 dv_2$$

Die gesuchte Steigung der Isoquante, also dv_2/dv_1, ergibt sich somit als:

$$\frac{dv_2}{dv_1} = \frac{q'_1}{q'_2}$$

Die Steigung der Isoquante (die Grenzrate der technischen Substitution) entspricht dem umgekehrten Verhältnis der Grenzproduktivitäten der Produktionsfaktoren.

Damit ist die mathematische Bedingung für das Vorliegen der Minimalkostenkombination (da die Steigungen der Isoquante und der Isokostengerade negativ sind, können wir das Vorzeichen ignorieren):

$$\frac{c_1}{c_2} = \frac{q'_1}{q'_2}$$

Im Punkt der Minimalkostenkombination entspricht das Faktorpreisverhältnis also dem Verhältnis der Grenzproduktivitäten der beiden Produktionsfaktoren. Dies ist der Ansatzpunkt, um eine Minimalkostenkombination auch numerisch bestimmen zu können.

d. Herleitung der Kostenfunktion

i. Von der Produktions- zur Kostenfunktion

Bei der Bestimmung der Minimalkostenkombination gingen wir davon aus, dass das Unternehmen eine bestimmte, fixierte Produktionsmenge zu den geringst möglichen Kosten produzieren möchte. Es ist jedoch häufig damit zu rechnen, dass die Produktionsmenge nicht als gegebene Größe betrachtet wird, sondern gemäß den Marktbedingungen variiert wird. Somit stellt sich die Frage, wie sich die Kosten verhalten, wenn die Menge des produzierten Gutes veränderlich ist. Es ist zu betonen, dass auch für unterschiedliche Produktionsmengen jeweils von der Realisierung der Minimalkostenkombination auszugehen ist. Eine **Kostenfunktion**

$$K_x = f(q_x)$$

gibt die Abhängigkeit der Kosten (jeweils verstanden als minimale Kosten) von der produzierten Menge an. Der Output ist dabei nicht mehr konstant, sondern variabel. Wie gelangt man von der Abbildung der Produktionstechnologie in der Produktionsfunktion zur korrespondierenden Kostenfunktion?

Betrachten wir hierzu folgende Tabelle:

Tab. 5.4: Zusammenhang Produktionsfunktion und Kostenfunktion

v_1	4	4	4	4	4	4	4	4	4	4
v_2	1	2	3	4	5	6	7	8	9	10
q_x	2,00	2,83	3,46	4,00	4,47	4,90	5,29	5,66	6,00	6,32
$K_{(v1)}$	20	20	20	20	20	20	20	20	20	20
$K_{(v2)}$	3	6	9	12	15	18	21	24	27	30
K_x	23	26	29	32	35	38	41	44	47	50

Wir erkennen die uns bereits bekannte partielle Produktionsfunktion, die mit einem durchgezogenen Pfeil von v_2 nach q_x gekennzeichnet wurde (siehe oben):

$$q_x^{part1} = f(v_{1const}, v_2) \text{ mit } v_{1const} = 4$$

Zusätzlich werden nun Faktorpreise eingeführt, und zwar $c1 = 5$ und $c2 = 3$. Damit ergeben sich bei partieller Faktorvariation zunächst Kosten für den Einsatz des Produktionsfaktors v1 in Höhe von 20. Da diese Kosten unabhängig von der Produktionsmenge anfallen, nennt man sie **Fixkosten**.

$$K_{fix} = K(v_{1const}) = c_1 v_{1const} \quad \text{(für } v_1 = \text{konstant)}$$

Zusätzlich zu den Fixkosten fallen Kosten für den Einsatz des variablen Faktors (hier: v2) an, die sich mit der Produktionsmenge ändern:

$$K_{var} = K(v_2) = c_2 v_2 \quad \text{(für } v_2 = \text{variabel)}$$

Diese **variablen Kosten** steigen im Beispiel von 3 (bei $v_2 = 1$) auf bis 30 an (bei $v_2 = 10$). Die Gesamtkosten ergeben sich somit als

$$K_x = K_{fix} + K_{var}$$

Aus der Kostenfunktion, die in obiger Tabelle durch einen gepunkteten Pfeil gekennzeichnet wurde, lassen sich auch zwanglos einige weitere wesentliche Begriffe der Kostenanalyse herleiten. So bezeichnen die **Grenzkosten** die zusätzlich Kosten, die sich aus einer Steigerung der Produktionsmenge um eine Einheit ergeben:

$$GK = \frac{\Delta K}{\Delta q_x} \quad \text{bzw.} \quad \frac{dK}{dq_x} = K_x'$$

Mathematisch sind die Grenzkosten nichts anderes als die erste Ableitung (die Steigung) der Kostenfunktion an einer bestimmten Stelle des Faktoreisatzes. Für das obige Beispiel lassen sich die Grenzkosten nur annäherungsweise bestimmen, da keine ganzzahligen Änderungen der Produktionsmenge gegeben sind. So nehmen bei einer Steigerung des Outputs von 3,46 auf 4,47 die Kosten um genau 6 zu (35-29).

Neben den Grenzkosten sind auch die **Durchschnittskosten** oder **Stückkosten** von Interesse. Hier bezieht man die für eine bestimmte Produktionsmenge anfallenden Kosten auf eben diese Produktionsmenge. Dies lässt sich für die fixen, die variablen und die Gesamtkosten durchführen. Entsprechend erhält man folgende Stückkostenbegriffe:

$$k_{fix} = \frac{K_{fix}}{q_x} \quad \text{(fixe Stückkosten)}$$

$$k_{var} = \frac{K_{var}}{q_x} \quad \text{(variable Stückkosten)}$$

$$k = \frac{K}{q_x} \quad \text{(totale Stückkosten)}$$

Den Übergang von der Produktions- zur Kostenfunktion verdeutlicht auch folgende Skizze.

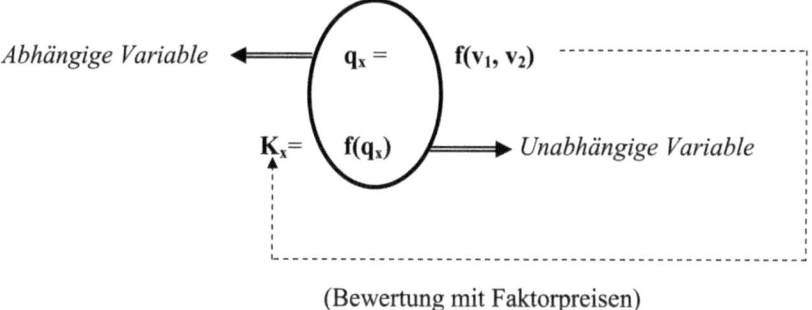

(Bewertung mit Faktorpreisen)

Abb. 5.7: Zusammenhang Produktionsfunktion und Kostenfunktion

In der oberen Zeile hat die Produktionsmenge q_x die Rolle der abhängigen Variablen; sie ergibt sich aus dem Einsatz der Produktionsfaktoren v_1 und v_2. Dieser Zusammenhang wird durch die Produktionsfunktion abgebildet. Dagegen kommt dem Output in der unteren Zeile die Rolle der unabhängigen Variablen zu. Hier ergeben sich die Kosten in Anhängigkeit von der Produktionsmenge q_x, die in diesem Zusammenhang variabel ist. Analytisch wird dies durch die Kostenfunktion abgebildet.

Das bedeutet, dass jede Kostenfunktion sich auf eine zugrunde liegende Produktionsfunktion zurückführen lässt und ferner, dass der konkrete Verlauf der Kostenfunktion von den Eigenschaften dieser Produktionsfunktion abhängt.

ii. Verläufe von Kostenfunktionen

Von zentraler Bedeutung für den Verlauf der Kostenfunktion sind die Skaleneigenschaften der Produktionsfunktion. Dies soll an folgendem Beispiel verdeutlicht werden.

Tab. 5.5: Kostenfunktion und Skaleneigenschaften

q_x	v_1	v_2	c_1	c_2	K_x	Skaleneigenschaften
2,00	2	2	5	3	16	konstante Skalenerträge
4,00	4	4	5	3	32	
2,00	2	2	5	3	16	abnehmende Skalenerträge
4,00	6	6	5	3	48	
2,00	2	2	5	3	16	zunehmende Skalenerträge
4,00	3	3	5	3	24	

Wir haben drei unterschiedliche Vorgaben über die Skaleneigenschaften der zugrunde liegenden Produktionsfunktion. In den ersten beiden Zeilen liegen konstante Skalenerträge vor. Wir erkennen dies daran, dass eine vorgegebene Verdoppelung der Produktionsmenge q_x von 2,00 auf 4,00 eine Verdoppelung des Einsatzes beider Produktionsfaktoren erfordert: v_1 und v_2 steigen von jeweils 2 auf je 4 Einheiten. Wenn die beiden Faktorpreise $c_1 = 5$ und $c_2 = 3$ gelten, so bedeutet dies für die Produktionskosten, dass ebenfalls eine Verdoppelung (von 16 auf 32) eintritt. Wir erhalten einen **linearen** Kostenverlauf.

Anders bei abnehmenden Skalenerträgen. Vorgegeben wird wiederum eine Verdoppelung des Outputs von 2,00 auf 4,00. Abnehmende Skalenerträge haben zur Folge, dass eine Verdoppelung des Faktoreinsatzes die Produktionsmenge um weniger als das Doppelte zunehmen lässt. Wenn wir allerdings eine Verdoppelung des Outputs wünschen, dann muss der Faktoreinsatz mehr als verdoppelt werden – zum Beispiel könnte eine Verdreifachung erforderlich sein, wie in obiger Tabelle (v_1 und v_2 steigen von je 2 auf je 6 Einheiten). Die Kosten nehmen in diesem Fall ebenfalls um mehr als das Doppelte, hier um das Dreifache, zu. Es ergibt sich ein **progressiver** Kostenverlauf.

Schließlich betrachten wir den Fall zunehmender Skalenerträge. Beim Vorliegen zunehmender Skalenerträge hat eine Verdoppelung des Faktoreinsatzes eine

Steigerung der Produktionsmenge um mehr als das Doppelte zur Folge. Ist jedoch gerade eine Verdoppelung des Outputs gewünscht, so bedeutet dies, dass der Faktoreinsatz weniger als verdoppelt werden muss. Im Beispiel genügt eine Steigerung von $v_1 = v_2 = 2$ auf $v_1 = v_2 = 3$, um die Outputmenge zu verdoppeln. Die Kosten steigen somit ebenfalls um weniger als das Doppelte, es liegt ein **degressiver** Verlauf der resultierenden Kostenfunktion vor.

In der folgenden Abbildung werden diese unterschiedlichen Kostenverläufe graphisch dargestellt. Ergänzt werden die drei eben diskutierten Verläufe noch um eine vierte Möglichkeit: Es können zuerst zunehmende, danach abnehmende Skalenerträge vorliegen (ertragsgesetzlicher Verlauf). Schließlich wird der Spezialfall der proportionalen Faktorvariation, den wir in obiger Tabelle zugrunde gelegt haben, um den wahrscheinlicheren Fall der partiellen Faktorvariation erweitert. Die sich dabei ergebenden Kostenverläufe beginnen nicht im Ursprung des Koordinatensystems, sondern sind um den Betrag der Fixkosten (die für den konstanten Einsatz eines der beiden Produktionsfaktoren anfallen) nach oben verschoben.

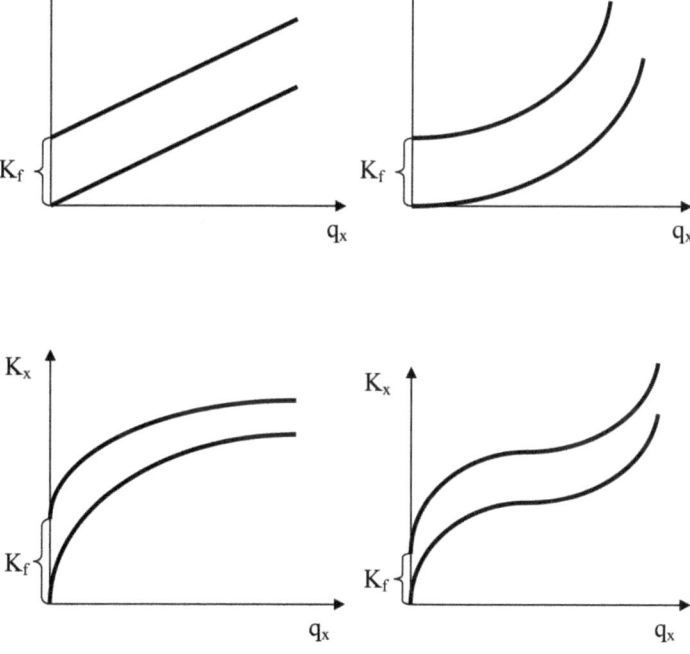

Abb. 5.8: Verschiedene Kostenverläufe

Für die weiteren Überlegungen gehen wir üblicherweise von einem ertragsgesetzlichen Kostenverlauf aus. Deshalb soll dieser spezielle Verlauf einer Kostenfunktion noch etwas eingehender betrachtet werden.

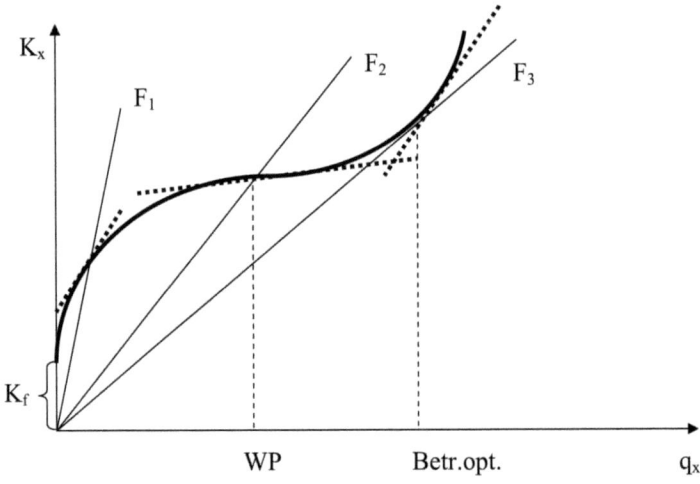

Abb. 5.9: Ertragsgesetzlicher Kostenverlauf

Der Verlauf der Grenzkosten wird – analog zur Argumentation bei einer ertragsgesetzlichen Produktionsfunktion (siehe 5.a.) – durch die Steigung der Tangente wiedergegeben. Wir erkennen, dass diese Steigung zunächst geringer wird, bis sie im Wendepunkt der Kostenfunktion (WP) ihr Minimum erreicht hat. Danach steigen die Grenzkosten wieder an. Die Durchschnitts- oder Stückkosten werden durch die Steigung des Fahrstrahls gemessen. Bei geringer Produktionsmenge liegen die Stückkosten deutlich über den Grenzkosten: Die Steigung des Fahrstrahls F_1 ist höher als die Steigung der Tangente an derselben Stelle. Auch im Minimum der Grenzkosten liegen die Stückkosten über den Grenzkosten. Da die Steigung des Fahrstrahls weiterhin abnimmt, sinken die Stückkosten noch, während die Grenzkosten wieder steigen. Erst dort, wo der Fahrstrahl seine geringste Steigung hat damit zur Tangente wird (F_3), haben die Stückkosten ihr Minimum erreicht; dieser Punkt bezeichnet das so genannte **Betriebsoptimum**. Ferner sind hier die Stückkosten gleich den Grenzkosten, da Fahrstrahl und Tangente zusammen fallen. Rechts vom Betriebsoptimum liegen die Grenzkosten dann über den Stückkosten. Mit diesen Überlegungen lässt sich der Verlauf der Grenz- und der Stückkosten allgemein wie folgt verdeutlichen:

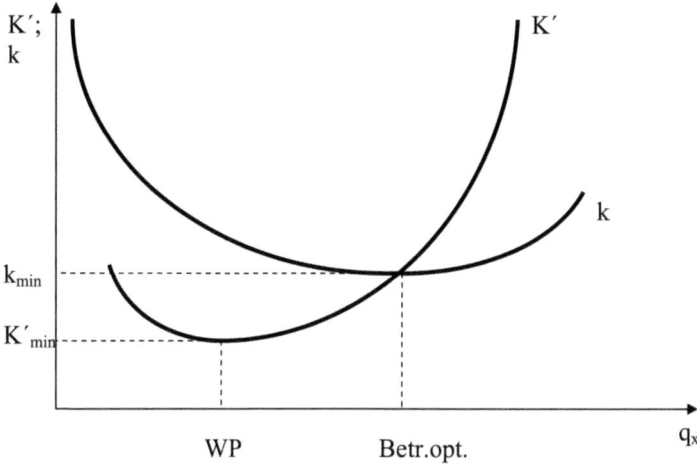

Abb. 5.10: Verlauf von Grenzkosten und Stückkosten

Ausgehend von diesem Verlauf einer ertragsgesetzlichen Kostenfunktion wenden wir uns nun der Fragestellung zu, wie ein einzelnes Unternehmen unter den Bedingungen des vollkommenen Marktes sein Gewinnmaximum bestimmt.

iii. Langfristige Kostenfunktionen

Bei den bisherigen Überlegungen gingen wir von einem gegebenen, unveränderten Produktionsapparat der Unternehmung aus. Anders ausgedrückt: Wir haben Änderungen der Betriebsgröße durch Investitionen in Form von neuen Produktionsanlagen nicht berücksichtigt. Diese Vorgehensweise ist durchaus zu rechtfertigen, wenn man eine kurzfristige Betrachtung im Blick hat (wobei „kurzfristig" nicht als genaue Zeitangabe verstanden werden darf, sondern eben in dem Sinne, dass sich bei einer kurzfristigen Analyse der Bestand der Unternehmung an Kapitalgütern nicht ändert).

Man wird es jedoch auch des Öfteren mit Fragestellungen zu tun bekommen, die eine langfristige Sicht des Unternehmens erfordern. Bei einer solchen „langfristigen" Analyse ist der Tatsache Rechnung zu tragen, dass Unternehmen (Netto-) Investitionen tätigen und sich mithin die Betriebsgröße im Zeitablauf verändert. Dies begründet die Existenz einer **langfristigen Kostenfunktion** bzw. – graphisch interpretiert – einer **langfristigen Kostenkurve**:

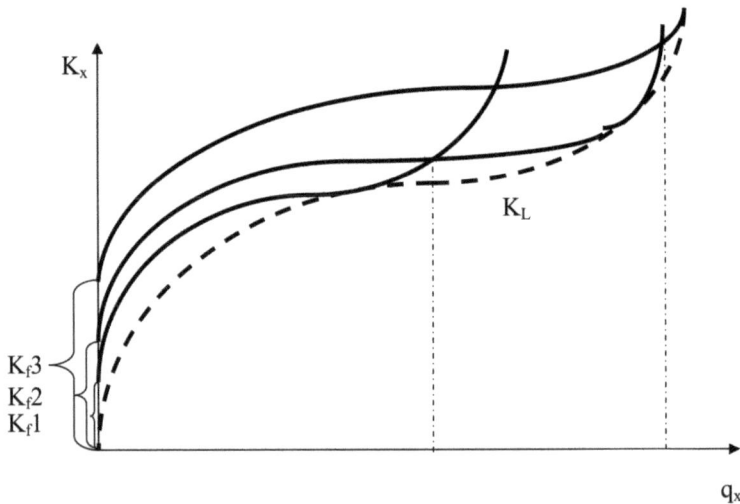

Abb. 5.11: Die langfristige Kostenkurve

Die langfristige Kostenkurve basiert auf den folgenden Überlegungen (vgl. hierzu *Schumann (1992)*, S. 153 ff.): Durch den Aufbau des Produktionsapparates erfolgt der Übergang auf eine neue Produktionsfunktion und damit auch auf eine neue Kostenfunktion. In Abb. 5.11. sehen wir eine Abfolge von drei Kostenfunktionen bei jeweils zunehmender Betriebsgröße. Da der fixe Faktorenblock wächst, steigen die Fixkosten. Es ist ebenfalls festzustellen, dass nun geringere Produktionsmengen kostengünstiger mit kleinerer Betriebsgröße herzustellen sind, größere Mengen jedoch mit größerer Betriebsgröße. So ist unschwer zu erkennen, dass alle Produktionsmengen bis zum Schnittpunkt der ersten und zweiten Kostenfunktion (mit K_f1 bzw. K_f2 gekennzeichnet) am günstigsten mit der kleinsten der drei dargestellten Betriebsgrößen produziert werden. Wird eine größere Menge produziert, so ist die mittlere Betriebsgröße am günstigsten (dies gilt bis zum Schnittpunkt der zweiten mit der dritten Kostenkurve). Bei Produktionsmengen rechts des Schnittpunktes der Kostenkurven zwei und drei ist die größte Betriebsgröße am günstigsten.

Betrachtet man die Betriebsgröße nun als wählbare, also veränderbare Größe, so ergibt sich der langfristige Verlauf der Kosten als Umhüllende (Enveloppe) der drei eingezeichneten Kostenkurven. Allgemein gesprochen entspricht jedem Punkt auf der Umhüllenden ein Tangentialpunkt mit einer Kostenkurve für eine bestimmte, fixierte Betriebsgröße. Die Betriebsgröße ist somit eine frei wählbare Größe; die langfristige Kostenkurve KL gilt mithin genau so lange, wie die Betriebsgröße noch nicht fixiert wurde. Entscheidet sich das Unternehmen jedoch für eine bestimmte Betriebsgröße, so liegt damit auch eine dazugehörige (kurzfristige) Kostenkurve fest.

e. Optimaler Produktionsplan und Angebotsfunktion

i. Grenzgewinn und optimaler Produktionsplan

Bei vollkommener Konkurrenz ist der Marktpreis für den einzelner Anbieter eine gegebene Größe. Preissteigerungen sind nicht möglich, da wegen der Homogenität der Güter alle Nachfrager sofort auf andere Anbieter ausweichen würden. Preissenkungen auf der anderen Seite wären nicht sinnvoll, da ein einzelnes Unternehmen nur einen verschwindenden Bruchteil der Gesamtnachfrage, die dann auf ihn zukommen würde, auch befriedigen könnte. Folglich ist die einzige Entscheidungsvariable, die zur Verfügung steht, die Produktionsmenge. Durch die Annahme eines vollkommenen Konkurrenzmarktes ist auch sichergestellt, dass ein einzelnes Unternehmen jede produzierte Menge auf dem Markt absetzen kann.

Der **Erlös** (Umsatz) eines Unternehmens ist das Produkt aus verkaufter Menge eines Gutes x und dessen Preis:

$$E_x = p_x \, q_x$$

Da der Preis eine fixierte Größe ist und die Produktionsmenge variiert werden kann, ist der Erlös also von der Menge abhängig.

Der **Gewinn** ergibt sich als Differenz zwischen dem Erlös und den Kosten:

$$G_x = E_x - K_x$$

Da die Kosten ebenfalls von der Produktionsmenge abhängig sind, kann der Gewinn als Funktion der Produktionsmenge q_x angegeben werden. Fragen wir nach der Menge, bei der der Gewinn am größten ausfällt, dann muss die erste Ableitung dieser Gewinnfunktion bestimmt und gleich Null gesetzt werden:

$$G'_x = E'_x - K'_x = 0 \quad \text{und somit}$$
$$E'_x = K'_x$$

Die allgemeine Bedingung für das Vorliegen eines **Gewinnmaximums** lautet somit, dass der Grenzerlös mit den Grenzkosten übereinstimmen muss. Das ist auch unmittelbar einleuchtend, wie folgende Überlegung verdeutlicht. Für das Verhältnis zwischen Grenzerlös und Grenzkosten sind drei Konstellationen denkbar:

$$E'_x > K'_x \quad \text{oder}$$
$$E'_x = K'_x \quad \text{oder}$$
$$E'_x < K'_x$$

Im ersten Fall ($E'_x > K'_x$) bringt ein zusätzlich produziertes Stück mehr in die Kasse, als es kostet; der Gewinn kann folglich durch Steigerung der Produktion noch erhöht werden. Gilt hingegen die dritte Konstellation ($E'_x < K'_x$), so kostet ein zusätzlich produziertes Stück mehr als es an zusätzlichem Erlös in die Kasse bringen würde. Der bisher erreichte Gesamtgewinn würde durch weitere Mehrproduktion also geschmälert, das Gewinnmaximum wäre somit bereits überschritten. Daraus ergibt sich zwingend, dass das Gewinnmaximum genau dann erreicht sein muss, wenn Grenzkosten und Grenzerlös exakt übereinstimmen ($E'_x = K'_x$).

Im speziellen Fall eines vollkommenen Marktes modifiziert sich diese allgemeine Bedingung für das Gewinnmaximum. Wenn der Marktpreis eine gegebene Größe ist, dann kann das einzelne Unternehmen eine zusätzlich produzierte Menge immer zu eben diesem Marktpreis verkaufen. Somit stimmt der Grenzerlös mit dem Marktpreis überein ($E'_x = p_x$), und die Gewinnmaximierungsbedingung lautet in diesem Fall:

$$p_x = K'_x$$

Das Gewinnmaximum ist erreicht, wenn der Preis den Grenzkosten entspricht.

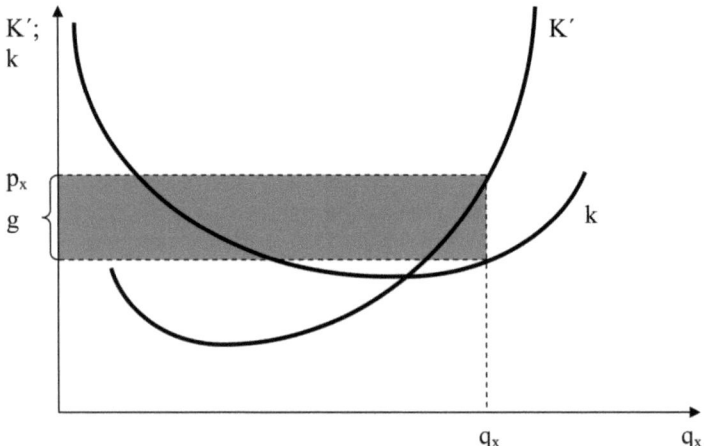

Abb. 5.12: Bestimmung des Gewinnmaximums

Wenn wir von einem gegebenen Marktpreis p_x ausgehen, dann ergibt sich die gewinnmaximale Menge durch eine Verlängerung der Preisgeraden parallel zur q_x-Achse bis zum Schnittpunkt mit der Grenzkostenkurve. Senkrecht nach unten auf der Mengenachse ergibt sich die zugehörige gewinnmaximale Produktionsmenge q_x.

Der Gesamtgewinn lässt sich ebenfalls graphisch verdeutlichen. Die Differenz zwischen dem Erlös pro Stück (also dem Preis p_x) und den Kosten pro Stück (k) ergibt den Stückgewinn g:

$$g = p_x - k$$

Multipliziert man den Stückgewinn mit der Gesamtmenge qx, so erhält man den Gesamtgewinn G, der in der Zeichnung als Flächeninhalt der grau unterlegten Fläche erkennbar wird (g und q_x sind die Seitenlinien eines Rechtecks):

$$G = g\, q_x$$

Gewinnmaximierung bedeutet hier geometrisch interpretiert also, dass sich keine andere Gewinnfläche mit einem größeren Flächeninhalt finden lässt.

ii. Herleitung der Angebotsfunktion

In der folgenden Abbildung sind unterschiedliche Marktpreise vorgegeben. Die angebotene Menge des einzelnen Unternehmens lässt sich jeweils dadurch bestimmten, dass die Preisgerade parallel zur q_x-Achse gezogen wird und beim Punkt des Zusammentreffens mit der Grenzkostenkurve die zugehörige Menge an der q_x-Achse abgelesen wird.

Bei den Preisen p_1, p_2 und p_3 produziert das Unternehmen gemäß unseren vorherigen Überlegungen jeweils mit einem Gewinn (es ließe sich eine Gewinnfläche einzeichnen); dieser Gewinn ist zugleich der größtmögliche beim entsprechenden Marktpreis.

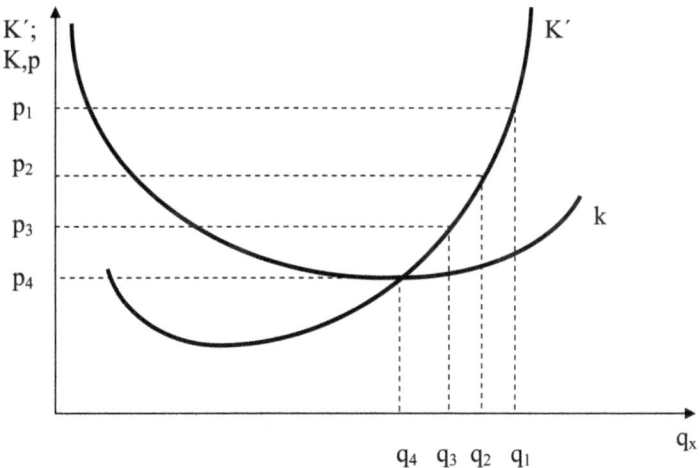

Abb. 5.13: Preis und gewinnmaximale Menge

Bei p_4 allerdings wird kein Gewinn erwirtschaftet, da hier die Differenz zwischen Preis und Stückkosten, also der Stückgewinn, Null beträgt. Langfristig sollte der Preis deshalb nicht unter p_4 sinken, p_4 ist die **langfristige Preisuntergrenze**. Kurzfristig könnte das Unternehmen ein Sinken des Preises unter p_4 wohl verkraften, denn so lange der Preis nicht unter die variablen Stückkosten sinkt, wird immerhin noch ein Beitrag zur Deckung der Fixkosten erwirtschaftet (Deckungsbeitrag). Sollte der Marktpreis allerdings auch unter die **kurzfristige Preisuntergrenze**, also das Minimum der variablen Stückkosten sinken (hier nicht eingezeichnet), dann wird die Situation sehr schnell kritisch und das Unternehmen muss unter Umständen vom Markt ausscheiden.

Wir können folglich sagen: Die Angebotsfunktion eines gewinnmaximierenden Unternehmens auf dem vollkommenen Konkurrenzmarkt ist durch den aufsteigenden Ast seiner Grenzkostenkurve festgelegt. Da man die Angebotskurve jedoch unter langfristiger Perspektive betrachtet, rechnet man nur den Teil der Grenzkostenkurve ab der langfristigen Preisuntergrenze zur Angebotskurve (siehe folgende Abbildung).

Somit hat sich die vermutete gleichgerichtete Abhängigkeit des Angebots vom Marktpreis bestätigt und wurde nun aus elementaren mikroökonomischen hergeleitet. Gegenüber der Begründung mit reinen Plausibilitätsargumenten ist dies ein entscheidender Fortschritt.

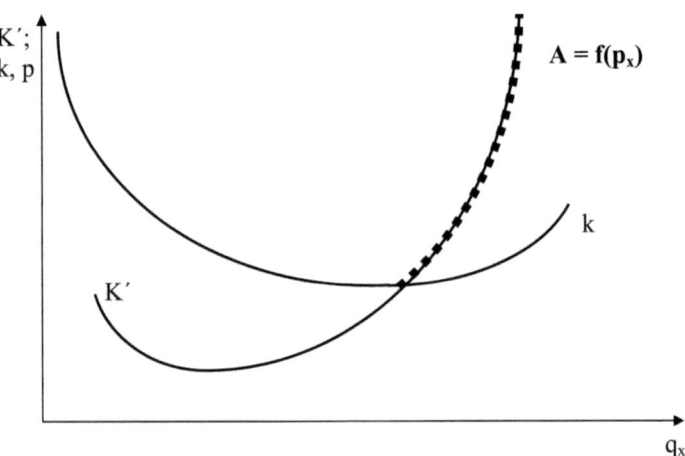

Abb. 5.14: Herleitung der Angebotsfunktion

Bevor wir die Theorie der Unternehmung verlassen und uns der Betrachtung des Marktes als Ganzes zuwenden, wollen wir noch auf eine Frage bezüglich des Verlaufs der Kostenfunktion eingehen. Wir haben einen ertragsgesetzlichen Kostenverlauf vorausgesetzt, doch natürlich können in der Realität auch andere Kostenverläufe vorkommen. Insbesondere ist fallweise mit dem Vorliegen eines linearen Kostenverlaufs zu rechnen. Gelten die Aussagen über die Angebotsfunktion auch in solch einem Fall?

Da ein Gewinnmaximum im bisherigen Sinne bei linearem Kostenverlauf nicht vorliegt (die Bedingung „Preis gleich Grenzkosten" lässt sich nicht umsetzen, wie man unten unschwer erkennt), muss die Argumentation modifiziert werden. In der folgenden Abbildung sehen wir deutlich, dass die einzig sinnvolle Verfahrensweise für ein einzelnes Unternehmen darin besteht, an seiner Kapazitätsgrenze zu produzieren. Die Grenzkosten sind konstant (eine lineare Kostenfunktion hat in jedem Punkt die gleiche Steigung), während die Stückkosten permanent sinken (die Steigung des Fahrstrahls wird immer flacher). Wegen der nun dauerhaft sinkenden Stückkosten wird der Stückgewinn und damit – bei größerer Menge – auch der Gesamtgewinn immer größer. Ein einzelnes Unternehmen kommt deshalb nur mit einer festen Angebotsmenge auf den Markt, vorausgesetzt, der Preis liegt über den Grenzkosten.

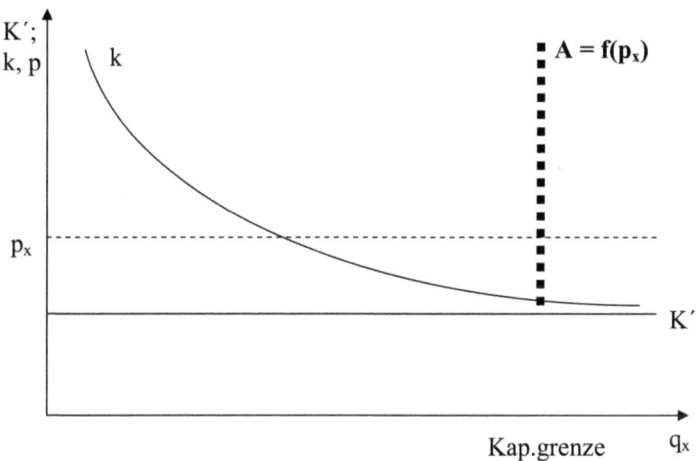

Abb. 5.15: Linearer Kostenverlauf und Angebotsfunktion

Dies scheint nun nahe zu legen, dass in einem solchen Fall keine herkömmliche Nachfragefunktion existiert. Betrachtet man jedoch den Markt als Ganzes, so wird man davon auszugehen haben, dass selbst wenn alle Unternehmen lineare Kostenverläufe haben, sich diese Kostenverläufe doch unterscheiden. Die einzelnen Unternehmen werden also bei unterschiedlichen Preisen p_x am Markt in Erscheinung treten. Ferner werden sich auch die Kapazitätsgrenzen in den einzelnen Unternehmen unterscheiden, so dass jeweils unterschiedlich große Angebotsmengen an den Markt kommen. Betrachten wir als Beispiel die folgende Situation eines Marktes mit fünf Unternehmen.

Die erste „Angebotsfunktion" A_1 ist identisch mit dem Angebot des Unternehmens 1, das an seiner Kapazitätsgrenze produziert, sobald der Marktpreis mindestens p_1 erreicht. Ab dem Preis p_2 kommt das Angebot des zweiten Unternehmens dazu, während A_1 seine bisherige Menge weiter produziert und anbietet. A_2 setzt sich also zusammen aus dem Angebot der beiden Unternehmen 1 und 2, das isolierte Angebot des Unternehmens 2 (das ebenfalls an seiner Kapazitätsgrenze produziert) bestimmt sich somit als Differenz A_2-A_1. Entsprechend kommen bei höheren Marktpreisen p_3, p_4 und p_5 die Angebotsmengen der drei weiteren Unternehmen hinzu. A5 ist die Angebotsmenge aller fünf Unternehmen zusammen.

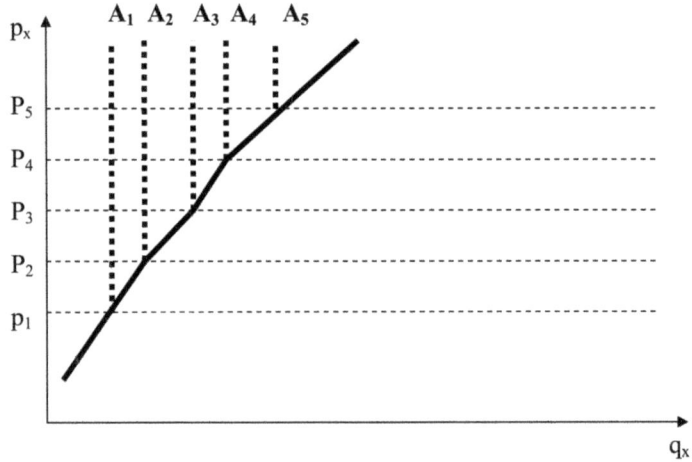

Abb. 5.16: Linearer Kostenverlauf und Marktangebot

Was bedeutet dies für die Entwicklung des Marktangebots bei unterschiedlichen Preisen? Wir erkennen, dass sich für das Marktangebot auch bei linearen Kostenfunktionen der einzelnen Anbieter ein gleichgerichteter Zusammenhang zwischen Marktpreis und angebotener Menge ergibt. Streng genommen ist die Angebotsfunktion für den Gesamtmarkt in obiger Abbildung zwar eine Treppenfunktion, da sich zwischen den einzelnen Angebotsfunktionen A_1, A_2... A_5 das Gesamtangebot nicht ändert. Doch wenn man von einer hinreichend großen Zahl von Unternehmen ausgeht – was bei einem vollkommenen Konkurrenzmarkt als gegeben unterstellt werden darf –, dann zeigt sich, dass auch in diesem Fall die Existenz einer typisch verlaufenden Angebotsfunktion vernünftig erscheint.

iii. Langfristiges Gewinnmaximum und optimale Betriebsgröße

Aus den Überlegungen zur langfristigen Kostenfunktion lassen sich nun auch Aussagen über das **langfristige Gewinnmaximum** und die **optimale Betriebsgröße** ableiten. Die soll dieser Stelle nur kurz und skizzenhaft geschehen; für weitergehende Erläuterungen siehe etwa *Schumann (1992)*, S. 156 ff.

Mit der langfristigen Kostenkurve korrespondieren selbstverständlich auch eine langfristige Grenzkostenkurve und eine langfristige Stückkostenkurve. Die Gewinnmaximierungsbedingung (Preis = Grenzkosten) verändert sich im Falle einer langfristigen Betrachtungsweise somit zu

$$p_x = K_L'{}_x$$

Das langfristige Gewinnmaximum liegt mithin bei jener Produktionsmenge vor, bei der die langfristigen Grenzkosten dem Marktpreis entsprechen (also die langfristige Grenzkostenkurve die Preisgerade schneidet). Liegt das langfristige Gewinnmaximum fest, so hat das Unternehmen diejenige Betriebsgröße zu wählen, bei der diese Menge mit einer Kostenfunktion realisiert werden kann, die die Umhüllende (also die langfristige Kostenkurve) genau bei dieser gewinnmaximalen Produktionsmenge tangiert. Denn wie wir weiter oben festgestellt haben, entspricht jedem Punkt auf der langfristigen Kostenkurve ein Tangentialpunkt mit einer kurzfristigen Kostenkurve. Das Unternehmen entscheidet sich somit bei der Wahl der langfristigen gewinnmaximalen Produktionsmenge für eine an dieser Stelle tangierende kurzfristige Kostenkurve und damit für die zugehörige Betriebsgröße. Dies ist dann die optimale Betriebsgröße.

f. Das Konzept der Elastizitäten

Wir haben in diesem und dem vorigen Kapitel die Preisabhängigkeit des Angebots und der Nachfrage begründet. Es wurde hergeleitet, warum diese Abhängigkeit mikroökonomisch zwingend ist, jedoch wurde nichts darüber gesagt, wie stark diese Abhängigkeit ausfällt. Die Stärke der Reaktion wird mit Hilfe von Elastizitäten ausgedrückt.

Unter einer **Elastizität** versteht man allgemein die relative Änderung einer anhängigen Größe (Wirkung) bezogen auf die relative Änderung einer unabhängigen Größe (Ursache).

$$E = \frac{\text{Relative Änderung abh. Variable}}{\text{Relative Änderung unabh. Variable}} \quad \begin{array}{l} \Longleftarrow \boxed{\text{Wirkung}} \\ \\ \Longleftarrow \boxed{\text{Ursache}} \end{array}$$

Diese allgemeine Definition der Elastizität kann auf verschiedene ökonomische Zusammenhänge angewendet werden. Für die Analyse der Nachfragereaktion greift man zunächst auf die direkte Preiselastizität der Nachfrage zurück:

$$E_N^{dir} = \frac{\Delta N_x/N_x}{\Delta p_x/p_x} = \frac{\Delta N_x p_x}{\Delta p_x N_x} \quad \begin{array}{l} \text{Verhältnis der Änderungen} \\ \\ \text{Ausgangsverhältnis} \end{array}$$

Der erste Bruch gibt die Definition der **direkten Preiselastizität der Nachfrage** an. Der zweite Bruch, der sich durch Umformung aus dem zweiten ergibt, macht deutlich, dass der Wert der Elastizität sowohl vom Verhältnis der beiden absoluten Änderungen (ΔN_x und Δp_x) als auch vom Verhältnis der Ausgangsgrößen (p_x und N_x) abhängig ist. Dies bedeutet, dass die Elastizität in jedem Punkt der Nachfragefunktion einen anderen Wert hat, denn selbst bei einer linearen Funktion, bei der die absoluten Änderungen gleich bleiben, ist das Ausgangsverhältnis der beiden Größen in jedem Punkte der Kurve ein anderes.

Die Elastizität ist eine dimensionslose Zahl. Ein einfaches Beispiel hierzu: Die Nachfrage nach einem Gut beträgt 1000 Stück bei einem Stückpreis von 2,50 €. Eine Preiserhöhung auf 2,75 € lässt die Nachfrage auf 800 Stück zurückgehen. Die Nachfrage ist um 20% zurückgegangen, während der Preis um 10% gestiegen ist. Der Wert der direkten Preiselastizität beträgt somit (-20/10) = -2. Der Wert besagt, dass beim gegebenen Ausgangsverhältnis von Preis und Nachfrage eine x-prozentige Preiserhöhung zu einem Rückgang der Nachfrage um das Doppelte führt. Eine solche Reaktion der Nachfrage nennt man **elastisch** ($|E_N^{dir}| > 1$). Ist die direkte Preiselastizität hingegen wertmäßig kleiner als eins ($|E_N^{dir}| < 1$), spricht man von einer unelastischen Nachfrage.

Eine weitere wichtige Größe ist die **indirekte Preiselastizität** oder **Kreuz-Preiselastizität** der Nachfrage. Hier betrachtet man die Änderung der Nachfrage, die sich als Reaktion auf die Preisänderung eines anderen Gutes ergibt.

$$E_N^{ind} = \frac{\Delta N_x/N_x}{\Delta p_y/p_y}$$

Bei dieser Größe ist vor allem das Vorzeichen interessant. Eine positive Elastizität bedeutet, dass die beiden betrachteten Güter in einem substitutionalen Verhältnis zueinander stehen: So führt etwa eine Preiserhöhung bei Gut y zu einer Nachfragesteigerung bei Gut x, da das relativ (im Vergleich zu x) teurer gewordenen Gut y durch das günstigere Gut x ersetzt wird.

Die **Einkommenselastizität** der Nachfrage

$$E_N^Y = \frac{\Delta N_x/N_x}{\Delta Y/Y}$$

misst die Reaktion der Nachfrage auf Änderungen des Einkommens. Hier sind drei Fälle zu unterscheiden: Bei $E_N^Y > O$ ist der Markt für das Gut noch nicht gesättigt, da die Nachfrager offenbar bisher auf Grund ihres Einkommens weniger als eigentlich gewünscht konsumiert haben und dies nun nachholen. Bei $E_N^Y < 0$ hingegen handelt es sich um ein **inferiores** Gut, da die Nachfrager ihr gestiegenes Einkommen nutzen, um auf andere, höherwertige Güter umzusteigen. Auch die dritte Möglichkeit, $E_N^Y = 0$, ist von Interesse, da in diesem Fall ein **Sättigungsgut** vorliegt und der Markt stagniert.

Auch die Reaktionsstärke des Angebots lässt sich mit dem Konzept der Elastizität messen. In Analogie zur direkten Preiselastizität der Nachfrage gibt der Ausdruck

$$E_A^{dir} = \frac{\Delta A_x/A_x}{\Delta p_x/p_x}$$

an, wie stark das Angebot zunimmt, wenn sich der Preis des Gutes um x Prozent erhöht (**Preiselastizität des Angebots**).

In den folgenden Kapiteln gehen wir nun dazu über, den Markt für ein Gut in seiner Gesamtheit zu analysieren und das Zusammenwirken von Angebot und Nachfrage bei der Bestimmung der Marktergebnisse zu untersuchen.

g. Zusammenfassung und Literatur

Die Unternehmung wird als gewinnmaximierende Einheit modelliert, die über eine gegebene Produktionstechnologie verfügt. Diese Technologie wird durch die Produktionsfunktion abgebildet. Eine festgelegte Produktionsmenge wird unter der Nebenbedingung einer zu minimierenden Kostenrestriktion produziert. Diese Minimalkostenkombination liegt bei derjenigen Faktorkombination vor, bei der eine angestrebte Isoquante eine Isokostengerade tangiert.

Betrachtet man die Produktionsmenge nicht als fest vorgegeben, sondern als variabel, dann gelangt man zur Kostenfunktion. Unterschiedliche Kostenfunktionen ergeben sich aus unterschiedlichen zugrunde liegenden Produktionsfunktionen. Die Angebotsfunktion einer gewinnmaximierenden Unternehmung ergibt sich bei gegebenem und nicht beeinflussbarem Marktpreis als aufsteigender Ast der Grenzkostenkurve (ab dem Betriebsoptimum). Eine Berücksichtigung der Investitionstätigkeit des Unternehmens führt zur langfristigen Kostenkurve, dem langfristigen Gewinnmaximum sowie zur optimalen Betriebsgröße.

Verschiedene Elastizitätsbegriffe lassen sich sowohl für die Nachfrage- als auch für die Angebotsseite des Marktes formulieren.

Weiterführende Literaturhinweise: *Herdzina (2005), Kreps (1994), Pindyck/ Rubinfeld (2005),* Schumann *(1992)* Wagner *(2009).*

6. Elementare Marktformen und Marktergebnisse

In diesem Kapitel werden wir nun den Markt als Ganzes betrachten. Es ist das Zusammenspiel zwischen Anbietern und Nachfragern, das zu konkreten Marktergebnissen führt. Darunter verstehen wir Preis und abgesetzte Menge eines Gutes. Wir wissen bereits, wie dieses Zusammenspiel prinzipiell funktioniert, denn wir haben Gleichgewichtspreis und -menge auf einem Markt schon definiert. Allerdings gilt diese Aussage für eine bestimmte Marktform, nämlich die so genannte vollkommene Konkurrenz. Es gibt aber auch andere Marktformen, auf denen die Ergebnisse völlig anders aussehen. Deshalb steht am Beginn unserer Betrachtungen eine Klassifikation unterschiedlicher Marktformen. Danach untersuchen wir das uns schon bekannte Gleichgewicht bei vollkommener Konkurrenz genauer und konzentrieren uns vor allem auf den Aspekt der Stabilität dieses Gleichgewichtes. Anschließend betrachten wir ausgewählte andere Marktformen: Das Polypol auf dem unvollkommenen Markt (monopolistische Konkurrenz), das Oligopol und das Monopol. Besondere Aufmerksamkeit widmen wir dabei jeweils der strategischen Ausgangssituation des einzelnen Anbieters sowie dem Vergleich mit den Ergebnissen des vollkommenen Marktes. Zum Abschluss gehen wir noch auf Aspekte der dynamischen Veränderung von Marktformen ein.

a. Das Marktformenschema

Das gängigste Schema zur Klassifizierung unterschiedlicher Marktformen setzt an der quantitativen Besetzung der beiden Marktseiten an. Doch warum ist es überhaupt nötig, eine Differenzierung der Marktformen vorzunehmen? Die Antwort darauf ist einfach: Die Struktur des Marktes, auf dem sich ein einzelner Akteur befindet, nimmt Einfluss auf dessen Verhalten. Das Verhalten von Anbietern und Nachfrager aber bestimmt letztlich die Ergebnisse, die der Markt generiert.

Im einfachsten Fall geht man von folgender Überlegung aus: Jede der beiden Marktseiten kann von einem Akteur, von wenigen oder von vielen Akteuren besetzt sein. Damit erhält man ein Grundschema von neun Marktformen, das bei Bedarf erweitert und verfeinert werden kann:

Anbieter / Nachfrager	Einer	Wenige	Viele
Einer	Zweiseitiges Monopol (Dyopol)	Beschränktes Monopson	Monopson
Wenige	Beschränktes Monopol	Zweiseitiges Oligopol	Oligopson
Viele	Monopol	Oligopol	Polypol

Abb. 6.1: Quantitatives Marktformenschema

Es ist wichtig zu betonen, dass ein derartiges Schema nur ein äußerst grobes Instrument zur Klassifikation der Marktformen sein kann. In der Realität wird man auf eine Vielzahl von Übergängen zwischen den einzelnen Idealtypen sowie auf die unterschiedlichsten Mischformen stoßen. Man sollte die genannten Formen eher als Orientierungspunkte innerhalb eines Kontinuums möglicher Marktformen begreifen.

Eine weitere zentrale Unterscheidung ist die zwischen einem vollkommenen und einem unvollkommenen Markt. Ein **vollkommener Markt** ist durch folgende Merkmale gekennzeichnet:

1. Homogenität der Güter
2. Vollständige Markttransparenz

Homogenität der Güter bedeutet, dass alle auf einem bestimmten Markt gehandelten Güter absolut gleichartig sind. Denke wir etwa an Rohstoffe oder landwirtschaftliche Produkte einer bestimmten Güteklasse. Aus der Homogenität der Güter folgt, dass ein Nachfrager keinerlei Präferenzen für einen bestimmten Anbieter entwickelt, weder in räumlicher, zeitlicher oder sachlicher Hinsicht. Es ist ihm buchstäblich egal, von wem er ein Produkt kauft, sein einziges Kaufkriterium ist der Preis des Gutes. Die Annahme der voll-ständigen **Markttransparenz** setzt voraus, dass ein Konsument über alle Informationen verfügt, die für eine rational begründbare Kaufentscheidung notwendig sind, insbesondere natürlich über Preisinformationen, aber auch Informationen etwa über die Produkteigenschaften. Sind beide Annahmen erfüllt, so ergibt sich zwingend, dass sich auf einem Markt nur ein einziger Preis, der Gleichgewichtspreis, herausbilden wird. Der Marktpreis wird somit zu einem Datum, das ein einzelner Anbieter als gegebene Größe hinnehmen muss.

Ist auch nur eine der oben genannten Annahmen nicht erfüllt, so liegt ein unvollkommener Markt vor. In der Realität sind alle Märkte, die börsenmäßig organisiert sind (Wertpapiermärkte, Devisenmarkt, Warenbörsen für Kaffee, Weizen, Rohstoffe etc.) als – nahezu – vollkommene Märkte zu betrachten. Andere Märkte, insbesondere Konsumgütermärkte, sind sehr viel häufiger unvollkommene Märkte. Wir werden uns mit beiden Arten näher befassen.

Kombiniert man das Kriterium des vollkommenen/unvollkommenen Marktes mit dem obigen Grundschema der quantitativen Besetzung der beiden Marktseiten, so erhält man bereits 18 mögliche Marktformen. Berücksichtigt man weitere Zwischenmöglichkeiten, wie zum Beispiel ein großer Anbieter, der mit mehreren kleinen zusammen auf dem Markt ist, so nimmt die Zahl möglicher Marktformen weiter zu. Unser Grundschema kann deshalb nicht mehr als ein grobes Orientierungsraster für die Preisbildungsprozesse auf den unterschiedlichen Märkten sein. Gleichwohl ist es hilfreich, da es zumindest ein Muster für die gedankliche Strukturierung der Realität liefert.

b. Vollkommenes Konkurrenzgleichgewicht

Wir beginnen mit der Marktform, die häufig als eine Art Leitbild für das marktwirtschaftliche System schlechthin betrachtet wird, der vollkommenen Konkurrenz oder dem Polypol auf dem vollkommenen Markt. Wie wir bereits aus Kapitel 3 wissen, wird hier das Gleichgewicht auf dem Markt durch das Zusammenspiel zwischen Angebot und Nachfrage erreicht. Wir wollen uns auf drei Aspekte dieses Gleichgewichtes konzentrieren: Wie kommt es zu diesem Gleichgewicht, unter welchen Bedingungen findet der Markt nach einer Störung wieder zu einem Gleichgewicht zurück und gibt es Konsumenten bzw. Anbieter, die bei einem bestimmten Gleichgewichtspreis besser gestellt sind als andere? Betrachten wir folgende Ausgangssituation:

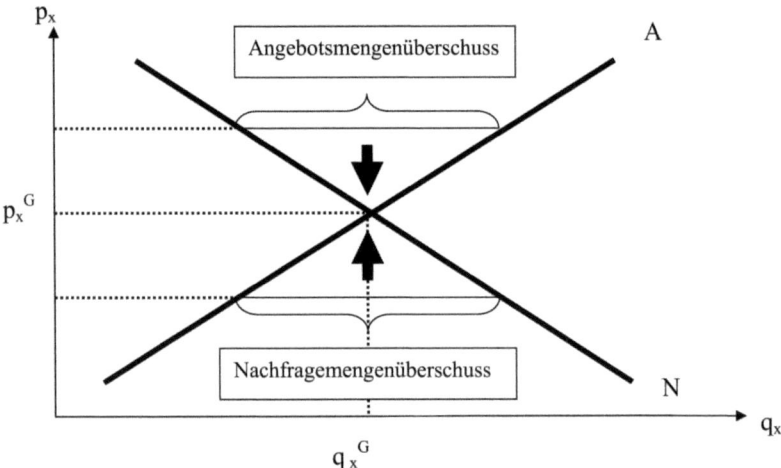

Abb. 6.2: Angebots- und Nachfragemengenüberschuss

Nehmen wir an, am Markt würde zunächst ein Preis gelten, der vom Gleichgewichtspreis abweicht. Im Falle eines zu hohen Preises bedeutet dies, dass die Anbieter auf einem Teil ihrer Angebotsmenge sitzen bleiben, weil vergleichsweise weniger Käufer bereit sind, einen so hohen Preis zu bezahlen. Unter den Bedingungen des vollkommenen Marktes kann sich dieser zu hohe Preis nicht halten: Früher oder später wird ein Anbieter seinen Preis senken, weil er nicht bereit ist, auf potenzielle Nachfrage zu verzichten. Da es sich um einen vollkommenen Markt handelt (Transparenz und Homogenität der Güter!), gehen die Nachfrager vermehrt zu diesem Anbieter über und zwingen dadurch die anderen Anbieter, ebenfalls mit dem Preis nach unten zu gehen. Es ist also der Wettbewerb, der letztlich sicherstellt, dass das Gleichgewicht auf einem vollkommenen Markt auch tatsächlich erreicht wird.

Dies gilt auch bei Abweichungen vom Gleichgewichtspreis nach unten. Sollte der Markt zunächst einen Preis hervorbringen, der unter dem gleichgewichtigen liegt, so stehen die Nachfrager untereinander in Konkurrenz, da unter diesen Bedingungen ein Nachfragemengenüberschuss besteht. Sie werden sich gegenseitig überbieten, und die Anbieter werden im Zuge der steigenden Zahlungsbereitschaft vieler Kunden die Preise erhöhen. Dieser Prozess dauert so lange an, bis auch hier der Gleichgewichtspreis erreicht ist. Erneut ist der Wettbewerb die treibende Kraft, die garantiert, dass das Gleichgewicht am Markt zustande kommt.

Gehen wir noch etwas näher auf die Eigenschaften ein, die das Gleichgewicht kennzeichnen. Der Markt ist geräumt, es wird weder zu viel noch zu wenig angeboten. Jeder Produzent, der sein Produkt zum Gleichgewichtspreis anbietet, findet auch einen Käufer. Umgekehrt findet jeder Nachfrager, der das Gut zum Marktpreis erwerben möchte, auch einen Anbieter. Es gibt keine enttäuschten Pläne, und deshalb wird dieser Zustand anhalten, bis sich etwas an den Bedingungen, die das Gleichgewicht herbeigeführt haben, ändert.

Auch unter einem anderen Blickwinkel ist das Gleichgewicht wünschenswert. Die volkswirtschaftlichen Ressourcen wurden hier bestmöglich eingesetzt. Läge ein Angebotsmengenüberschuss vor, so bedeutete dies, dass ein Teil der Ressourcen für etwas verwendet wird, das zu diesem Preis gar nicht in solcher Menge gewünscht wird. Auf der anderen Seite könnten auf Märkten mit Nachfragemengenüberschuss Nutzenverbesserungen realisiert werden, indem mehr von dem betreffenden Gut zu einem höheren Preis produziert wird. In einem marktwirtschaftlichen System, liegt eine optimale Allokation dann vor, wenn die Ressourcen so eingesetzt werden, dass sie den größtmöglichen Beitrag zur Reduzierung von Knappheit leisten.

Ein weiterer interessanter Aspekt ist die Stabilität des Gleichgewichts bei vollkommener Konkurrenz. Findet der Markt nach einer Störung von selbst wieder zu einem neuen Gleichgewicht zurück? Betrachteten wir etwa folgende Situation:

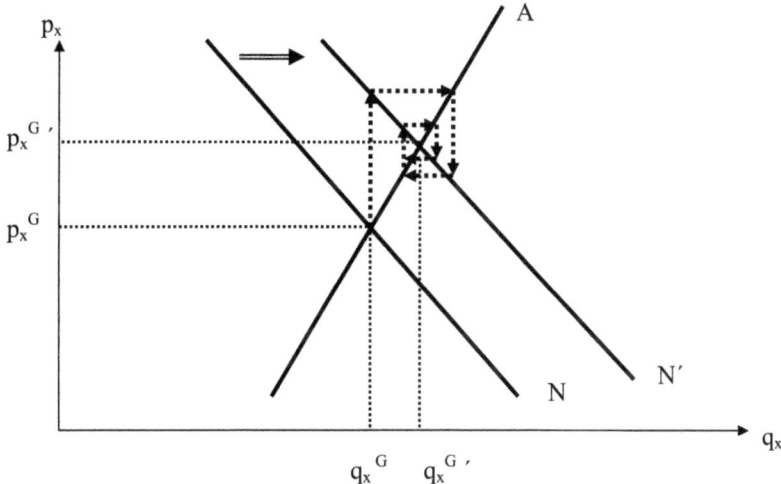

Abb. 6.3: Stabiles Gleichgewicht

Im Ausgangspunkt liegt ein Gleichgewicht bei p_x^G und q_x^G vor. Durch einen äußeren Einfluss, beispielsweise einen Modetrend, komme es zu einer Erhöhung der Nachfrage, die sich in der Rechtsverschiebung der Nachfragefunktion äußert. Das neue Gleichgewicht liegt nun bei $p_x^G{}'$ und $q_x^G{}'$. Doch wie gelangt der Markt dahin? Zunächst sind die Anbieter von der Erhöhung der Nachfrage überrascht worden. Sie haben die ursprüngliche Gleichgewichtsmenge zum ursprünglichen Preis an den Markt gebracht. Die gestiegene Nachfrage veranlasst sie nun, einen höheren Preis zu verlangen. Der Preis wird so stark angehoben, dass die Nachfrage auf die Höhe des Angebots sinkt (senkrechter Pfeil nach oben vom ursprünglichen Gleichgewicht aus). Die Nachfrage wird also über den Preis „diszipliniert". In der nächsten Produktionsperiode richten die Unternehmen dann die Höhe ihrer Angebotsmenge am gestiegenen Preis aus. Das Angebot nimmt entsprechend zu (waagrechter Pfeil nach rechts). Dadurch steigt das Angebot allerdings über die Höhe der Nachfrage, wodurch sich die Anbieter nun mit einem Angebotsmengenüberschuss konfrontiert sehen. Sie sind gezwungen, die Preise wieder zu senken, bis die Nachfrage auf die Höhe des Angebots gestiegen ist (senkrechter Pfeil nach unten). In der darauf folgenden dritten Produktionsperiode passen die Unternehmer ihr Angebot wieder an den niedrigeren Preis an und senken die Angebotsmenge. Nun allerdings ist die Nachfrage wieder höher als das Angebot, was zu einem Nachfragemengenüberschuss mit daraus resultierenden Preissteigerungen führt. Dieser Prozess setzt sich so lange fort, bis das neue Marktgleichgewicht das bei $(p_x^G{}'; q_x^G{}')$ liegt, erreicht ist.

Wird dieses Gleichgewicht immer erreicht? In der folgenden Abbildung ist eine Situation dargestellt, in der die Angebotsfunktion flacher verläuft als zuvor. Auch hier existiert das neue Gleichgewicht im Sinne eines Schnittpunktes zwischen Angebots- und Nachfragefunktion. Anders als zuvor wird dieses Gleichgewicht allerdings nicht erreicht. Der Markt erzeugt hier lediglich zyklische Schwankungen um dieses Gleichgewicht herum. Dies liegt an der größeren Preiselastizität des Angebots, die zu höheren Schwankungen in der Angebotsmenge und damit auch zu größeren Schwankungen bei Preisen und Nachfragemengen führt.

Ein solcher Markt ist von permanent wiederkehrenden Schwankungen der Preise und Mengen geprägt. In der Literatur wird hier häufig vom „Schweinezyklus" gesprochen, weil derartige Schwankungen oft in diesem Bereich beobachtet wurden.

ELEMENTARE MARKTFORMEN UND MARKTERGEBNISSE 137

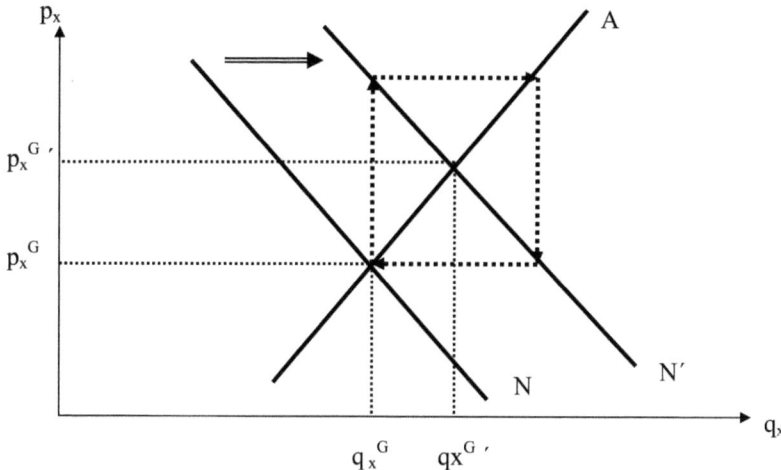

Abb. 6.4: Instabiles Gleichgewicht

Denkbar ist schließlich auch ein Markt, auf dem die Bewegungen von Preisen und Mengen nach einer Störung des ursprünglichen Gleichgewichtes immer weiter von der neuen Gleichgewichtssituation wegführen. Ein solcher Markt tendiert förmlich dazu, zu „explodieren" und wird nicht lange von Bestand sein können. Erst wenn es dazu kommt, dass das Angebot – etwa durch Ausscheiden von Anbieter aus dem Markt – weniger preiselastisch reagiert, kann hier eine Stabilisierung eintreten.

Allgemein gilt: Immer dann, wenn die Angebotsfunktion steiler verläuft als die Nachfragefunktion (das Angebot also weniger preiselastisch reagiert als die Nachfrage), ist das resultierende Gleichgewicht stabil. Verläuft die Angebotsfunktion hingegen flacher als die Nachfragefunktion, so ergibt sich ein instabiles Gleichgewicht mit explodierenden Schwankungen von Preisen und Mengen. Ein instabiles Gleichgewicht mit konstanten Schwankungen, wie in unserer zweiten oberen Grafik dargestellt, erhält man dann, wenn die Angebots- und die Nachfragefunktion die gleiche Steigung (betragsmäßig) aufweisen.

Schließlich wenden wir uns der dritten angesprochenen Frage zu: Gibt es einzelne Konsumenten bzw. Anbieter, die bei einem bestimmten Gleichgewichtspreis besser gestellt sind als andere?

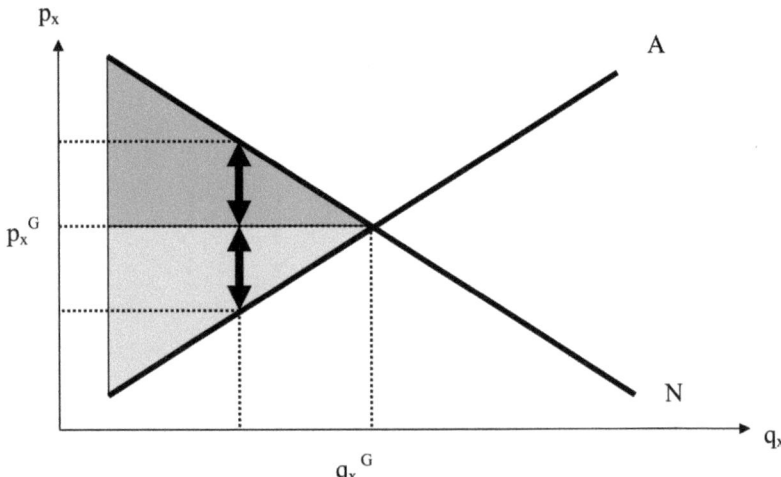

Abb. 6.5: Produzenten- und Konsumentenrente

In dem oben dargestellten Marktgleichgewicht bezahlen alle Nachfrager den Gleichgewichtspreis p_x^G. Es gibt jedoch Nachfrager, die auch bereit gewesen wären, einen höheren Preis zu bezahlen, nämlich alle diejenigen, die auf dem aufsteigenden Ast der Nachfragekurve ab dem Schnittpunkt zwischen Angebots- und Nachfragekurve angesiedelt sind. Exemplarisch ist ein einzelner Nachfrager herausgegriffen für den der obere Doppelpfeil die Differenz zwischen dem Gleichgewichtspreis und dem Preis, den er eigentlich zu zahlen bereit gewesen wäre, verdeutlicht. Diese Differenz stellt in gewissem Sinne eine „Ersparnis" dar – allerdings keine wirkliche Ersparnis, sondern nur einen Geldbetrag, den er nicht ausgegeben hat, obwohl er bereit gewesen wäre, ihn auszugeben. Man nennt diesen Betrag die **Konsumentenrente**. Zählt man alle Differenzbeträge für die einzelnen Nachfrager zusammen, erhält man als Maßzahl für die gesamte Konsumentenrente den Flächeninhalt des oberen grau unterlegten Dreiecks.

Ganz analog gelangt man zum Begriff der **Produzentenrente**. Diese resultiert daraus, dass es einzelne Produzenten gegeben hätte, die auch bereit gewesen wären, das Gut zu einem niedrigeren als dem Gleichgewichtspreis anzubieten. Sie erhalten in gewissem Sinne einen Extrabetrag in Höhe der Differenz zwischen dem Gleichgewichtspreis und dem Preis, zu dem sie bereit gewesen wären, ein Angebot zu erstellen. Die obigen Überlegungen sind somit sinngemäß auf den unteren Doppelpfeil und die etwas heller grau unterlegte Dreiecksfläche zu übertragen.

c. Andere Marktformen und Marktergebnisse

i. Die Nachteilhaftigkeit des Monopols

In gewissem Sinne ist das Monopol das extreme Gegenstück zur vollkommenen Konkurrenz. Der alleinige Anbieter auf dem Markt hat keine Konkurrenz zu fürchten – zumindest so lange keine weiteren Anbieter hinzukommen – und kann, anders als der einzelne Anbieter beim Polypol auf dem vollkommenen Markt, den Preis seines Gutes selbst bestimmen. Er muss dann allerdings die Menge akzeptieren, welche die Nachfrager zu diesem Preis abzunehmen bereit sind. Der Monopolist betreibt in diesem Falle Preispolitik. Er kann auch umgekehrt vorgehen und eine Menge bestimmen, die er absetzen möchte. Dann muss er allerdings den Preis hinnehmen, zu dem die Nachfrager bereit sind, ihm diese Menge auch abzunehmen. Bei letzterer Vorgehensweise spricht man von Mengenpolitik. Für beides, Preis- als auch Mengenpolitik, ist die Nachfrage für den Monopolisten eine gegebene Größe. Auch für ihn gibt es also eine Nachfragefunktion, jedoch spricht man wegen der erläuterten Möglichkeiten, die dem Monopolisten zur Verfügung stehen, hier von der **Preis-Absatz-Funktion**. Wie sieht nun das Marktergebnis beim Monopol aus und warum sind die Nachfrager bei dieser Marktform schlechter gestellt als bei vollkommener Konkurrenz? Betrachten wir folgende Abbildung.

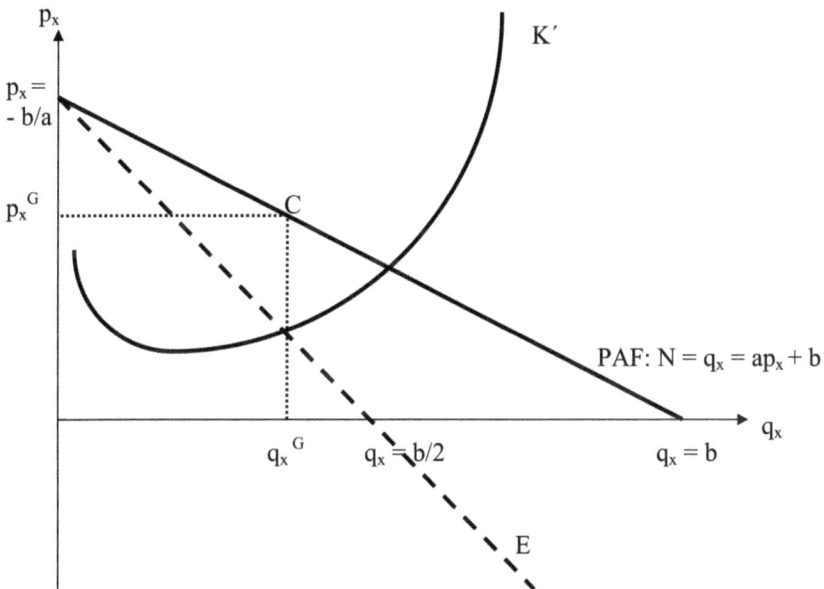

Abb. 6.6: Preis-Absatzfunktion und Grenzerlösfunktion im Monopol

Die Preis-Absatz-Funktion beginnt an der Preis-Achse beim Preis $p_x = -b/a$. Wir erhalten diesen so genannten Prohibitiv-Preis, indem wir nach p_x auflösen (der Schrägstrich ist jeweils als Bruchstrich zu verstehen!):

$$q_x = ap_x + b \quad \Rightarrow \quad p_x = \frac{q_x}{a} - \frac{b}{a}$$

und dann $q_x = 0$ setzen:

$$q_x = 0 \quad \Rightarrow \quad p_x = -\frac{b}{a}$$

Da a selbst negativ ist, ist dies also immer ein Wert im positiven Bereich der Preis-Achse. Wenn wir in der Preis-Absatz-Funktion für den Preis $p_x = 0$ einsetzen, dann sehen wir, dass die Preis-Absatz-Funktion die Mengenachse bei der Menge $q_x = b$ schneidet. Den Verlauf der (gestrichelt) gezeichneten Grenzerlösfunktion machen wir uns wie folgt klar. Zunächst beginnt die Grenzerlösfunktion (praktisch) da, wo auch die Preis-Absatz-Funktion an der senkrechten Achse beginnt. Denn für das erste verkaufte Stück stimmt der Grenzerlös mit Preis dieses ersten Stückes überein. Möchte der Monopolist mehr als ein Stück verkaufen, so muss er den Preis senken. Sein Grenzerlös sinkt dabei auch, allerdings doppelt so schnell wie der Preis. Dies lässt sich ökonomisch damit begründen, dass der Monopolist den Preis ja jeweils für alle verkauften Stücke senken muss, nicht nur für dasjenige, das er zusätzlich absetzen will. Diese Gesetzmäßigkeit spiegelt sich im Verlauf der Grenzerlösfunktion wieder.

Es gilt:

$$E = pq_x = \left(\frac{q_x}{a} - \frac{b}{a}\right) q_x = \frac{q_x^2}{a} - \frac{bq_x}{a} \quad \text{mit } a < 0 \quad \text{und somit}$$

$$E' = \frac{dE}{dp} = \frac{2q_x}{a} - \frac{b}{a}$$

Die Grenzerlösfunktion ist also ebenfalls eine Gerade und hat die doppelte (negative) Steigung der Preis-Absatz-Funktion. Die Erlösfunktion ebenso wie die Grenzerlösfunktion wurde hierbei von der Mengenachse aus betrachtet, also mit q_x als unabhängiger Variable. Der Vergleich der Steigungen erfolgt also mit der obigen, nach p_x aufgelösten Preis-Absatz-Funktion. Die Grenzerlösfunktion muss somit die Mengenachse bei der Hälfte der Strecke schneiden, bei der die Preis-Absatz-Funktion diese schneidet. Will man den Schnittpunkt der Grenzerlösfunktion mit der Mengenachse errechnen, so setzt man $E' = 0$ und erhält:

$$E' = \frac{2q_x}{a} - \frac{b}{a} = 0 \quad \Rightarrow \quad q_x = \frac{b}{2}$$

Lautet also beispielsweise die Preis-Absatz-Funktion des Monopolisten

$q_x = -200p_x + 5000$

so erhalten wir die folgenden Werte: a (die Steigung der PAF) ist -200; der Prohibitivpreis ist 25; der Schnittpunkt der Preis-Absatz-Funktion mit der Mengenachse liegt bei der Menge 5000; der Schnittpunkt der Grenzerlösfunktion mit der Mengenachse liegt bei der Menge 2500.

Alles was wir nun noch zur Herleitung des Gewinnmaximums des Monopolisten und damit des Marktergebnisses benötigen, ist eine Annahme über den Verlauf der Grenzkosten. Wir haben in der folgenden Abbildung einen ertragsgesetzlichen Verlauf unterstellt und erhalten damit einen Schnittpunkt mit der Grenzerlösgeraden bei der Menge q_x^G. Die ist damit die gewinnmaximale Menge des Monopolisten. Um diese Menge auch absetzen zu können, legt er einen Preis fest, zu dem ihm die Nachfrager diese Menge abzunehmen bereit sind. Er findet diesen Preis, indem er die Menge in die Preis-Absatz-Funktion einsetzt und nach dem Preis auflöst. In der obigen Graphik geschieht dies durch eine senkrechte Bewegung von q_x^G nach oben bis zur Preis-Absatz-Funktion bis zum so genannten Cournot-Punkt C. Ausgehend von C kann man dann an der Preisachse den gewinnmaximalen Preis p_x^G ablesen.

Die Höhe des Gesamtgewinns lässt sich wieder graphisch veranschaulichen, indem wir die Höhe des Stückgewinns (pxG - k) bei der gewinnmaximalen Menge mit eben dieser Menge qxG multiplizieren. Wir erhalten dann den Flächeninhalt eines Rechtecks als Maßzahl für den Gesamtgewinn (siehe Abbildung unten).

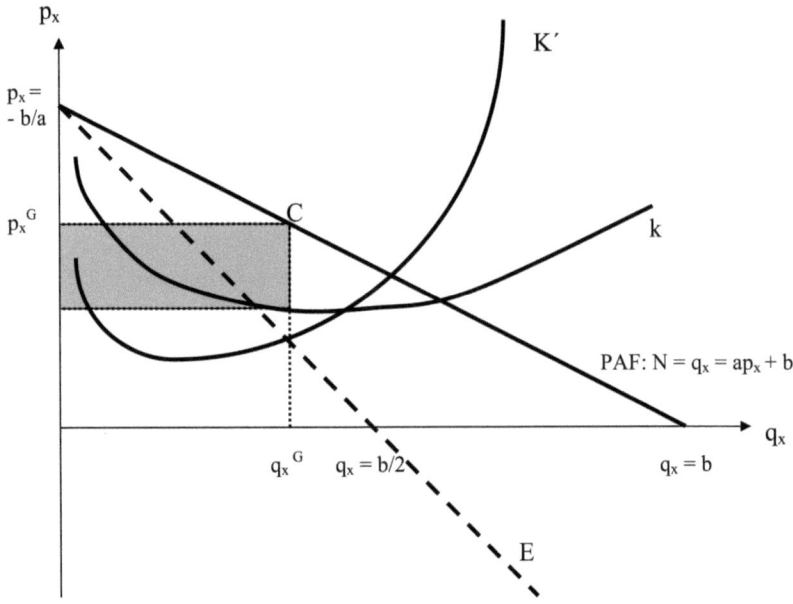

Abb. 6.7: Gewinnmaximum im Monopol

Doch was ist bei einem Monopol so nachteilhaft für die Verbraucher? Man wird dem Monopolisten schließlich kaum vorwerfen wollen, dass er seinen Gewinn maximiert, denn das tun die Anbieter auf einem Konkurrenzmarkt auch. Um den Nachteil für die Verbraucher zu verdeutlichen, fragen wir uns, wie das Marktergebnis bei einem vergleichbaren hypothetischen Konkurrenzmarkt aussehen würde. Die Antwort ist einfach: Das Marktergebnis würde durch den Schnittpunkt von Angebots- und Nachfragekurve festgelegt. Eine Nachfragekurve haben wir bereits, nämlich die Preis-Absatz-Funktion des Monopolisten. Die Angebotskurve wäre auf einem Konkurrenzmarkt durch die aggregierte Grenzkostenkurve der einzelnen Anbieter (ab dem Betriebsoptimum) festgelegt. Wenn wir also voraussetzen, dass diese aggregierte Grenzkostenkurve der gedachten Polypolisten genau der Grenzkostenkurve des Monopolisten entspricht, dann haben wir einen exakten Vergleichsmaßstab:

An der unteren Darstellung lässt sich belegen, worin der Nachteil für die Konsumenten besteht: Sie erhalten beim Monopol gegenüber einem vergleichbaren Konkurrenzmarkt eine geringere Menge zu einem höheren Preis. Darüber hinaus lassen sich mindestens zwei weitere Argumente gegen Monopolmärkte vorbringen: Der Monopolist produziert mit einer geringeren Kapazitätsauslastung als ein vergleichbarer Polypolmarkt und wird deshalb häufig den Stückkosten senkenden Effekt der Fixkostendegression nicht (vollständig) ausnutzen. Und natürlich steht der Monopolist wegen des fehlenden Wettbewerbsdrucks nicht unter dem Zwang, seine Marktstellung durch Innovationen und Effizienzsteigerungen zu verbessern. Das wirkt sich negativ auf die Marktdynamik aus. Es liegen also genügend Gründe vor, Monopole kritisch zu beurteilen und sie, wo es geht, für Wettbewerb zu öffnen.

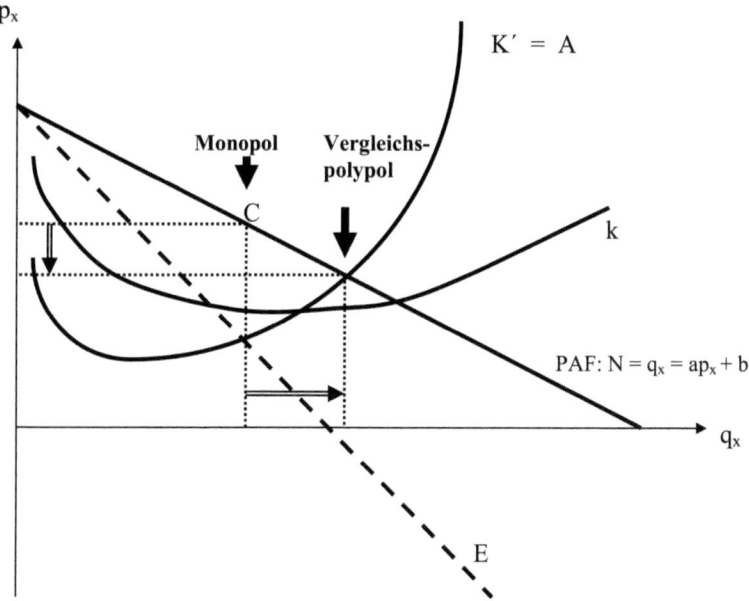

Abb. 6.8: Vergleich der Marktergebnisse

Aktuelle Anwendungen dieser Monopoltheorie können wir gerade in heutiger Zeit überall sehen. Regionale Gebietsmonopolisten im Bereich der Energieversorgung müssen die Öffnung ihrer abgeschotteten Märkte für neue Konkurrenten hinnehmen. Der ehemalige Staatsmonopolist „Deutsche Post" verlor sein ehemaliges Briefmonopol zum 1. Januar 2008. Die Deutsche Bahn muss sich auf Regionalstrecken bereits seit längerem mit privater Konkurrenz auseinander setzen und wird dies sicher auch irgendwann auf Fernstrecken tun müssen. Praktisch in allen Bereichen der Wirtschaft geraten Monopole mehr und mehr in die Defensive und müssen sich dem Wettbewerb stellen.

ii. Die Problematik natürlicher Monopole

Da manche Monopolmärkte mit einem umfangreichen Leitungs- oder Streckennetz verbunden sind (z.b. Energieversorgung, Bahn), hat man früher oft argumentiert, es handle sich in solchen Fällen um so genannte **natürliche Monopole**. Dem liegt der Gedanke zugrunde, dass die Erstellung der benötigten Infrastruktur mit derart hohen Investitionen verbunden ist, dass der Markt praktisch keinen Raum für weitere Anbieter bietet. Ein solcher Markt müsse zwangsläufig ein Monopol sein, und dieses Monopol solle sich aus Gründen der Kontrolle und Einflussnahme in staatlicher Hand befinden.

Die Begründung einer Existenz natürlicher Monopole begründet sich auf der Betrachtung der langfristigen Kostenkurve (siehe oben) und des langfristigen Gewinnmaximums. Wenn etwa die langfristige Stückkostenkurve stetig fällt, so bedeutet dies, dass ein Unternehmen dann mit den geringstmöglichen Stückkosten produziert, wenn es die größtmögliche Betriebsgröße wählt (und somit das gesamte Marktvolumen alleine ausschöpfen würde). Ein natürliches Monopol würde auch dann vorliegen, wenn die langfristigen Stückkosten ab einer bestimmten Menge zwar wieder steigen, diese Menge (und die damit verbundene optimale Betriebsgröße) jedoch bereits einen Großteil des gesamten Marktvolumens ausschöpft. Dass eine gewinnmaximierende Preissetzung des natürlichen Monopolisten jedoch zu sehr hohen Preisen bei zu geringer Mengenversorgung des Marktes führen würde, unterliegt die Preisgestaltung bei einem natürlichen Monopol in aller Regel einer staatlichen Kontrolle.

Heute wird zum Umgang mit natürlichen Monopolen häufig argumentiert, dass auch in solchen Fällen eine Öffnung gegenüber potenziellen Konkurrenten möglich ist. Dabei wird davon ausgegangen, dass sich das Leitungsnetz, die Verkehrsinfrastruktur usw. durchaus weiterhin im Besitz des ehemaligen Monopolisten befinden darf. Wichtig ist nur, dass der Ex-Monopolist verpflichtet wird, seine Infrastruktur auch Konkurrenten zur Verfügung zu stellen. Dafür enthält er von seinen Mitwettbewerbern ein Nutzungsentgelt. Um zu verhindern, dass dieses Entgelt so hoch angesetzt wird, dass potenzielle Wettbewerber von vorneherein vom Markt ferngehalten werden, ist eine unabhängige Regulierungsbehörde für die Genehmigung der Nutzungstarife zuständig. Durch diese Vorgehensweise wird erreicht, dass selbst Märkte, in denen man in früheren Zeiten Wettbewerb für unmöglich gehalten hatte, Konkurrenzmärkte entstehen können.

iii. Einige strategische Aspekte des Oligopols

Im Oligopol haben wir es mit mindestens zwei Anbietern zu tun, jedoch ist die Anzahl der Anbieter immer noch gering genug, so dass der einzelne Anbieter, anders als im Polypol, einen spürbaren Einfluss auf das Marktergebnis hat. Dies wirkt sich natürlich auf das Verhalten sowie auf die Marktergebnisse aus. Eine gravierende Konsequenz dieser Marktstruktur ist die gegenseitige Abhängigkeit der Handlungsweisen aller Anbieter, die **strategische Interdependenz**. Alles, was ein einzelner Anbieter tut, wird zu Reaktionen der anderen Unternehmen führen, und idealerweise sollten diese Gegenreaktionen der Konkurrenten bereits in die Überlegungen zu bestimmten Handlungsweisen einbezogen und berücksichtigt werden.

Diese strategische Abhängigkeit wird verdeutlicht durch ein Beispiel aus der Spieltheorie, die versucht, derartige interdependente Entscheidungssituationen abzubilden und Aussagen darüber zu machen, ob und unter welchen Bedingungen eindeutige und stabile Ergebnisse zu erwarten sind. Stellen wir uns zwei Unternehmen vor, die vor der Frage stehen, ob sie eine bestimmte Marktaktion durchführen sollen. Nehmen wir etwa an, es geht dabei um die Einführung eines völlig neuen Tarifsystems bei zwei miteinander konkurrierenden Unternehmen der Energieversorgung. Die beiden Unternehmen rechnen mit bestimmten Erträgen, die davon abhängen, wie das jeweils andere Unternehmen reagiert, ob es also das neue Tarifsystem ebenfalls einführt oder nicht. Die zu erwartenden Erträge sind in der folgenden, in der Spieltheorie als Auszahlungsmatrix bezeichneten Tabelle zusammen gestellt:

Tab. 6.1: Oligopolistische Interdependenz und Nash-Gleichgewicht

Untern. 2 / Untern. 1	Tarifsystem einführen	Tarifsystem nicht einführen
Tarifsystem einführen	350 / 300	400 / 500
Tarifsystem nicht einführen	200 / 250	550 / 600

Die Tabelle ist wie folgt zu lesen: Die Zahl vor dem Bruchstrich gibt die Auszahlung für das Unternehmen 1 an, die Zahl nach dem Bruchstrich diejenige für das Unternehmen 2. Die Zahlen könnten etwa als die erwarteten Erträge aus der Einführung eines neuen Tarifsystems aufgefasst werden. Beide Unternehmen kennen nur die Zahlen, die sie selbst betreffen, nicht jedoch die Zahlen des Konkurrenzunternehmens. Die Frage ist nun, ob überhaupt eine eindeutige Lösung für dieses interdependente Entscheidungsproblem existiert und wie diese aussieht. Analysieren wir die Situation aus beiden Perspektiven, zunächst aus der des Unternehmens 1.

Unternehmen 1 steht vor der Frage, ob es das neue Tarifsystem einführen soll und weiß dabei nicht, was Unternehmen 2 tun wird. Für den Fall, dass Unternehmen 2 das Tarifsystem einführen wird, wäre es besser, dies ebenfalls zu tun (Vergleich in der ersten Spalte: 350 zu 200 für „einführen"); falls Unternehmen 2 das Tarifsystem aber nicht einführt, dann ist es besser, auf die Einführung des Systems zu verzichten (550 zu 400 für „nicht einführen" in der zweiten Spalte). Mit anderen Worten: Unternehmen 1 ist in seiner Entscheidung von der Handlungsweise des anderen Unternehmens abhängig und muss folglich warten, bis sein Konkurrent sich entschieden hat. Sollte sich Unternehmen 2 in derselben strategischen Situation befinden, dann käme überhaupt keine Entscheidung zustande, und beide Unternehmen würden abwarten und sich belauern.

Für Unternehmen 2 sieht der Vergleich der zu erwartenden Erträge nun so aus (wir lesen die Tabelle jetzt zeilenweise): Für den Fall, dass Unternehmen 1 sich entscheiden sollte, das Tarifsystem einzuführen, wäre es besser, dies nicht zu tun. Der Vergleich liefert hier 500 zu 300 für „nicht einführen". Im anderen Fall, falls der Konkurrent das System nicht einführt, wäre es ebenfalls besser für Unternehmen 2, auf eine Einführung zu verzichten (Vergleich: 600 zu 250 für „nicht einführen"). Das bedeutet: Unternehmen 2 wird auf keinen Fall das neue Tarifsystem einführen, und Unternehmen 1 wird dies ebenfalls nicht tun, da es die Entscheidung seines Konkurrenten nachvollzieht. Das interdependente Entscheidungsproblem hat eine eindeutige Lösung, ein so genanntes **Nash-Gleichgewicht**.

Eine zweite charakteristische Eigenschaft oligopolistischer Märkte ist die Tendenz zur Erstarrung der Preise und dem Einschlafen des Preiswettbewerbs. Dies lässt sich mit dem Konzept der einfach geknickten Preis-Absatz-Funktion erklären. Stellen wir uns einen einzelnen Oligopolisten vor, der das betreffende (homogene) Produkt zu einem bestimmten Preis p_x^G und in einer bestimmten Menge q_x^G produziert. Was können wir über die Preis-Absatz-Funktion eines solchen Anbieters sagen?

Wie die folgende Abbildung verdeutlicht, würde eine isolierte Preiserhöhung zu einem drastischen Rückgang der abgesetzten Menge führen, da damit zu rechnen ist, dass die Konkurrenten die Preiserhöhung dazu ausnutzen werden, um neue Nachfrager an sich zu ziehen und deshalb ihre Preise nicht erhöhen (Konterkarierung). Da es sich annahmegemäß um ein homogenes Produkt handelt, haben die Nachfrager keinen Grund, bei dem nun teurer gewordenen Anbieter zu bleiben und werden zur Konkurrenz überlaufen. Im umgekehrten Fall jedoch, wenn der einzelne Oligopolist den Preis senken würde, um neue Nachfrager zu sich zu ziehen, müsste er damit rechnen, dass seine Konkurrenten diese Strategie imitieren, also ebenfalls die Preise senken.

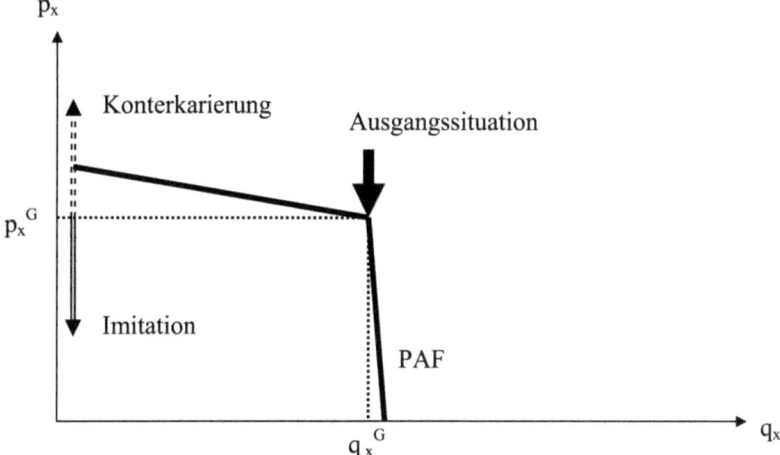

Abb. 6.9: Preis-Absatzfunktion im Oligopol

Der einzelne Oligopolist könnte also kaum eine steigende Nachfrage erwarten. Im günstigsten Fall gelänge es ihm, einen kurzen Überraschungseffekt zu erzielen und dadurch vielleicht einige wenige neue Kunden zu gewinnen. Da somit beides, eine isolierte Preiserhöhung wie eine isolierte Preissenkung nicht verlockend erscheint, ist in oligopolistischen Märkten damit zu rechnen, dass Preiswettbewerb kaum noch stattfindet und sich der Konkurrenzkampf statt dessen auf andere Gebiete verlagert, zum Beispiel auf den Bereich von Qualität und Service.

Das heißt allerdings nicht, dass überhaupt keine Preisbewegungen auf oligopolistischen Märkten stattfinden. Vielmehr tendieren solche Märkte auch dazu, dass Änderungen von Preisen häufig synchron verlaufen. Dies kann darauf zurück zu führen sein, dass einzelne Unternehmen im Laufe der Zeit eine Art Preisführerschaft übernehmen. Es ist jedoch auch damit zu rechnen, dass auf oligopolistischen Märkten die latente Gefahr von Preisabsprechen besteht. Hier liegt eine wichtige Aufgabe der Wettbewerbspolitik darin, derartige Absprachen nachzuweisen und entsprechend empfindlich zu bestrafen.

iv. Heterogenität der Produkte und monopolistische Konkurrenz

In unserem täglichen Leben haben wir es häufig mit Märkten zu tun, auf denen zwar viele Anbieter vertreten sind, diese jedoch nicht exakt dieselben Produkte anbieten. Wenn wir etwa an typische Konsumgütermärkte denken, so finden wir eine Vielzahl an Produkten vor, die sich zwar recht ähnlich sind, sich aber doch hinsichtlich Design, Material, Markenimage usw. deutlich unterscheiden. Eine Jeanshose einer bestimmten Marke etwa ist in dieser Hinsicht eben nicht wie jede andere. Was bedeutet diese Überlegung für den Markt? Wir nennen eine solche Marktform, bei der viele Anbieter und Heterogenität der Produkte gegeben sind, ein **Polypol auf dem unvollkommenen Markt** (auch als **monopolistische Konkurrenz** oder **heterogenes Polypol** bezeichnet). Der Schlüssel zum Verständnis dieser in der Realität recht häufig anzutreffenden Marktform besteht zum einen darin, den einzelnen Anbieter als eine Art Monopolisten (Quasi-Monopolist) für sein eigenes Produkt zu betrachten. Der Hersteller einer Markenjeans ist zwar kein wirklicher Monopolist, da es noch andere Anbieter von Jeanshosen gibt. Er ist jedoch der einzige, der die Jeanshose seiner spezifischen Marke anbietet und tut natürlich alles dafür, die Besonderheit seiner Marke an die Nachfrager zu kommunizieren. Der zweite wichtige Punkt ist das Verhalten der Nachfrager. Im vollkommenen Markt würde eine marginale Preissteigerung eines einzelnen Anbieters bereits genügen, um alle Nachfrager zu verjagen. Die Nachfrage würde also schlagartig auf Null zurückgehen. Anders beim unvollkommenen Markt: Hier haben die Nachfrager auf Grund der Besonderheiten eines bestimmtes Produktes (Eigenschaften, Qualität, Image, Verpackung usw.) Präferenzen für den Anbieter dieses Produktes entwickelt. Es liegt somit ein gewisser Grad an Kundenbindung vor.

Diese Ausbildung von Präferenzen der Verbraucher für einen bestimmten Anbieter wirkt sich nun so aus, dass dieser Quasi-Monopolist etwas hat, was für den Anbieter bei vollkommener Konkurrenz nicht existiert: Er kann – in gewissen Grenzen – Preis- bzw. Mengenpolitik betreiben. Diese Überlegungen finden ihren Niederschlag in der doppelt geknickten Preis-Absatz-Funktion (siehe folgende Abbildung).

Diese Funktion zeigt wieder die Reaktion der Nachfrage aus der Sicht eines einzelnen Anbieters. Sollte es dieser Anbieter allerdings mit seiner Preispolitik übertreiben, so würde er sehr schnell merken, dass er kein wirklicher Monopolist, sondern nur ein „Quasi-Monopolist", eben der einzige Anbieter seines eigenen Gutes, ist. Erhöht er den Preis zu stark (Über p_x^o, die obere

Preisgrenze), so laufen ihm die Nachfrager in Scharen davon und gehen dann zu relativ günstigeren Konkurrenten über. Bei einem Preis unterhalb der unteren Preisgrenze (p_x^U) hingegen strömt ihm praktisch die gesamte Marktnachfrage zu, was allerdings nur von sehr begrenztem Wert ist, da er als einer von vielen Anbietern kapazitätsmäßig gar nicht in der Lage ist, diese Nachfrage zu decken.

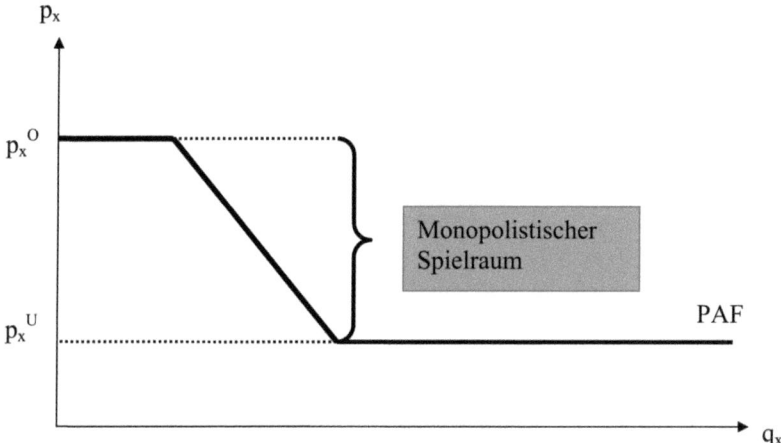

Abb. 6.10: Preis-Absatz-Funktion im heterogenen Polypol

Letztlich wird der Anbieter bei monopolistischer Konkurrenz bestrebt sein, einen Preis innerhalb des **monopolistischen Spielraums** zu verlangen und damit seinen Gewinn zu maximieren. Um etwas über das Marktergebnis sagen zu können, brauchen wir wieder eine Information über den Verlauf des Grenzerlöses. Die Grenzerlösfunktion setzt sich hier abschnittsweise zusammen – zwei Bereiche liegen außerhalb, einer innerhalb des monopolistischen Spielraums:

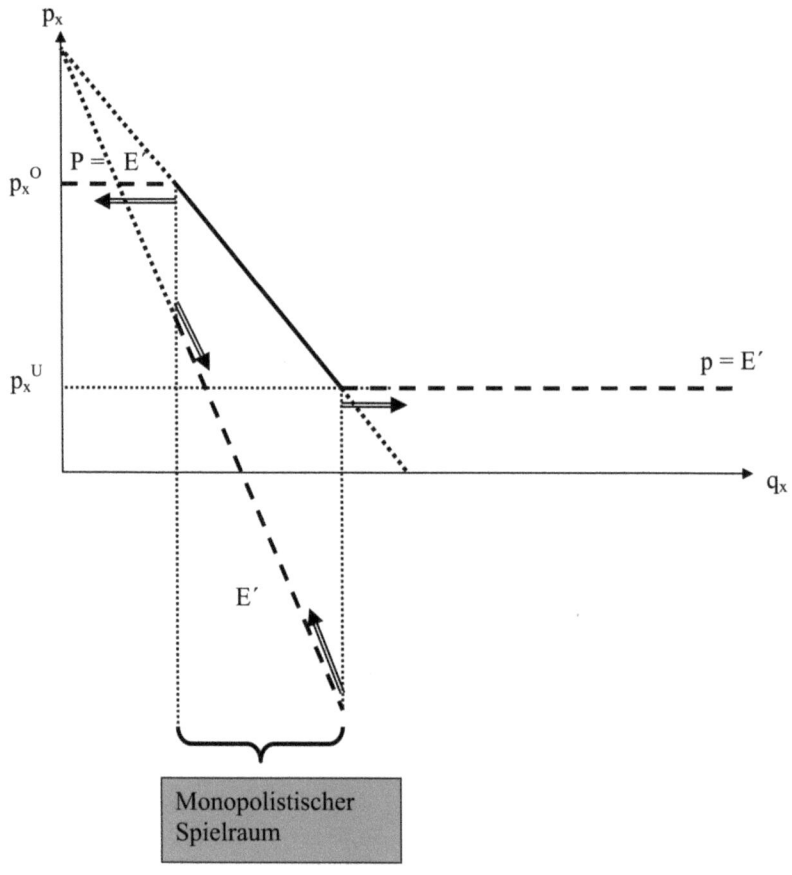

Abb. 6.11: Grenzerlösfunktion im heterogenen Polypol

Wie lässt sich der Verlauf der Grenzerlösfunktion begründen? In der obigen Abbildung ist der monopolistische Spielraum nicht nur auf der Preis- sondern auch auf der Mengenachse markiert. Überschreitet der Quasi-Monopolist diese Grenze nach außerhalb (waagrechte Pfeile nach links und nach rechts), so befindet er sich nicht mehr auf einem heterogenen, sondern auf einem homogenen Konkurrenzmarkt. Die Spezifität seines Produktes spielt hier keine Rolle mehr, sondern der Preis ist nunmehr das einzige entscheidende Kaufkriterium. Wir wissen aus der Unternehmenstheorie, dass in einem solchen Fall der Grenzerlös mit dem jeweiligen Marktpreis übereinstimmt. Das bedeutet hier, dass der Grenzerlös ab der oberen Preisgrenze mit p_x^O und ab der unteren

Preisgrenze mit p_x^U übereinstimmt. Innerhalb des monopolistischen Spielraums dagegen gelten die Bedingungen der monopolistischen Grenzerlösfunktion. In diesem Bereich verläuft die Grenzerlösfunktion mit der doppelten (negativen) Steigung der Preis-Absatz-Funktion. Um dies zu veranschaulichen, wurde in der oberen Abbildung der innerhalb des monopolistischen Bereichs verlaufende Teil der Preis-Absatzfunktion in Richtung der px-Achse und der qx-Achse verlängert und mit der Grenzerlösfunktion ergänzt. Der relevante Teil der Grenzerlösfunktion ist gestrichelt gezeichnet und folgt den beiden schräg nach rechts unten bzw. links oben verlaufenden Pfeilen. Wir haben also eine abschnittsweise definierte Grenzerlösfunktion, die zwei Sprungstellen aufweist.

Selbstverständlich gehen wir auch bei dieser Marktform davon aus, dass der einzelne Anbieter bestrebt ist, seinen Gewinn zu maximieren. Die Vorgehensweise zur Bestimmung des Gewinnmaximums verläuft innerhalb des monopolistischen Bereichs analog zum vorher besprochenen Monopolfall. Der Anbieter sucht also nach dem Schnittpunkt zwischen Grenzerlösfunktion und Grenzkostenfunktion und bestimmt so zunächst die gewinnmaximale Menge. Danach wird über die Preis-Absatz-Funktion der dazu passende Preis ermittelt (siehe folgende Abbildung).

Der gewinnmaximale Preis sowie die gewinnmaximale Menge sind an den beiden Achsen durch Pfeile markiert; die Höhe des Gesamtgewinns wird durch den Flächeninhalt des dunkel unterlegten Rechtecks repräsentiert.

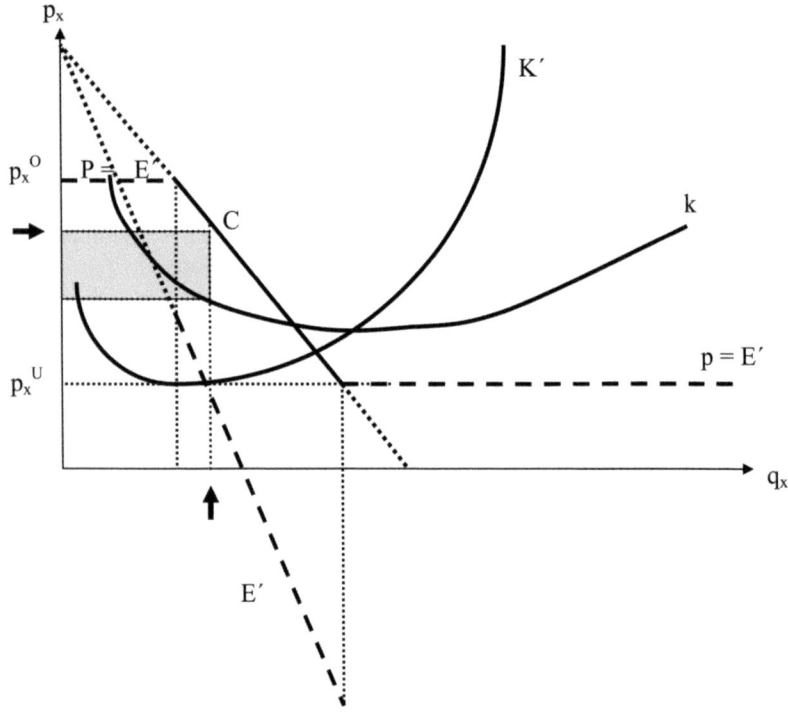

Abb. 6.12: Gewinnmaximierung im heterogenen Polypol

Wie sind nun die Marktergebnisse des heterogenen Polypols zu beurteilen? Zunächst ist festzustellen, dass es hier keinen einheitlichen Marktpreis mehr gibt. Jeder einzelne Anbieter sieht sich mit seiner eigenen Preis-Absatz-Funktion konfrontiert und findet entsprechend seinen eigenen gewinnmaximalen Preis mit der dazu gehörenden Produktionsmenge. Es gibt eben nicht „den" Preis für das Gut „Jeanshose", sondern jede Markenjeans hat ihren eigenen Preis. Das Modell, das wir gerade kennen gelernt haben, kann diese Preis- und Produktvielfalt sehr gut erklären. Durch die Heterogenität der Produkte und die daraus resultierenden Präferenzen für einzelne Anbieter auf der Seite der Konsumenten ist der eigentlich homogene Markt für ein bestimmtes Produkt gewissermaßen in eine Anzahl heterogener, aber dennoch in Verbindung stehender Teilmärkte aufgespalten worden. Gleichwohl, wenn auch die einzelnen Preise für Markenprodukte sich unterscheiden, so werden sich diese Preise dennoch in einer gewissen überschaubaren Spanne bewegen. Denn es wäre am Markt kaum durchsetzbar, für ähnliche Produkte vergleichbarer Qualität sehr stark abweichende Preise zu verlangen.

Ist der Verbraucher im Vergleich zu einem vollkommenen Konkurrenzmarkt hier besser oder schlechter gestellt? Das lässt sich nicht allgemeingültig beantworten. Auf der einen Seite muss der Verbraucher nun mit Preis- und Qualitätsunterschieden zwischen vergleichbaren Gütern leben, was einen erhöhten Informations- und Suchaufwand mit sich bringt. Auf der anderen Seite steht die größere Auswahl an verschiedenen Markenprodukten, die dem Verbraucher Konsummöglichkeiten beschert, die er auf dem vollkommenen Markt nicht vorfindet. Letztlich dürfte diese Vielfalt und Buntheit des Angebots eine der größten Stärken der unvollkommenen Konkurrenz darstellen. Den Preis, dass nun kein einheitliches Marktergebnis mehr vorliegt, wird man letztlich zahlen müssen.

d. Die Evolution der Marktformen

Märkte sind in Bewegung, sie entwickeln sich und verändern im Zuge dieser Entwicklung auch ihre Struktur. Ein besonders enger Zusammenhang existiert zwischen dem bekannten Lebenszyklus-Konzept für ein einzelnes Produkt und der zugrunde liegenden Marktform. Dieser Zusammenhang ist deswegen von besonderem Interesse, weil hier eine innere Logik in der Abfolge der einzelnen Marktformen erkennbar wird, die Bedeutung für die wettbewerbspolitische Beurteilung derartiger Prozesse hat.

Am Beginn des Lebenszyklus, in der Experimentier- und Einführungsphase, hat man es mit der Marktform des Monopols zu tun. Naturgemäß kann es hier, wenn es sich um eine echte Neuerung handelt, noch keine Konkurrenten für den Innovator geben. Dieses Monopol am Beginn des Lebenszyklus eines neuen Produktes ist jedoch deutlich anders und positiver zu beurteilen, als es bei der im vorherigen Abschnitt behandelten Marktform des Monopols der Fall war. Wir können uns den Unterschied wie folgt verdeutlichen: Das Monopol im letzten Abschnitt, das **Cournot-Monopol**, ist gekennzeichnet durch eine Erstarrung des Marktgeschehens. Der Monopolist ist auf Grund seiner privilegierten Stellung in der Lage, die Nachfrager mit geringeren Mengen zu versorgen, als sie bei einem vergleichbaren Konkurrenzmarkt erhalten würden, und das auch noch zu höheren Preisen. Wettbewerb hat ein solcher Monopolist nicht zu fürchten, so lange die Wettbewerbspolitik nichts dagegen unternimmt und den Markt für neue Konkurrenten öffnet. Ein solches Monopol ist eindeutig von Nachteil für die Verbraucher.

Anders beim hier betrachteten Monopol am Beginn des Lebenszyklus eines neuen Produkts, dem so genannten **Schumpeter-Monopol**. Die anfängliche Monopolstellung ist ein unverzichtbarer Anreiz für die Einführung neuer

Produkte, denn erst durch die damit verbundenen „Pioniergewinne" wird es dem innovierenden Unternehmen ermöglicht, die oft sehr hohen Kosten für Forschung, Entwicklung und Markteinführung zu amortisieren und Gewinne zu erwirtschaften. Fiele diese zeitlich begrenzte Monopolstellung weg und wäre es potenziellen Konkurrenten möglich, sofort nach der Einführung eines neuen Produktes dieses vollständig zu kopieren und ebenfalls auf den Markt zu bringen, dann würde der Innovator auf den genannten Kosten letztlich sitzen bleiben und hätte den Forschungs- und Entwicklungsaufwand für seine Konkurrenten quasi mit betrieben, den diese sich nun sparen könnten. In einer solchen Situation ist es schwer vorstellbar, woher die Motivation zur Einführung neuer Produktideen und zur Übernahme des damit verbundenen unternehmerischen Risikos stammen sollte. Die unvermeidbare Folge wäre ein Nachlassen und letztlich ein Erlahmen der Innovationskraft in der Wirtschaft und damit verbundene Wachstums- und Wohlstandsverluste.

Ein weiterer Punkt, der die Beurteilung des Schumpeter-Monopols gegenüber dem Cournot-Monopol modifiziert, ist die zeitliche Dimension. Die monopolistische Marktform bei der Einführung eines neuen Produktes wird nicht unbegrenzt andauern, sondern vorübergehender Natur sein. Findige Nachahmer werden sich schnell an den ins Fahren kommenden Zug hängen und das Produkt – unter Umgehung eines eventuellen patentrechtlichen Schutzes – variierend imitieren. Sie kratzen damit an der bisherigen Monopolstellung des Innovators und tragen zur schnelleren Verbreitung der Innovation in der Volkswirtschaft bei. Darüber hinaus tragen sie durch die Vergrößerung des Marktangebotes dazu bei, dass der Preis des neuen Gutes sinkt und dadurch für mehr Nachfrager erschwinglich wird. Der Beitrag dieser variierenden Imitatoren zur Diffusion von Innovationen in der Marktwirtschaft sollte deshalb keinesfalls unterschätzt werden. Unter dem Aspekt der Evolution der Marktformen ist noch anzumerken, dass der Markt sich durch das Auftreten dieses Unternehmertypus von einem Monopol- zu einem Oligopolmarkt entwickelt hat. Man spricht hier von einem **weiten Oligopol** (im Gegensatz zum engen, erstarrten Oligopol auf ausgereiften Märkten), da hier noch eine hohe wettbewerbliche Dynamik zu erwarten ist. Dies liegt ganz einfach daran, dass der „Kuchen", über dessen Verteilung auf einem solchen Markt entscheiden wird, noch wächst und somit alle Beteiligten durch intensiven Wettbewerb einen möglichst großen Anteil am Wachstum des Marktvolumens für sich sichern wollen. Beim ausgereiften, so genannten engen Oligopol hingegen fehlt diese Dynamik.

In der auf diese Expansionsphase folgenden Reife- und Stagnationsphase treten zunehmend auch jene Unternehmer am Markt auf, die bisher die Entwicklung versäumt haben. Sie können natürlich keine großen Marktzuwächse mehr für sich erwarten, sehen sich jedoch gezwungen, im Interesse ihrer weiteren Wettbewerbsfähigkeit auch auf diesem, mittlerweile bedeutenden Markt präsent zu sein. Der Markt entwickelt sich damit zunehmend in Richtung einer

polypolistischen Struktur. In der Degenerationsphase nimmt die Zahl der Anbieter wieder ab, denn das sinkende Marktvolumen erlaubt nur noch wenigen Unternehmen eine einigermaßen profitable Produktion. Nun wird man auf dem Markt wiederum eine oligopolistische Struktur vorfinden, diesmal allerdings in Form des oben bereit angesprochenen **engen Oligopols**. Und schließlich ist es möglich, dass am Ende dieses Produktlebenszyklus nur noch ein Unternehmen auf dem Markt präsent ist, das dementsprechend eine monopolistische Stellung hat. Dieses Unternehmen muss nicht unbedingt dasjenige sein, das ursprünglich die Innovation in den Markt einführte, und das Monopol ist von seiner Natur her nun das uns bereits bekannte **Cournot-Monopol**.

Diese Überlegungen führen uns zu der häufig gemachten Feststellung, dass die Marktwirtschaft ein offenes, evolutorisches System darstellt. Sie nur unter statischen Gleichgewichtsaspekten betrachten zu wollen, würde wesentliche Charakteristika ihrer Natur übersehen. Doch gleichwohl gilt: Auch eine Struktur, die sich in dauerhaftem Wandel befindet, weist im Laufe dieses dynamischen Prozesses identifizierbare Stadien auf, deren Eigenschaften jeweils von Interesse und von zentraler Bedeutung für die Beurteilung der Funktionsfähigkeit des Gesamtsystems sind – gerade in einem System, das in hohem Maße auf selbstorganisatorische Mechanismen vertraut. Mikroökonomische Strukturanalyse bleibt deshalb ein unverzichtbarer Bestandteil eines soliden Verständnisses dieser Marktwirtschaft.

7. Markteingriffe, Marktstörungen und Marktversagen

Vor dem Hintergrund der in den letzten Abschnitten erläuterten Marktergebnisse, insbesondere bei der Marktform der vollkommenen Konkurrenz, sind wir nun in der Lage, nach Ursachen und Therapien für eventuelle Marktstörungen zu suchen. Dazu erinnern wir uns zunächst daran, dass wir den vollkommenen Markt, die vollkommene Konkurrenz, als den Prototyp für einen perfekt funktionierenden Markt bezeichnet hatten. In diesem Sinne wären Abweichungen vom vollkommenen Markt (z.b. Monopole) ihrerseits schon als Marktstörungen zu begreifen.

Doch unter dieser Bedingung wären sehr viele in der Realität zu beobachtende Marktvorgänge als Marktstörungen zu klassifizieren, und der Begriff würde einem inflationären Gebrauch unterliegen. Wir wollen Marktstörungen deshalb nicht von der Marktform abhängig machen, sondern Phänomene darunter verstehen, die prinzipiell bei unterschiedlichen Marktformen beobachtet werden können. Sehr häufig werden derartige Störungen zwar am Beispiel vollkommener Märkte erläutert, sie können jedoch grundsätzlich auch bei anderen Marktformen auftreten.

In Folgenden werden wir eine Differenzierung zwischen zwei unterschiedlichen Kategorien von Marktstörungen vornehmen. Unter **strukturellen Marktstörungen** verstehen wir solche, die in der inneren Struktur eines Marktes selbst ihre Ursache haben. Als Folge derartiger Störungen kann der Markt seine eigentlichen Funktionen nicht erfüllen, man spricht in diesem Zusammenhang auch von **Marktversagen**, weil unter solchen Voraussetzungen die optimale Allokation der Ressourcen nicht mehr durch den Markt sichergestellt werden kann. Als **administrierte Marktstörungen** hingegen werden hier solche Funktionsstörungen bezeichnet, die dem Markt durch Eingriffe von außen – häufig durch wirtschaftspolitische Interventionen –aufgezwungen werden. Auch bei solchen erzwungenen Störungen kann der Markt seine Allokationsfunktion nicht erfüllen, jedoch sollte man in diesem Fall nicht von Marktversagen reden, da der Markt nicht unbehindert arbeiten kann. Wir wollen dies deshalb eine **Marktblockierung** nennen.

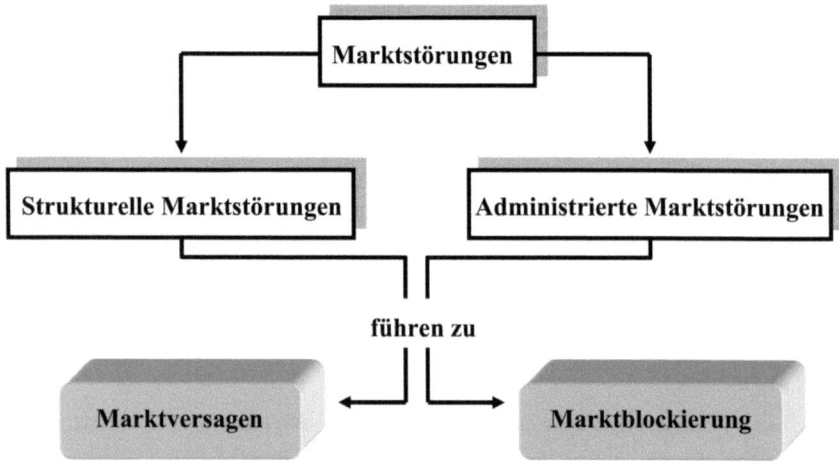

Abb. 7.1: Einteilung der Marktstörungen

a. Öffentliche Güter und externe Effekte

Öffentliche Güter sind das erste Beispiel für das Vorliegen struktureller Marktstörungen. Wir hatten bereits die Möglichkeit erwähnt, dass manche Güter von der öffentlichen Hand bereitgestellt werden. Wir wollen nun etwas genauer auf die Gründe eingehen, warum der Markt bei der Bereitstellung einiger Güter – nämlich der öffentlichen Güter – versagt.

i. Eigenschaften öffentlicher Güter

Ein öffentliches Gut ist durch zwei Charakteristika gekennzeichnet:
1. Nichtanwendbarkeit des Ausschlussprinzips und/oder
2. Nichtrivalität des Konsums.

Das **Ausschlussprinzip** besagt, dass eine bestimmte Person vom Konsum eines Gutes ausgeschlossen werden kann. Nehmen wir etwa die öffentliche Sicherheit, ein Paradebeispiel für ein öffentliches Gut, bei dem das Ausschlussprinzip nicht anwendbar ist. Wir alle profitieren von diesem Gut, indem wir uns beispielsweise auf der Straße bewegen können, ohne dem Risiko ausgesetzt zu sein, von Straßenbanden überfallen und ausgeraubt zu werden. Wenn dieses Gut jedoch erst einmal vorhanden ist, kann niemand mehr vom Konsum dieses Gutes ausgeschlossen werden (zumindest nicht unter vernünftigen Bedingungen).

Denn das würde ja bedeuten, freie Bürger, die nicht für die Bereitstellung der öffentlichen Sicherheit zahlen wollten, unter Hausarrest zu stellen oder sie des Landes zu verweisen. Versuche, diese Gut rein privatwirtschaftlich zu erstellen, sind entweder auf einen kleinen und abgegrenzten Raum beschränkt (denken wir an eine abgesperrte Privatstraße mit privatem Wachdienst) oder müssen scheitern: Auf Grund von Freifahrerverhalten Einzelner wird sich letztlich niemand mehr bereit finden, für die Produktion des Gutes zu bezahlen, und der Markt wird zusammenbrechen. Da öffentliche Sicherheit allerdings dringend benötigt wird, übernimmt der Staat hier die Rolle, die der Markt nicht ausfüllen kann und finanziert die Bereitstellung dieses Gutes über Steuermittel.

Doch selbst wenn das Ausschlussprinzip anwendbar ist, kann es bei manchen Gütern trotzdem wünschenswert sein, sie öffentlich bereit zu stellen, nämlich im Falle der **Nichtrivialität des Konsums**. Diese liegt dann vor, wenn der Konsum eines Gutes durch eine bestimmte Person den Konsum desselben Gutes durch eine andere Person nicht behindert. Vergleichen wir etwa eine Tasse Kaffee mit einer Straßenlaterne. Wenn ich eine Tasse Kaffee trinke, dann kann keine andere Person dieselbe Tasse austrinken. Mein Konsum rivalisiert mit dem Konsum jeder anderen Person. Bei einer Straßenlaterne ist das anders. Ich kann unter dieser Laterne stehen und eine Zeitung lesen. Gleichzeitig können andere Personen an mir vorbei gehen und ebenfalls von der Straßenbeleuchtung profitieren. Mein Konsum rivalisiert nicht – zumindest in bestimmten Grenzen – mit dem Konsum anderer Personen.

In diesem Fall könnte man zahlungsunwillige Personen vom Konsum dieses Gutes ausschließen. So gibt es etwa Modellversuche, die Straßenbeleuchtung in bestimmten Straßen spätabends per SMS einzuschalten und die Kosten für eine fünfzehnminütige Beleuchtung in Rechnung gestellt zu bekommen. Warum sollte die Straßenbeleuchtung dann aber nicht gänzlich privatwirtschaftlich erstellt werden? Aufgrund der Nichtrivialität des Konsums sollte ein solches Gut möglichst vielen Personen – unabhängig von deren individueller Zahlungsbereitschaft oder Zahlungsfähigkeit (!) zur Verfügung gestellt werden. Denn dadurch gelingt es, den Gesamtnutzen in der Gesellschaft zu steigern. Würde man Güter, deren Konsum nicht rivalisiert, rein privatwirtschaftlich erstellen und anbieten, so bestünde die Gefahr, dass viele Menschen sich den Konsum dieses Gutes nicht mehr leisten könnten und darauf verzichten würden. Das würde aber letztlich den Gesamtnutzen in der Gesellschaft unnötigerweise mindern – unnötigerweise deswegen, weil der Konsum ja nicht rivalisiert. Die Vorstellung, dass der Staat alles tun sollte, um den Gesamtnutzen in einer Gesellschaft zu maximieren, geht auf J. Bentham zurück und ist in der politischen Philosophie mit dem Begriff **Utilitarismus** belegt. Der Utilitarismus gilt als die einflussreichste Richtung der politischen Philosophie, insbesondere im angelsächsischen Raum.

ii. Externe Effekte als Ursache von Marktversagen

Eine weitere Ursache für Funktionsstörungen des Marktes stellen **externe Effekte** dar. Diese liegen dann vor, wenn private Kosten und privater Nutzen aus einer Aktivität – etwa der Produktion eines Gutes – nicht mit den sozialen Kosten und dem sozialen Nutzen übereinstimmen. Betrachten wir etwa die Produktion eines bestimmten Gutes, das mit Belastungen der Umwelt durch Emission von Schadstoffen verbunden ist. Wenn die Folgekosten der Schadstoffemission (für die Beseitigung der Umweltschäden sowie gesundheitliche Folgekosten) dem Produzenten nicht in Rechnung gestellt werden, so übersteigen die sozialen Kosten die privaten Kosten des Produzenten. In diesem Fall sprechen wir von negativen externen Effekten oder **externen Kosten**, die der Gesellschaft zur Last fallen. In der Kalkulation des Herstellers wird das Gut somit zu billig ausgewiesen und die Produktionsmenge zu hoch ausfallen. Der Markt ist deshalb nicht in der Lage, seine allokative Funktion zufrieden stellend zu erfüllen. Eine Lösungsstrategie besteht darin, die externen Kosten zu internalisieren, sie also dem Verursacher, in diesem Fall dem Produzenten des Gutes, in Rechnung zu stellen. Das ist der Ansatz des Verursacherprinzips in der Umweltpolitik. Praktiziert wird dieses Prinzip heute etwa in Form der Emissionszertifikate, die ihrem Besitzer erlauben, eine bestimmte Menge von Schadstoffen in die Umwelt abzugeben. Da diese Zertifikate an Börsen gehandelt werden, besteht ein Anreiz, Emissionen zu reduzieren und somit Zertifikate einzusparen, die dann an andere Unternehmen verkauft werden können. Ökonomen halten solche Anreizinstrumente in der Umweltpolitik in der Regel für wirkungsvoller als Gebote und Verbote.

Auch positive externe Effekte, so genannte **externe Nutzen**, sind möglich. Denken wir an eine Impfung gegen gefährliche ansteckende Krankheiten. Von einer solchen Impfung profitiert nicht nur derjenige, der sich impfen lässt, sondern auch andere Menschen – jene nämlich, die von der geimpften Person nicht mehr angesteckt werden können. Der soziale Nutzen übersteigt in diesem Fall den privaten Nutzen. Derartige Aktivitäten sollten im Sinne einer Maximierung des Gesamtnutzens gefördert werden.

b. Asymmetrische Information und adverse Selektion

Asymmetrische Information liegt dann vor, wenn eine Marktseite mehr über ein am Markt gehandeltes Gut weiß als die andere. Angesprochen sind hierbei natürlich in erster Linie Informationen, die die Qualität des Gutes betreffen. Das klassische Beispiel, das auf *Akerlof (1970)* zurückgeht, ist der Gebrauchtwagenmarkt. Wir können davon ausgehen, dass der Verkäufer hier besser Bescheid weiß als ein potenzieller Käufer. Das folgende Beispiel lehnt sich an die Darstellung bei *Kreps (1994)*, S. 563 ff. an. Nehmen wir an, dass ein

Interessent und ein Händler über ein bestimmtes Modell eines älteren gebrauchten Wagens verhandeln. Beide wissen, dass das Risiko besteht, dass es sich um einen qualitativ schlechten Wagen handelt. Der Käufer weiß nicht, ob genau dieser Wagen ein Fehlkauf wäre und schätzt das Risiko hierfür mit 30% ein (beispielsweise aus Erfahrung oder auf Grund von ihm bekannten Untersuchungen). Mit siebzigprozentiger Wahrscheinlichkeit ist der Wagen aus der Sicht des Käufers also in Ordnung. Seine Zahlungsbereitschaft für einen schlechten Wagen soll 900 € betragen, für einen guten Wagen ist er bereit, 2000 € zu bezahlen. Er wird unter diesen Umständen maximal 1670 € zahlen wollen (2000 € x 0,7 + 900 € x 0,3). Betrachten wir die Seite des Verkäufers. Für ein Auto, das technisch in Ordnung ist, will er mindestens 1900 € haben. Ein technisch mangelhaftes Auto würde er für 800 € verkaufen. Wenn der Verkäufer über die Qualität des Auto nicht mehr weiß als der Käufer und die Wahrscheinlichkeit dafür, dass hier ein technisch fehlerhaftes Modell vorliegt, ebenfalls mit 30% einschätzt, würde er bereit sein, das Auto für 1570 € zu verkaufen. Das Auto sollte für 1670 € gehandelt werden.

Doch in der Realität weiß der Verkäufer mehr über das Auto als der Käufer, es liegt **asymmetrische Information** vor. In diesem Fall sei das Auto technisch in Ordnung. Der Verkäufer möchte also in jedem Fall mindestens 1900 € dafür haben. Der Käufer, der das Risiko eines Fehlkaufes einkalkulieren muss, ist jedoch nicht bereit, mehr als 1670 € zu bezahlen. Der Handel kommt nicht zustande, obwohl beide daran interessiert gewesen wären. Der Markt für technisch einwandfreie Gebrauchtwagen bricht zusammen. In der Folge wir der Händler mehr und mehr dazu übergehen, technisch mangelhafte Wagen anzubieten und sie für 900 € zu verkaufen. Schlechte Gebrauchtwagen verdrängen die guten. Man nennt diesen Effekt **adverse Selektion**.

Glücklicherweise erklärt unser Modell nicht nur das Versagen des Marktes im Falle von asymmetrischer Information, sondern gibt auch Hinweise auf eine Lösung des Problems. Diese könnte zum Beispiel darin bestehen, dass der Händler eine Gebrauchtwagengarantie abgibt, denn er weiß ja, dass der Wagen in Ordnung ist. Er könnte auch einen unabhängigen Mechaniker damit beauftragen, den Wagen zu untersuchen und ein Gutachten zu erstellen. Die Kosten dafür könnten sich Käufer und Verkäufer teilen. Sollten die Kosten nicht mehr als 100 € betragen, kann der Händler auch selbst übernehmen, da er ja bereit war, einen technisch einwandfreien Wagen für 1900 € zu verkaufen. Der Käufer ist allerdings bereit, 2000 € zu bezahlen. Wenn der Handel für 2000 € abgeschlossen wird, kann der Händler die positive Differenz von 100 € zwischen seiner Preisvorstellung und der Zahlungsbereitschaft des Kunden als Prämie für die Bezahlung des unabhängigen Mechanikers betrachten.

c. Eingriffe in die freie Marktpreisbildung

i. Mietwohnungsmarkt

Preise können sich auf Märkten nicht immer frei und unbeeinflusst herausbilden. Auf einigen, durchaus wichtigen Märkten greift der Staat in die freie Marktpreisbildung ein und erlässt Bestimmungen, die verhindern, dass Preise bestimmte Grenzen über- bzw. unterschreiten. Derartige Höchst- bzw. Mindestpreisregelungen sind Fälle administrierter Marktstörungen. Sie sind häufig sozialpolitisch motiviert. Bekannteste Beispiele hierfür sind der Mietwohnungsmarkt (Höchstpreise) und der Agrarmarkt (Mindestpreise). Welche Folgen haben solche Eingriffe in die Marktmechanismen?

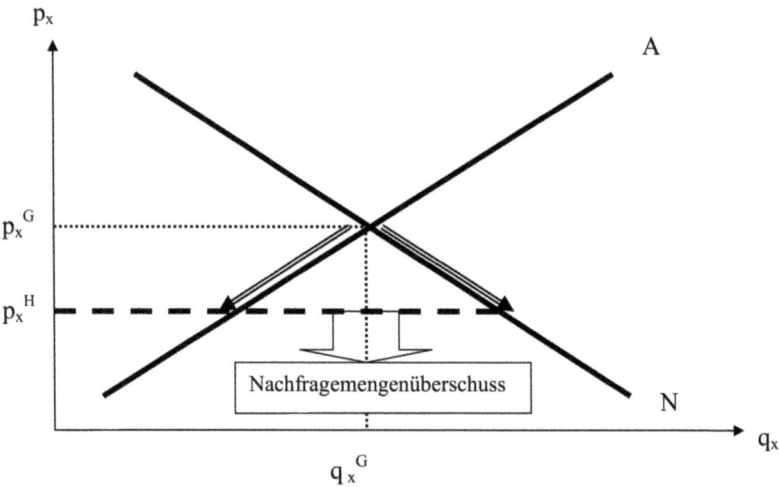

Abb. 7.2: Wirkung einer Höchstpreisregelung

In der obigen Abbildung sehen wir einen Markt, für den eine Höchstpreisregelung gilt. Es könnte sich etwa um den Mietwohnungsmarkt handeln, auf dem Mieterhöhungen in bestehenden Mietverträgen auf 20% in drei Jahren begrenzt sind und zusätzlich durch die Vorgabe von Mietspiegeln und ortsüblichen Vergleichsmieten reglementiert werden. Der Gleichgewichtspreis liegt über dem Höchstpreis, weil nur dann die Höchstpreisregelung greift. Als Folge des eigentlich zu niedrig festgesetzten Höchstpreises liegt auf dem Markt ein Nachfragemengenüberschuss vor, die Konsumenten erhalten also zu geringe Mengen des fraglichen Gutes. Es ist wichtig zu betonen, dass diese Unterversorgung auf zwei Faktoren basiert. Erstens geht das Angebot wegen des niedrigeren Preises zurück (Bewegung auf der Angebotsfunktion nach links unten), und zweites nimmt die Nachfrage aus demselben Grund zu (Bewegung auf der Nachfragefunktion nach rechts unten). Die Konsumenten werden gleichsam dazu angereizt, von dem zu billig gemachten Gut mehr nachzufragen als sie es tun würden, wenn sie den eigentlichen Gleichgewichtspreis zu zahlen hätten.

Wir erkennen allerdings auch die sozialpolitische Problematik dieser Argumentation: Mit der Höchstpreisregelung soll ja auf dem Mietwohnungsmarkt eine gewisse soziale Schutzfunktion (vor einseitiger Ausbeutung durch die Vermieter) erreicht werden. Wären alle Bevölkerungsschichten in der Lage, den Gleichgewichtspreis zu bezahlen, dann wäre diese Schutzfunktion überhaupt nicht nötig und die Höchstpreisregelung könnte wegfallen.

Allerdings sehen wir auch deutlich die Folgeprobleme solch eines Eingriffes in die freie Marktpreisbildung. Damit die Begrenzung des Preises nach oben ihren Sinn erfüllen kann, ist es unumgänglich, über die Schließung der Angebotslücke nachzudenken. Auf dem Mietwohnungsmarkt kommen dafür mehrere Instrumente in Frage. Die direkteste, aber auch am meistens verpflichtende Möglichkeit ist die, dass der Staat selbst und direkt die Lücke schließt, also ein zusätzliches Mietwohnungsangebot für besonders einkommensschwache Bevölkerungsschichten bereitstellt (Sozialwohnungsangebot). Eine andere Möglichkeit besteht darin, die Anbieter quasi für die aufgrund der Preisbegrenzung entgangenen Einnahmen zu entschädigen und ihnen einen Anreiz zu bieten, beispielsweise in Form von Steuervergünstigungen für den Bau von Mietwohnungen oder auch über direkte Zuschüsse. Dadurch soll das private Angebot auf dem Markt trotz Höchstpreisregelung zunehmen.

Möglich ist jedoch auch ein Ansatz auf der Nachfrageseite. Der Mietwohnungsmarkt würde auch dadurch entlastet, dass Nachfrager diesen Markt verlassen und selbst genutztes Wohneigentum erwerben. Dadurch geht die Nachfrage auf dem Mietwohnungsmarkt zurück, und die Lücke zwischen Angebot und Nachfrage nach Mietwohnungen wird verkleinert. Die Wohneigentumsförderung – gleich in welcher Form, ob als steuerlicher Nachlass oder direkter Zuschuss – ist deshalb auch ein wichtiger Beitrag zur Entlastung des Mietwohnungsmarktes, auch wenn dies nicht die einzige und vielleicht nicht einmal die wichtigste wohnungspolitische Motivation dieser Förderung darstellt. Es bleibt deshalb abzuwarten, ob die Einstellung der Wohneigentumsförderung durch die Bundesregierung das letzte Wort sein wird.

ii. Agrarmarkt

Der Agrarmarkt ist der Markt, an den man am ehesten denkt, wenn es um Mindestpreisregelungen geht. Agrarpreise sind vielleicht die am meisten regulierten Preise, die wir kennen, und es kann in diesem Abschnitt nicht darum gehen, einzelne Bestimmungen näher zu diskutieren. Das Grundprinzip besteht darin, dass Preise für Agrarprodukte nach unten begrenzt sind, um Landwirten eine einigermaßen verlässliche Basis zur Einkommenserzielung zu verschaffen. Die daraus resultierende Problematik verdeutlicht die folgende Abbildung.

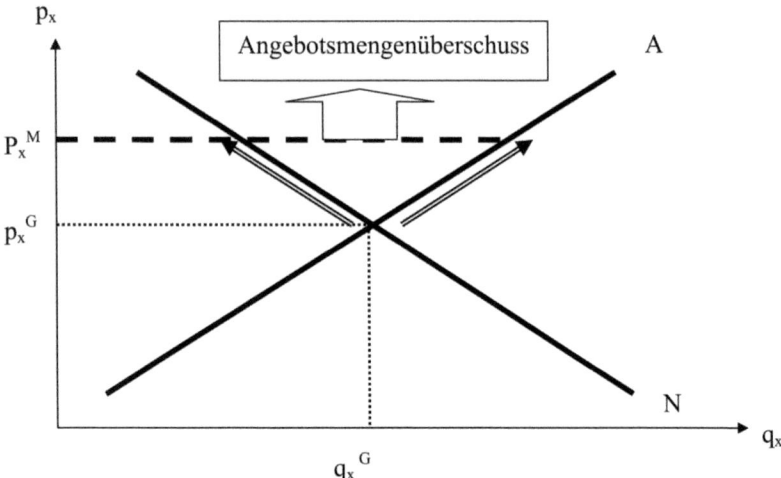

Abb. 7.3: Wirkung einer Mindestpreisregelung

Auch hier bewirkt die Begrenzung des Preises eine Änderung des Verhaltens von Anbietern und Nachfragern. Anbieter erhalten einen Anreiz, ihr Angebot auszudehnen und eine größere Menge als beim Gleichgewichtspreis auf den Markt zu bringen (Bewegung entlang der Angebotsfunktion nach rechts oben). Die Nachfrager hingegen schränken ihre Nachfrage ein (Bewegung auf der Nachfragefunktion nach links oben). Das Resultat ist ein Angebotsmengenüberschuss, der auf dem Agrarmarkt unter Begriffen wie „Milchsee", „Butterberg" usw. bekannt ist.

Auch hier zieht der erste Eingriff weitere nach sich. Um die beabsichtige Wirkung – Einkommenssicherung für die Landwirte – zu erreichen, müssen die Angebotsmengenüberschüsse abgenommen werden. Da die Konsumenten weniger nachfragen als notwendig wäre, muss letztlich der Staat die entstandene Lücke füllen und Abnahmegarantien aussprechen. Parallel dazu wird mit verschiedenen Instrumenten versucht, der Angebotsflut Herr zu werden: Produktionsbeschränkungen, Quotierungen oder Prämienzahlungen für Flächenstilllegungen sind einige Stichworte in diesem Zusammenhang.

Es ist wichtig zu betonen, dass den einzelnen staatlichen Eingriffen in die freie Marktpreisbildung jeweils nachvollziehbare Motive zugrunde liegen. Mieterschutz ist ein wichtiges Element der Sozialpolitik, gerade in einer sozialen Marktwirtschaft. Vielfalt im Lebensmittelangebot, die Wahlmöglichkeit zwischen verschiedenen Anbietern auch aus der näheren Region ist für viele Menschen ein unverzichtbarer Bestandteil ihrer Lebensqualität. Wie wir jedoch gesehen haben, ist es unvermeidbar, dass ein Eingriff in die freie Marktpreisbildung weitere Eingriffe nach sich zieht. Letztlich entfernt man sich damit immer weiter vom Leitbild eines Systems der marktwirtschaftlichen Selbstorganisation. Die Frage besteht letztlich darin, in welchem Verhältnis Kosten und Nutzen derartiger Eingriffe stehen.

d. Die Dynamik des Wettbewerbs

Wir haben nun einige zentrale Themen im Rahmen des mikroökonomischen Standardmodells behandelt. Zum Abschluss wollen wir noch einen Ausblick auf einige wichtige weiterführende Themen geben, die sich stellen, sobald man Märkte nicht als statische Gebilde, sondern als dynamische Phänomene betrachtet. Es drängt sich dann vor allem die Frage auf, welche dynamischen Prozesse auf Märkten ablaufen und unter welchen Bedingungen der Wettbewerb – dessen Bedeutung für die marktwirtschaftliche Selbststeuerung bereits mehrfach betont wurde – erwartungsgemäß am besten funktioniert.

In den Modellen des Marktgleichgewichts erscheinen Märkte als recht statische Phänomene. Gleichgewichtszustände tendieren dazu, sich zu behaupten, zumindest so lange, bis sich an den Bedingungen von Nachfrage und Nachfrage etwas ändert. Märkte sind jedoch tatsächlich äußerst dynamisch. Bewegung und Veränderung ist die Normalität von Märkten, nicht statisches Beharren auf einmal erreichten Positionen. Die Dynamik solcher Veränderungen einzufangen, ist die Aufgabe einer Theorie der Marktprozesse.

Ein wesentlicher Bestandteil derartiger Prozesse sind **Innovationen**. Wir sind bereits im letzten Kapitel auf die Bedeutung von Neuerungen für Entwicklung und Wachstum einer Wirtschaft eingegangen und haben in diesem Zusammenhang über das so genannte Schumpeter-Monopol gesprochen. Der österreichische Volkswirtschaftler *J.A. Schumpeter* untersuchte die Bedeutung, die innerhalb dieses Prozesses so genannten dynamischen Pionierunternehmern zukommt. Solche Unternehmer sind – im Gegensatz zu den statischen, auf

Bewahrung und Wiederholung bedachten Wirten – stets darauf aus, etablierte Marktstrukturen aufzubrechen. Durch die Einführung neuer Produkte, neue Produktionsverfahren und die Erschließung neuer Märkte sind sie bestrebt, bestehende Gleichgewichtszustände zu zerstören und durch neue Entwicklungen zu ersetzen. Schumpeter spricht in diesem Zusammenhang von einem Prozess der schöpferischen Zerstörung.

Große Aufmerksamkeit wird der Persönlichkeitsstruktur solcher Unternehmer gewidmet. Sie benötigen eine gesellschaftliche Atmosphäre der Offenheit gegenüber Neuerungen, eine Bereitschaft der Politik und der Gesellschaft, sich auf das Wagnis dynamischer Veränderungen einzulassen. Da das Ergebnis eines solchen Prozesse nie vollständig im Voraus abzusehen ist, braucht es ein gewisses Maß an Risikobereitschaft, nicht nur des Unternehmers, sondern aller Beteiligten. Dem Staat kommt hierbei die Rolle zu, bürokratische Hürden und steuerliche Belastungen abzubauen. Er wird als ein Partner gesehen, der sich um die permanente Verbesserung der Rahmenbedingungen für unternehmerisches Handeln kümmert.

Eine zentrale Bedeutung bei der dynamischen Betrachtung des Marktgeschehens kommt dem Begriff des Wettbewerbs zu. **Wettbewerb**, den man – mit *H. Enke* und *A. Wagner* – als „eine unendliche Geschichte" bezeichnen kann *(Enke/Wagner (2012)*, S. V) ist ein Phänomen, das oft beschworen wird, bei dem jedoch selten Einigkeit besteht, wenn es um dessen genauere Beschreibung, Anwendung oder Bewertung geht. In marktwirtschaftlichen Systemen wird Wettbewerb jedoch weithin als konstituierendes Merkmal betrachtet, das für ein Funktionieren der Marktmechanismen vorausgesetzt werden muss. Dabei wäre es sicher hilfreich, wenn man dabei eine verbindliche und möglichst einheitliche Definition dessen, was Wettbewerb ist, wie er sich darstellt, worin er sich äußert und was er bewirkt, zugrundelegen könnte. Doch eben dies ist offensichtlich nicht der Fall. So schreibt etwa *Herdzina*: „Einen Hinweis darauf, dass verschiedene Autoren möglicherweise nicht das gleiche meinen, wenn sie von Wettbewerb sprechen, geben auch die jeweiligen *Attribute*, die sie dem Terminus Wettbewerb voranstellen, um ihn im Sinne ihrer jeweiligen Interpretation genauer zu kennzeichnen. So ist unter anderem von vollständigem und unvollständigem, von freiem, arbeitsfähigem funktionsfähigem, wirksamem, atomistischem, innovatorischem, schöpferischem, initiatorischem, potentiellem Wettbewerb die Rede." (*Herdzina (1999)*, S.8; zitiert nach der ersten Auflage 1984). *Wagner* äußert sich so: „Aus den aufgezählten Verhaltensweisen ist abzulesen, ob der Entscheidende und Handelnde, den wir hier als Unternehmer und Anbieter auffassen wollen, irgendwelche Konkurrenten hat, erwartet, kennt, ernst nimmt oder gar fürchtet. Schließt man Firmenaufkäufe, Fusionen, Kartelle und ähnliche `unfaire´ Praktiken zur Verhinderung von Wettbewerb und zur Verringerung der Zahl der Wettbewerber aus, so *spiegeln die Verhaltensweisen die Wettbewerbsintensität*" (*Wagner (2009)*, S. 149; Hervorhebung im Original).

Schließlich lesen wir auf der Webseite des Bundeskartellamtes, das in Deutschland für den Schutz und Erhalt des Wettbewerbs zuständig ist: „Der Schutz des Wettbewerbs ist eine zentrale ordnungspolitische Aufgabe in einer marktwirtschaftlich verfassten Wirtschaftsordnung. Denn nur ein funktionierender Wettbewerb gewährleistet größtmögliche Wahlfreiheit und Produktvielfalt, damit Verbraucher ihre Bedürfnisse stets befriedigen und Unternehmen ihre Angebote stets optimieren können." (*Bundeskartellamt (2012)*) Eine einigermaßen exakte Definition dessen, was Wettbewerb ist, findet sich jedoch nicht.

F.A. von Hayek betont die Rolle des Wettbewerbs bei der Entstehung von Innovationen. Er sieht den Wettbewerb als **Entdeckungsverfahren**, als einen Mechanismus, der den Beteiligten gar keine andere Wahl lässt, als permanent nach Neuerungen Ausschau zu halten, die es ihnen ermöglichen, eine verbesserte Marktposition zu erlangen, wenn auch nur vorübergehend. Gäbe es den Wettbewerb nicht, würde dieser Druck entfallen und der Anreiz, neue Produkte und Produktionsverfahren zu entwickeln und an den Markt zu bringen, ließe nach. Die Folgen für Wirtschaft und Gesellschaft wären fatal: Technologische Rückständigkeit, nachlassende Wachstumsdynamik und letztlich ein Absinken des Wohlstandsniveaus wären die Konsequenz.

Unter welchen Voraussetzungen liefert nun der Wettbewerb seine besten Ergebnisse? Diese Frage ist nicht abschließend und allgemeingültig zu beantworten. Einen wichtigen Hinweis gibt jedoch das **Structure-Conduct-Performance-Konzept**. Hier wird von der Struktur des Marktes auf das Verhalten der Marktteilnehmer und daraus wiederum auf die Marktergebnisse geschlossen. Für die Wettbewerbspolitik ist es wichtig zu wissen, wie sie bestimmte Marktstrukturen mit Blick auf die Intensität des Wettbewerbs und seine Ergebnisse beurteilen soll. Die wettbewerbspolitische Richtung des **Workable Competition** (funktionsfähiger Wettbewerb) nach *J.M. Clark* sieht die größte Intensität des Wettbewerbs nicht unter den Bedingungen des vollkommenen Marktes gegebenen, sondern in der Marktform des **weiten Oligopols** (*Kantzenbach*). Darunter wird ein Oligopol verstanden, bei dem die Zahl der Wettbewerber nicht zu klein ist, denn solche Oligopole tendieren dazu, den Preiswettbewerb zu unterbinden und häufig sogar den Wettbewerb insgesamt beschränken. Anderseits lassen die Bedingungen eines vollkommenen Marktes wirkungsvollen Wettbewerb auch nicht zu, da die Marktteilnehmer hier zu unbedeutend und zu schwach sind, um wirkungsvolle Aktivitäten zur Verbesserung ihrer Wettbewerbsposition – etwa durch die Entwicklung und Einführung von Innovationen – durchzuführen. Deshalb wird der Wettbewerbspolitik im Rahmen dieses Ansatzes empfohlen, die Marktform des weiten Oligopols anzustreben und Zusammenschlüsse von Unternehmen zuzulassen, solange die Zahl der Anbieter noch für zu groß gehalten wird.

Dem gegenüber steht das Konzept des **freien Wettbewerbs** (nach *F.A. von Hayek* und *Hoppmann*). Hier wird argumentiert, dass die Wettbewerbspolitik gar nicht wissen kann, unter welchen Bedingungen der Wettbewerb die besten Ergebnisse liefert. Es wird als eine ungerechtfertigte Anmaßung von Wissen empfunden, eine bestimmte Marktform hervorzuheben und ihr Zustandekommen auf einem Markt zu fördern. Eine konkrete Marktform sollte stets als Ergebnis eines freien und unbehinderten Wettbewerbsprozesses zustande kommen. Die Rolle der Wettbewerbspolitik wird folglich darin gesehen, jegliche Behinderung oder Einschränkung des Wettbewerbs zu unterbinden bzw. zu beseitigen. In die deutsche Wettbewerbspolitik haben beide Ansätze Eingang gefunden.

e. Zusammenfassung und Literatur

Marktergebnisse werden wesentlich von der zugrunde liegenden Marktform beeinflusst. Das quantitative Marktformenschema differenziert Märkte nach der zahlenmäßigen Besetzung der beiden Marktseiten. Die Marktergebnisse bei vollkommener Konkurrenz, bei unvollkommener Konkurrenz, beim Monopol sowie bei oligopolistisch geprägten Märkten unterscheiden sich deutlich voneinander. Insbesondere zeigt sich, dass die Verbraucher auf Monopolmärkten schlechter versorgt werden als auf ansonsten vergleichbaren Konkurrenzmärkten. Die spezifischen Charakteristika öffentlicher Güter und das Vorhandensein externer Effekte sowie die stets vorhandene Möglichkeit asymmetrischer Informationsverteilung auf Märkten führen zu unteroptimalen Marktergebnissen und mitunter zu Marktversagen. Eingriffe in die Marktpreisbildung sind in ihrer Begründung oft nachvollziehbar, jedoch muss man sich über die Folgen für die Funktionsfähigkeit der betreffenden Märkte beizeiten Gedanken machen. Die Wettbewerbspolitik hat dafür zu sorgen, dass der Wettbewerb auf Märkten nicht außer Kraft gesetzt wird und dass Märkte ihre wichtigen Funktionen auch weiterhin erfüllen können. In einer marktwirtschaftlichen Ordnung verbleiben dem Staat bzw. der Wirtschaftspolitik auch dann noch genügend Aufgaben, wenn man der Marktwirtschaft die Fähigkeit zur Selbststeuerung grundsätzlich zutraut.

Vieles wäre zum mikroökonomischen Standardmodell noch zu sagen oder eingehender zu behandeln, doch im Rahmen eines kurzen Einführungstextes ist nicht alles möglich, was wünschenswert erscheint. Alle bisher gegebenen sowie einige weitere Literaturhinweise sollen deshalb Möglichkeiten für ein eigenständiges Vertiefen der gesamten Thematik aufzeigen: *Bofinger (2003); Enke/ Wagner (2012); Fehl/Oberender (2004); Herdzina (2005); Ott (1986); Pindyck/Rubinfeld (2005); Schumann (1992); Wagner* (2009).

Im folgenden Kapitel wird die Analyse um einige Aspekte erweitert, die über den Rahmen des bisher behandelten mikroökonomischen Standardmodells hinausgehen. Wir betreten damit aber auch Themengebiete, die sich noch in der Entwicklung befinden und daher selbstverständlich zum Teil kontrovers diskutiert werden. Doch gilt dies auch für das mikroökonomische Standardmodell selbst, das sich von verschiedenen Seiten mitunter scharfer Kritik ausgesetzt sieht. Nicht zuletzt diese Kritikpunkte sind es, welche die Forschung dazu bewegen, nach anderen, weniger restriktiven und – wie manche Fachvertreter fordern – realistischen Erklärungsansätzen für ökonomisches Verhalten zu suchen.

8. Jenseits des mikroökonomischen Standardmodells

Das mikroökonomische Standardmodell, welches wir in vergangenen Kapiteln – wenn auch recht knapp – zumindest in wesentlichen Grundzügen kennengelernt haben, ist seit jeher Kritik von verschiedenen Seiten ausgesetzt. Die Kritik kommt zunächst einmal aus der Richtung anderer Fachdisziplinen, die sich ebenfalls mit menschlichen Handlungen und ihren Auswirkungen auf alle menschlichen Lebensbereiche (also auch auf die ökonomische Sphäre) beschäftigen. Man mag hierbei beispielsweise an die Psychologie oder auch an die Soziologie denken. Nun wird kaum ein Fachvertreter ernsthaft bestreiten wollen, dass die Modellierung des Menschen, wie sie dem mikroökonomischen Standardmodell zugrunde liegt, Begrenzungen und mit ziemlich hoher Wahrscheinlichkeit auch Schwächen und Defizite aufweist. Dies allein kann jedoch kein hinreichender – und schon gar kein zwingender – Grund sein, dieses Modellbild des Menschen rundum zu verwerfen, zumindest insoweit nicht, als es menschliches Verhalten im ökonomischen Bereich abbilden will. Es muss allerdings darüber nachgedacht werden, wie diese Bild des Menschen reichhaltiger, farbiger und insofern „realistischer" gestaltet werden kann, damit sich real existierende Menschen darin erkennen können und damit die empirische Erklärungskraft dieses Modells zunimmt.

Im Folgenden sollen zwei wichtige neue Richtungen innerhalb der ökonomischen Theorie vorgestellt werden, die versuchen diesem Anspruch gerecht zu werden. Es handelt sich hierbei zum einen um die **Evolutorische Ökonomik**, zum anderen um die Richtung der verhaltenswissenschaftlich fundierten Ökonomik, die unter dem Begriff **Behavioral Economics** bekannt ist.

a. Wandel in den Modellstrukturen und Evolutorische Ökonomik

Traditionelle volkswirtschaftliche Modellbildung – gleichgültig, ob sie mikro- oder makroökonomisch ausgerichtet ist – setzt zumeist (implizit oder explizit) irgendeine Art von Strukturkonstanz voraus. Ohne eine solche Strukturkonstanz, die zumindest für einen gewissen Zeitraum und einen bestimmten Ausschnitt der betrachteten Volkswirtschaft als erfüllt betrachtet wird, tun sich herkömmliche ökonomische Modelle schwer. Das Wirkungsgefüge, welches in einem Modell zum Ausdruck kommt, muss zumindest für eine Weile als unverändert angenommen werden, wenn das Modell seine explikative und prognostische Kraft nicht verlieren soll. Es ist jedoch keine wirklich neue Erkenntnis, dass volkswirtschaftliche Strukturen einem andauernden Wandel unterworfen sind.

Diesem Tatbestand versucht die Evolutorische Ökonomik Rechnung zu tragen. (Vgl. zu den Begriffen „Struktur", „Strukturbruch" und „Strukturwandel" v.a. *Wagner (1984)* sowie die dort angegebene weiterführende Literatur). Einen einführenden Überblick über den heutigen Stand der evolutionsökonomischen Forschung und ihrer vielfältigen Ansätze vermittelt etwa *Wagner (2011)* in seiner Literaturabhandlung über den von *Witt (2008)* herausgegebenen Sammelband zur Evolutionsökonomik.

b. Behavioral Economics und die Rolle von Emotionen

i. Homo irrationalis anstatt homo oeconomicus?

Schon früh haben einige empirische Beobachtungen und Ergebnisse aus dem Bereich experimenteller Wirtschaftsforschung die Erklärungskraft der traditionellen Mikroökonomik in Verlegenheit gebracht. So lautet eine Kernaussage des mikroökonomischen Standardmodells, dass Menschen stets versuchen werden, ihren Nutzen unter den gegebenen Nebenbedingungen zu maximieren. Die Berücksichtigung von Unsicherheiten und Wahrscheinlichkeitskalkülen führt zur Formuliereng dieser fundamentalen Annahme mittels des **Erwartungsnutzens** (EU): Menschen entscheiden sich zwischen verschiedenen gegebenen Alternativen, indem sie die mit Nutzenbewertungen versehenen Ergebnisse der jeweiligen Alternative mit den zugehörigen Wahrscheinlichkeiten gewichten und diejenige Alternative wählen, die den höchsten Erwartungswert für den Nutzen liefert:

$$EU = EU(A) = \sum_{i=1}^{n} w_i \cdot u(A_i) \longrightarrow Max!$$

Hierbei steht A_i für die einzelnen Auszahlungen einer Entscheidungsalternative (die meistens in Form einer „Lotterie" formuliert wird), $u(A_i)$ für den subjektiven Nutzen, den das Individuum der jeweiligen Auszahlung zuordnet und w_i für die Wahrscheinlichkeit der einzelnen Auszahlung. Ein Beispiel für eine solche Lotterie gibt Allais, dessen berühmtes nach ihm benanntes Paradox zugleich eine ernste Herausforderung für die Theorie des Erwartungsnutzens darstellt (vgl. zum Folgenden *Allais (1987)* sowie die Ausführungen bei *Güntzel/Weil (1992)*:

(1) Ziehen Sie Situation A oder Situation B vor?
    Situation A: Sicherer Gewinn von 100 Millionen Francs
    Situation B: 10%-Chance, 500 Millionen Francs zu gewinnen,
                89%-Chance, 100 Millionen Francs zu gewinnen,
                1%-Chance, nichts zu gewinnen

(2) Ziehen Sie Situation C oder Situation D vor?
Situation C: 11%-Chance, 100 Millionen Francs zu gewinnen,
89%-Chance, nichts zu gewinnen
Situation D: 10%-Chance, 500 Millionen Francs zu gewinnen,
90%-Chance, nichts zu gewinnen.

Die Währungsangaben beziehen sich auf die damals in Frankreich gültige Währung. In zahlreichen empirischen Untersuchungen zeigte sich, dass Personen, die mit diesen Lotterien konfrontiert wurden, sich häufig (oft sogar mehrheitlich) folgende Präferenzen äußerten:

A > B   und   D > C

Personen, die Situation A gegenüber Situation B bevorzugten, haben häufig auch Situation D gegenüber Situation C bevorzugt. Dies stellt jedoch – ohne zu sehr auf die mathematischen Details eingehen zu wollen – einen Verstoß gegen das dem Erwartungsnutzen zugrunde liegende Unabhängigkeitsaxiom dar. Dieses Axiom würde eigentlich verlangen, das die Präferenzäußerung A > B mit der Entscheidung C > D einhergeht. Um es einfach auszudrücken: Menschen dürfen selbstverständlich risikoscheu oder risikofreudig sein. Doch wer risikoscheu ist (und deshalb A gegenüber B wegen des sicheren Gewinns von 100 Millionen Francs bevorzugt), der sollte (nach dem herkömmlichen Verständnis der Standard-Mikroökonomik) auch bei der zweiten Lotterie risikoscheu entscheiden und die deshalb die Situation C wegen der etwas geringeren „Null-Gewinn-Chance" bevorzugen. Doch genau dies taten die Befragten sehr häufig nicht, sondern verhielten sich bei der zweiten Lotterie risikofreudig. Sie hatten zwar eine etwas geringere Gewinnchance bei Situation D, jedoch wäre hier der mögliche Gewinn fünfmal so hoch. Dies rechtfertigt allem Anschein nach risikofreudigeres Verhalten, wenigstens so lange kein sicherer Gewinn in Sicht ist.

Das Allais-Paradox kann als Mikro-Paradoxon (im Gegensatz zu Aggregations-Paradoxa und Makro-Paradoxa) bezeichnet werden: "Das Auftreten solcher Mikro-Paradoxa, solcher anomalen Verhaltensweisen führt, wenn sie sich häufen und als hartnäckig erweisen, zur Entdeckung neuer Tatsachen und schließlich zur Entwicklung neuer Theorien... Solche Paradoxa oder Anomalien sind also nur solange ´paradox´, als sie sich im Rahmen des herrschenden Paradigmas nicht erklären lassen." (*Güntzel/Weil (1992)*, S. 306).

Auch Allais selbst sieht darin in keinster Weise irgendeine Art von paradoxem Verhalten: „In fact, to have a marked preference for security in the neighbourhood of certainty together with a preference for risk far from certainty is not more irrational than preferring roast beef to chicken... Neither the St

Petersburg nor the Allais Paradox involves a paradox. Both correspond to basic psychological realities…" *(Allais (1987)*, S. 82).

Damit ist angedeutet, worum es den Vertretern der Behavioral Economics in erster Linie geht: Sie wollen psychologische Realitäten menschlichen Verhalten, die selbstverständlich auch bei wirtschaftlichen Entscheidungen Einfluss ausüben, stärker in die ökonomischen Modelle integriert wissen.

ii. Emotionen und ökonomisches Verhalten

Emotionen sind ohne Frage ein zentraler Bestandteil des menschlichen Lebens und des menschlichen Verhaltens. Doch im ökonomischen Bereich wurde der Rolle von Emotionen bislang nur wenig Aufmerksamkeit zuteil. Das versucht ein sehr junger Zweig innerhalb der Behavioral Economics zu ändern, der von seinen Begründern mit dem Titel **Emotional Economics** bezeichnet wird. Da dieses Gebiet sich noch sehr stark in der Entwicklung befindet, kann bislang wenig Verbindliches dazu gesagt werden. Einen generellen Einblick in diesen Ansatz vermitteln etwa *Rick/Loewenstein (2008)*.

c. Zusammenfassung, Literatur und Schlusswort

Die Mikroökonomik befindet sich in einem anhaltenden Prozess der Entwicklung. Das traditionelle mikroökonomische Standardmodell hat einen beeindruckenden methodischen Apparat aufgebaut, der jedoch die Gefahr in sich birgt, das Modell von der erfahrbaren Realität des menschlichen Handelns zu isolieren und es gegen kritische Einwände von außen zu immunisieren. Dem versuchen neuere theoretische Entwicklungen wie Behavioral und Emotional Economics oder auch die Evolutionsökonomik entgegenzuwirken. Deren Ziel ist es nicht, das Standardmodell zu verwerfen, sondern es vielmehr für umfassendere Erklärungsansätze ökonomischen Verhaltens – etwa unter Einbeziehung psychologischer Faktoren oder sich wandelnder Strukturen der ökonomischen Welt – zu öffnen. Letztlich soll dadurch die explikative und prognostische Kraft der (mikro-)ökonomischen Analyse gesteigert werden.

Als Schlusswort mögen zwei Vertreter der Behavioral Economics zu Wort kommen (*Rick/Loewenstein* (2008), S. 150): „Economists' understanding of the role of emotions in economic behavior has made enormous strides in recent decades. However, there is still a long distance to go."

Literaturverzeichnis

Akerlof, G (1970), The Market for Lemons: Quality Uncertainty and the Market Mechanism, in: Quarterly Journal of Economics, Vol. 89, pp. 488-500.

Allais, M. (1987), Allais Paradox, in: J. Eatwell, M. Milgrave, P. Newman (eds.), The New Palgrave. A Dictionary of Economics, Vol. 1, London, pp. 80-82.

Bartling, H., Luzius, F.(2004), Grundzüge der Volkswirtschaftslehre, 15. Aufl., München.

Baßeler, U., Heinrich, J., Utecht, B.(2006), Grundlagen und Probleme der Volkswirtschaft, 18. Aufl., Stuttgart.

Bofinger, P (2003), Grundzüge der Volkswirtschaftslehre, München.

Bundeskartellamt (2012), Über das Bundeskartellamt, Homepage des Bundeskartellamtes, http://www.bundeskartellamt.de/wDeutsch/bundeskartellamt/BundeskartellamtW3Dnavi dW262.php (Download am 23.03.2012)

Earl, P.E. (1990), Economics and Psychology: A Survey, in: Economic Journal, Vol. 100, S. 718-755.

Enke, H., Wagner, A. (Hrsg., 2012), Zur Zukunft des Wettbewerbs. In memoriam Karl Brandt (1923-2010) und Alfred E. Ott (1929-1994), Marburg.

Fehl, U., Oberender, P.(2004), Grundlagen der Mikroökonomie, München.

Güntzel, J.(1994), Indikatoren des wirtschaftlichen „Klimas". Eine Untersuchung aus der Perspektive der Adäquationsproblematik, Tübingen und Basel.

Güntzel, J., Weil, S. (1992), Paradoxa, Dilemmata und Anomalien in der ökonomischen Theorie, in: Jahrbücher für Nationalökonomie und Statistik, Bd. 210, S. 302-314.

Herdzina, K. (1999), Wettbewerbspolitik, 5. Aufl., Stuttgart, New York.

Herdzina, K.(2005), Einführung in die Mikroökonomik, 10. Aufl., München.

Kreps, D. M.(1994), Mikroökonomische Theorie, Landsberg/Lech.

Von der Lippe, P.M. (1996), Wirtschaftsstatistik, 5. Aufl., Stuttgart.

Mankiw, G. N. (2004), Grundzüge der Volkswirtschaftslehre, 3. Aufl., Stuttgart.

Mankiw, G.N., Taylor, M.P. (2008), Grundzüge der Volkswirtschaftslehre, Stuttgart.

Moosmüller, G. (2004), Methoden der empirischen Wirtschaftsforschung, München.

Ott, A.E. (1970), Einführung in die dynamische Wirtschaftstheorie, Göttingen.

Ott, A. E.(1986), Grundzüge der Preistheorie, 3. Aufl., Göttingen.

Ott, A.E., Winkel, H.(1985), Geschichte der theoretischen Volkswirtschaftslehre, Göttingen.

Pindyck, R. S., Rubinfeld, D. L.(2005), Mikroökonomie, 6. Aufl., München.

Rick, S., Loewenstein, G. (2008), The Role of Emotion in Economic Behavior, in: M. Lewis, J.M. Haviland-Jones, L. Feldman Barrett (eds.), Handbook of Emotions, 3rd ed., New York, pp. 138-156.

Samuelson, P. A., Nordhaus, W. D.(1998), Volkswirtschaftslehre, 15. Aufl., Wien.

Schaich, E., Brachinger, H.-W.(1999), Studienbuch Ökonometrie, 2. Aufl., München.

Schneeweiß, H. (1990), Ökonometrie, 4. Aufl., Heidelberg.

Schumann, J.(1992), Grundzüge der mikroökonomischen Theorie, 6. Aufl., Berlin u.a.O.

Schumann, J., Meyer, U., Ströbele, W.(2011), Grundzüge der mikroökonomischen Theorie, 9. Aufl., Berlin u.a.O.

Simon, H.A.(1993), Homo rationalis: Die Vernunft im menschlichen Leben, Frankfurt.

Sydsæter, K., Hammond, P. (2006), Mathematik für Wirtschaftswissenschaftler. Basiswissen mit Praxisbezug, 2. Aufl., München.

Varian, H. R.(2004), Grundzüge der Mikroökonomik, 6. Aufl., München.

Wagner, A. (1984), Strukturbruch, Strukturwandel und Evolution in Volkswirtschaften, in: B. Schiemenz, A. Wagner (Hrsg.), Angewandte Wirtschafts- und Sozialkybernetik. Neue Ansätze in Wissenschaft und Praxis, Berlin, S. 333-350.

Wagner, A.(2009), Mikroökonomik. Volkswirtschaftliche Strukturen I, 5., durchgs. Aufl., Marburg.

Wagner, A. (2011), Fortgeschrittene Evolutorische Ökonomik, in: Jahrbücher für Nationalökonomie und Statistik, Bd. 231, S. 304-313.

Weise, P. u.a.(2005), Neue Mikroökonomie, 5. Aufl., Heidelberg.

Wied-Nebbeling, S., Schott, H.(2005), Grundlagen der Mikroökonomik, 3. Aufl., Berlin.

Witt, U. (ed., 2008), Recent Developments in Evolutionary Economics. The International Library of Critical Writings in Economics (ed. M. Blaug), Cheltenham, pp. 528 ff.

Woll, A.(2007), Allgemeine Volkswirtschaftslehre, 14. Aufl., München.

	MIX
	Papier aus verantwortungsvollen Quellen
	Paper from responsible sources
FSC	FSC® C105338
www.fsc.org	

Printed by Libri Plureos GmbH
in Hamburg, Germany